프롤로그

세상의 모든 투자,
ETF 안으로 모이다

이전과는 확연하게 달라진 투자 패러다임

갈수록 투자하기 어려운 세상입니다. 2020년 발발한 코로나19는 투자의 세계를 근본적으로 흔들어놓았습니다. 원유선물 가격이 일시적으로 마이너스로 떨어지는 초유의 사태를 맞이하며 인간이 상상하는 투자 시나리오 범위 외의 것들이 언제든지 일어날 수 있음을 보여주었습니다.

우리가 투자를 하는 것은 돈을 벌기 위해서입니다. 얼마를 언제까지 벌고 싶은지는 개개인에 따라 모두 다를 것입니다.

투자를 하기 위해 꼭 자본시장에 참가해야 하는 것은 아닙니다. 주위를 둘러보면 강남 빌딩으로 돈을 번 사람도 있고 아파트 투자를 기가 막히게 잘해서 거액의 수익을 거둔 사람도 있습니다. 누군가는 선물·옵션 거래로 대박을 내고 또 다른 누군가는 비트코인에 투자해 떼돈을 벌었습니다. 세상에는 수많은 투자의 길이 있고, 성공으로 가는 길은 헤아릴 수 없을 만큼 다양합니다.

하지만 놀라운 것은 이 모든 투자의 길이 ETF 세계 안으로 편입되고 있다는 점입니다. ETF 하나면 주식 투자는 물론 부동산, 원자재와 함께 옵션상품에도 쉽게 투자할 수 있습니다. 미국 시장에는 비트코인에 투자할 수 있는 ETF까지 출시된 상황입니다.

ETF로 세상의 모든 투자가 가능하다

기름값이 천정부지로 올랐다고 한탄만 할 게 아니라 원유 가격에 연동되는 ETF를 사서 돈을 벌 면 됩니다. 쌀값이 올랐다고 불평하기보다 농산물 가격을 따라가는 ETF를 사는 아이디어를 낼 수 있어야 합니다. 친구가 명품백을 샀다고 부러워하지 말고 명품백을 만드는 회사 주식에 투자하는 ETF를 사는 건 어떨까요.

ETF로 투자하면 주식시장이 하락할 때도 돈을 벌 수 있고 장이 횡보할 때도 수익을 낼 수 있습니다. 개별 주식을 보유할 때는 주식이 반드시 올라야 돈을 벌 수 있지만, ETF로 투자하면 수익을 내는 경우의 수가 훨씬 늘어나는 것입니다.

주식시장에 주로 투자하는 분 입장에서도 ETF는 반드시 챙겨가야 할 필수품입니다. 여러분이 책을 읽고 있는 바로 이 순간에도 주식시장에는 테마나 유행이란 이름으로 다양한 이슈가 시장을 주도하고 있습니다. 하지만 비전문가 입장에서 수없이 쏟아지는 테마의 열풍에서 가장 강한 주식 하나를 골라 그곳에 집중 투자하기란 여간 힘든 게 아닙니다.

기업 재무분석과 미래 성장성 예측, 주가 그래프 등 다양한 변수를 일

목요연하게 볼 수 있는 눈이 트여야 합니다. 하지만 ETF로 투자하면 이 같은 고민 상당수를 내려놓아도 됩니다. 게임주가 강하게 시장에서 치고 올라올 때 게임주 ETF를 사거나 메타버스 열풍이 불 때 메타버스 ETF를 산다면 꼼꼼한 기업 분석 없이도 상당한 수익을 낼 수 있을 것입니다. ETF는 다양한 종목에 분산투자하는 것을 원칙으로 하기 때문에 특정 종목이 배임이나 횡령 등 이슈로 거래정지되거나 상장폐지되는 위험도 상당히 줄일 수 있습니다.

보다 쉽게, 보다 편하게 투자의 지평을 넓힐 수 있는 책

이 책은 여러분의 투자 지평을 크게 넓힐 수 있는 길잡이가 될 것입니다. 하지만 구슬이 서 말이어도 꿰어야 보배입니다. ETF로 어떻게 나만의 포트폴리오를 만들어 시장을 꾸준히 이기는 투자를 할 수 있을지 고민은 여러분의 몫입니다. 이를 위해서는 경제 공부를 충실히 하는 게 좋은데 홍춘욱 님의 《돈의 흐름에 올라타라》, 오건영 님의 《부의 시나리오》, 김영익 님의 《금리와 환율 알고 갑시다》와 같은 서적이 큰 도움이 될 것입니다. 글로벌 고전인 피터 린치의 《전설로 떠나는 월가의 영웅》, 데이비드 드레먼의 《역발상 투자》, 존 보글의 《모든 주식을 소유하라》 등의 명저도 꼭 함께 읽어보시길 추천해드립니다.

최근 개인적으로 큰일을 겪으면서 많은 생각을 하게 되었습니다. 이 책을 접하신 모든 분이 글을 통해 행복으로 가는 부스러기의 일부라도 접할 수 있다면 정말 행복할 것입니다. 저를 아는 모든 분이 어제보다 오늘, 오늘보다 내일 더 행복해지시기를 바랍니다. 책을 읽는 여러분도 행복의 열차에 올라타시기를 간절히 기원합니다.

홍장원

차 례

프롤그 | 세상의 모든 투자, ETF 안으로 모이다   4

1장   ETF란 무엇인가요?

ETF는 나를 위한 맞춤형 '투자 패키지'	17
왜 하필 ETF일까?	20
뭘 좀 아는 개미들은 ETF에 투자한다면서요?	23
ETF는 왜 만들어졌을까요?	25
코스피200 지수만큼 오르는 ETF는 무엇일까?	30
동일가중 ETF란 무엇인가요?	34
코스닥에 투자하는 ETF도 있나요?	44
ETF와 원숭이 투자	49
● 한 꼭지 더! – 인덱스 펀드와 액티브 펀드의 차이	58
액티브 ETF의 등장	62
ETF와 ETN은 뭐가 다를까?	65
● 한 꼭지 더! – 러시아-우크라이나 전쟁으로 원유선물 가격 급등	71
레버리지 ETF의 명과 암	72
ETF 세금은 어떻게 되나?	79
● 한 꼭지 더! – 주식양도소득세(주식양도세), 전면 폐지될까?	82
정리 문제	83

2장 ETF, 매매하기 전에 이것부터 알고 갑시다

ETF 실전 매매법	89
ETF 살 때 바가지 쓰지 않는 법	93
ETF 망하면 어떻게 하죠?	96
● 한 꼭지 더! – 코스피200과 코스닥150 정기변경을 이용해 투자하는 법	99
ETF도 상장폐지될 수 있다	101
비트코인 ETF	106
정리 문제	110

3장 ETF로 어떤 업종에 투자해볼까

전기차 ETF 투자 상품은	115
글로벌 친환경 ETF	131
탄소배출권 ETF	134
그 외 그린 산업 ETF	138
ESG ETF의 허와 실	141
메타버스 ETF	146
〈오징어 게임〉과 K-POP에 투자하려면	152
한국 주력 산업 반도체에 투자하는 ETF	157
게임 ETF	166
경기가 살아나면 나도 뜬다, 중후장대 ETF	173
바이오 ETF의 파워	180

시클리컬에 투자하는 ETF	188
경기방어주에 투자하는 ETF	197
● 한 꼭지 더! - 전 세계적으로 성장하는 명품시장	200
금리인상이 반갑다, 은행·보험 ETF	202
코스피가 뜨면 덩달아 뜨는 증권 ETF	205
애프터 코로나 수혜 ETF	207
인터넷 생태계 전반에 투자하는 ETF	211
한국 IT를 통째로 사고 싶다면	215
글로벌 IT에 투자하는 상품	221
정리 문제	224

4장 증시가 내려도 내 수익률은 오르는 절대수익 ETF 투자

증시가 떨어지면 돈 버는 인버스 ETF	229
시장 공포심이 극에 달하면 수익이 올라가는 ETF	235
고배당 ETF의 매력	239
해외 배당주 ETF는 이런 게 있다	246
나를 펀드매니저로 변신시켜주는 롱숏 ETF	248
사모펀드가 굴리는 ETF	252
부동산에 투자하는 ETF	256
절대수익을 노린다, 커버드콜 ETF	260
조금 내리거나 조금 오르면 돈 버는 ETN	264
시장이 출렁거릴 때 피난처 ETF	267
정리 문제	271

5장 서학개미들의 효자, 미국 ETF

ETF로 손쉽게 서학개미 되기	277
미국 S&P500에 투자하는 ETF	281
미국 증시가 떨어지면 큰돈 버는 ETN	283
중국 시장에 투자하는 ETF	285
인도 증시에 투자하는 ETF	292
대만 증시에 투자하는 ETF	295
베트남 증시에 투자하는 ETF	297
이 밖의 국가 투자 ETF	300
정리 문제	302

6장 원유, 태양광, 친환경 소재까지 커버하는 원자재 ETF

원유 투자로 돈 버는 ETF	307
● 한 꼭지 더! - 예기치 못한 러시아 리스크	321
그린 ETF의 마법	323
태양광발전에 필요한 은	330
정리 문제	337

에필로그 | ETF로 만드는 여러분만의 성공 투자 포트폴리오   339

이 책의 구성

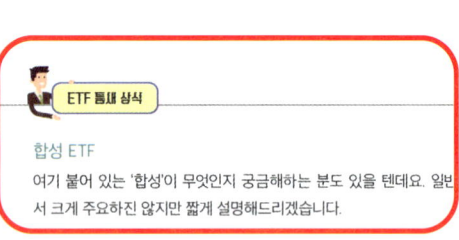

〈ETF 틈새 상식〉에서는 주로 단순한 용어나 개념에 대해 설명합니다. 놓치기 쉬운 핵심을 빠뜨리지 말고 확인해보세요.

본문에 더해 저자가 꼭 알려주고 싶은 유용한 ETF와 주식 투자 이야기를 〈한 꼭지 더!〉에서 풀어놓고 있으니 꼼꼼하게 살펴보세요!

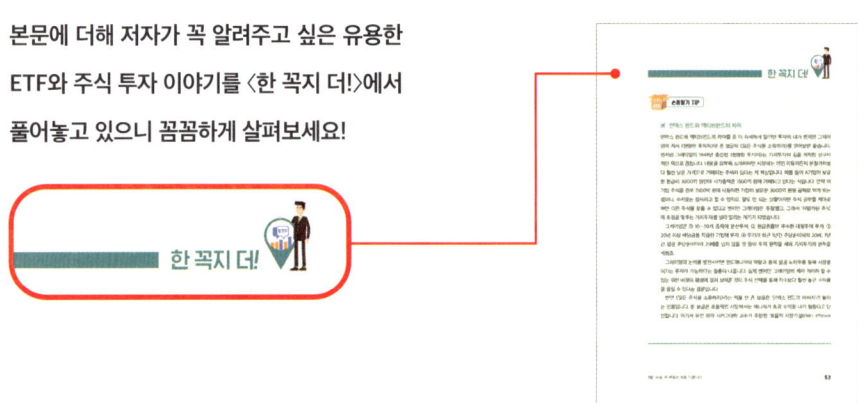

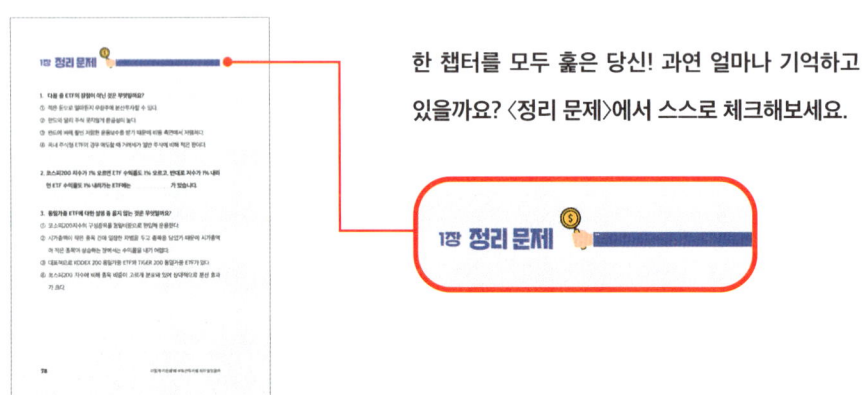

한 챕터를 모두 훑은 당신! 과연 얼마나 기억하고 있을까요? 〈정리 문제〉에서 스스로 체크해보세요.

이렇게 쉬운데 왜 ETF 투자를 하지 않았을까

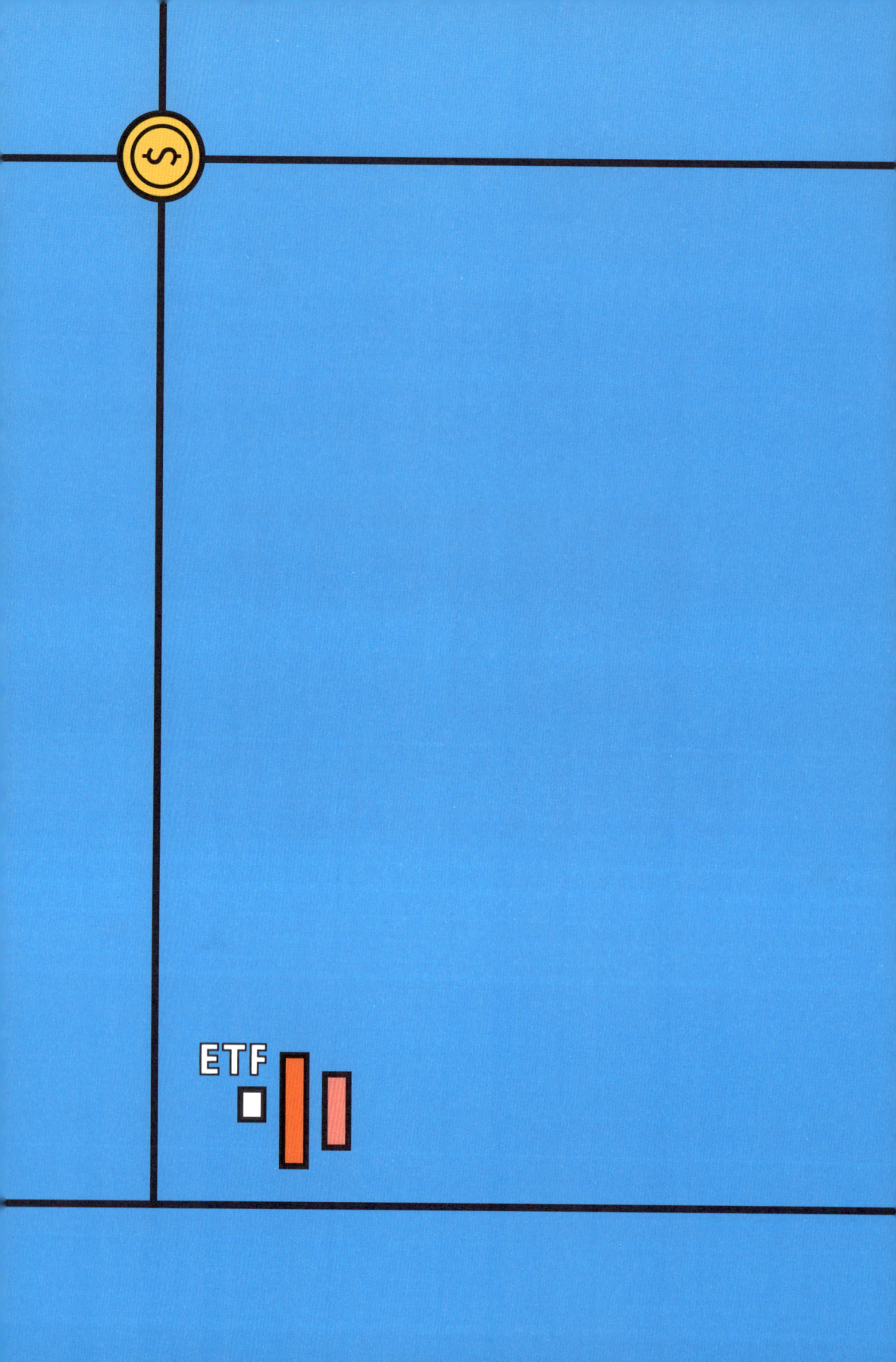

1장

ETF란
무엇인가요?

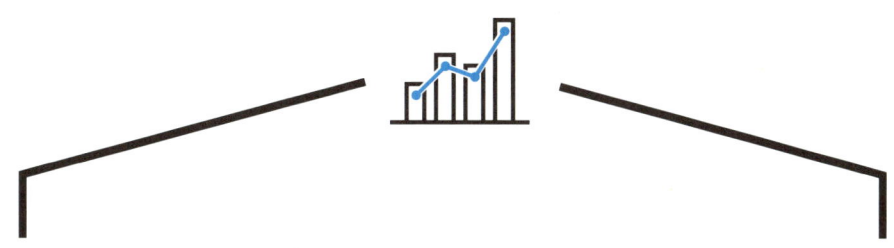

ETF는 나를 위한 맞춤형 '투자 패키지'

초보자부터 고수 투자자까지 모두를 위한 필수 투자처

ETF(Exchange Traded Fund, 상장지수펀드)의 세계로 오신 여러분을 환영합니다.

2020년 코로나19 사태 발발 이후 주식시장에서 벌어진 '동학개미운동'으로 누구나 주식 투자에 관심을 가지고 또 성공하는 시대가 열렸습니다. 하지만 대다수 일반 투자자에게 여전히 주식 투자는 어려운 영역입니다. 운 좋게 투자할 만한 좋은 기업을 골라냈다 하더라도 이 주식을 언제 사서 언제 팔아야 하고, 또 얼마만큼의 비중을 실어 어떻게 매매해야 하는지 결정하는 게 정말 쉽지 않거든요. 그래서 주식 투자 시작은 ETF로 하는 게 좋습니다. ETF란 쉽게 말해 개미 투자자들이 쉽게 샀다 팔았다 할 수 있게 주식 형태로 만든 펀드입니다. 이렇게 설명해도 어려운 분들이 있으실 것 같아 조금 쉽게 말씀드리면 ETF라는 바구니 안에 비중에 맞게 개별 주식을 착착 쌓아서 만들어놓은 '투자 패키지'라고 볼 수 있습니다.

예를 들어 2022년 초 기준 주당 4만 원 정도에 거래되는 KODEX200 ETF를 1주 매수하면 여러분은 삼성전자 1만 2000원어치, SK하이닉스 2000원어치, NAVER 1600원어치 등으로 구성된 200개 종목 투자 꾸러미를 사는 것과 같습니다. 종목 하나만 사면 코스피를 이루는 여러 종목을 분산 투자하는 효과를 갖는 거지요.

ETF를 한 번도 해보지 않은 주식 투자자는 있어도 한 번만 해본 주식 투자자는 없다

그런데 ETF는 주식 투자를 비롯한 투자 초보자분들을 위한 상품이 전혀 아닙니다. 초보자부터 고수까지 ETF를 통해 투자할 수 있는 가짓수가 어마어마합니다. 한국 주식은 물론 미국·유럽·신흥국 주식, 금, 달러, 오일, 채권 등 ETF로 투자할 수 있는 대상도 무궁무진합니다. ETF 하나로만 투자해도 미국 월스트리트에 있는 유명한 펀드매니저 못지않은 최첨단 투자기법을 내 스스로 만들어낼 수 있습니다. 그만큼 다양한 ETF가 골고루 상장되어 있기 때문입니다. 그 때문에 이제 ETF는 초보자부터 고수 투자자에 이르기까지 모든 투자자가 관심을 가지고 접근해야 하는, 필수적인 투자처가 된 상황입니다. 이것이 "ETF를 한 번도 해보지 않은 주식 투자자는 있을지 몰라도, ETF를 한 번만 해본 주식 투자자는 없을 것"이라고 단언하는 이유입니다.

이 책에서는 ETF의 기본이 되는 내용부터 어려운 내용까지 최대한 쉽고 상세하게 설명하고 있습니다. 더불어 이 책은 기본적으로 주식 투자 세계에 처음 발을 들인 분들을 위해 쓰였습니다. 후반부로 갈수록 ETF를 활용한 다양한 투자기법에 대해 풀어놓았으니 주식 투자에 기본적인 지식이 있는 분들은 그 부분만 참고해도 만족할 만한 결과를 얻을 수 있을 것입니다.

왜 하필 ETF일까?

ETF는 개인 투자자를 위한 최고의 투자법

이 책을 집어 든 여러분은 주식 투자에 관심이 많으실 겁니다. 좋은 종목을 찾아 대박을 내고 큰돈을 벌어 경제적 자유를 찾아 파이어족이 되는 걸 꿈꾸죠. 하지만 정작 주식 투자로 돈을 버는 개미는 극소수에 불과합니다.

자본시장연구원이 2021년 말 펴낸 〈코로나19 국면의 개인 투자자: 투자 행태와 투자 성과〉 보고서를 보겠습니다. 보고서에 따르면 2020년 3월부터 1년간 개인 투자자의 투자 성과는 거래비용을 고려할 경우 시장수익률을 하회했습니다. 이 기간 '동학개미운동'이라는 신조어가 주식시장을 강타하며 다수의 신규 투자자가 물밀듯이 주식시장으로 유입되었지만 신규 투자자 중 60%는 손실을 본 것으로 드러났습니다.

주식 포트폴리오를 살펴봐도 중소형주와 특정 섹터의 비중이 높아 '하이 리스크'를 감수하고 있는 것으로 파악됐습니다. 종목 교체율이 매우 높은 투기적인 투자 행태를 보이기도 했죠. 특히 소액으로 투자하는 젊은 남성 투자자에게서 이 같은 특징이 뚜렷하게 관측됐습니다. 쉽게 말해 특정 테마가 붙 때 관련 종목을 집중적으로 사들이는 식으로 불나방 같은 투자를 주로 했다는 뜻입니다. 그 결과는 상당수 손실로 귀결됐고요.

소액 투자자들이 위험천만한 거래를 주로 하는 이유는 단순합니다. 소액으로 단기간 투자금을 뻥튀기하려면 테마가 잔뜩 낀 싼 주식을 대거 사들여 단기간 수익을 보고 빠져나와야 한다는 강박이 있기 때문입니다. 돈이 얼마 없는 개미 투자자들은 한 주에 수십만 원에 달하는 LG에너지솔루션이나 삼성바이오로직스, 현대차나 NAVER를 살 마음의 여유가 없습니다. 몇 주 사지 않아도 투자금 100만 원이 훌쩍 넘어가니 성에 차지 않는 것입니다. 하지만 주당 몇천 원짜리 주식은 100만 원을 들고도 여러 종목에 투자할 수 있으니 나름의 분산투자를 할 수 있다고 생각하는 것이지요.

안정성과 수익성, 두 마리 토끼를 잡는다

ETF를 통하면 개인 투자자가 직면한 이러한 여러 가지 문제를 한 번에 해결할 수 있습니다. 첫째, 적은 돈으로 우량주를 얼마든지 분산투자할 수 있습니다. 예를 들어 가진 돈이 100만 원이라고 가정해봅시다. 이 돈으로 삼성전자와 SK하이닉스, NAVER와 삼성SDI를 한 주씩 사면 투자금이 바닥을 드러냅니다. 다른 우량주인 LG화학과 카카오, 현대차, 삼성바이오로직스, 포스코 등 주식은 아예 담을 수 없습니다.

하지만 2022년 초 기준 주당 3만 원 중반대인 KODEX 200 ETF를 1주

사면 앞서 말한 우량주 모두를 포함해 코스피 종목 200개로 구성된 투자 바구니를 쉽게 살 수 있습니다. KODEX 200 ETF를 30주 사면 100만 원으로 코스피 우량주 200종목에 분산투자할 수 있다는 얘기입니다.

또 ETF는 사촌지간인 펀드와 달리 주식 못지않게 환금성이 높습니다. 장중 MTS나 HTS를 통해 내가 원하는 시기에 시장 체결가에 거래할 수 있습니다. 국내 상장 ETF의 경우 환매 후 영업일 기준 2일이면 예수금으로 돈이 들어옵니다. 주식과 같은 빠른 프로세스를 밟습니다.

또 ETF는 비용 측면에서 저렴합니다. 펀드에 비해 훨씬 저렴한 운용보수를 받습니다. 게다가 국내 주식형 ETF의 경우 주식거래에 따른 거래세도 면제입니다. 일반 주식을 사고팔 때는 증권사 수수료를 내고 매도 시 거래세가 붙습니다. 하지만 국내 주식형 ETF의 경우 팔 때 거래세가 없습니다. 앞서 개인 투자자들이 잦은 거래비용으로 손실을 본다고 말씀드렸습니다. ETF로 거래하면 거래비용도 큰 폭으로 줄일 수 있는 것입니다.

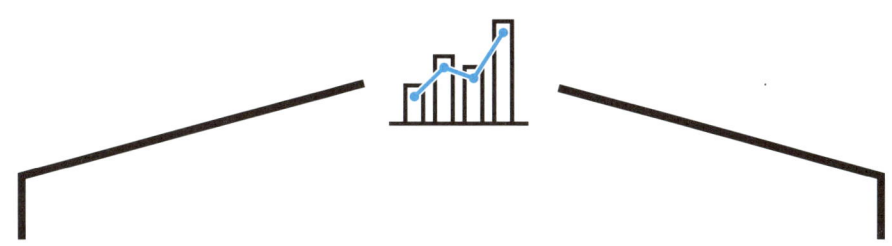

뭘 좀 아는 개미들은 ETF에 투자한다면서요?

코로나 팬데믹 이후 개인 투자자의 관심 급증

이미 상당수 개인 투자자들은 개별 주식 대신 ETF를 통해 투자하고 있습니다. 2022년 초 기준 지난 1년간 ETF 순자산 규모는 50조 원대에서 70조 원대로 급증했습니다. 다수의 개인 투자자들이 ETF 시장으로 달려가고 있다는 뜻입니다.

한국거래소에 따르면 2022년 1월 3일 기준 ETF 순자산총액은 73조 8014억 원으로 집계됐습니다. 지난 2020년 말 기준 ETF 순자산총액은 52조 365억 원 수준이었습니다. 코로나19 팬데믹 이후 주식시장으로 폭발적인 관심이 쏠리며 ETF 시장이 각광받기 시작했고 순자산총액은 2021년 11월에는 70조 원을 넘어선 데 이어 73조 원까지 넘어선 것입니다. 조만간 ETF 순자산 100조 원 시대가 열릴 것으로 기대됩니다.

순자산 증가 속에서 ETF 종목 확대 움직임도 이어지는 추세입니다. 전체 상장종목 수는 2021년 말 기준 533종목으로 2020년 말(468종목) 대비 65종목 증가했습니다. ESG, 신재생에너지, 메타버스 등 성장성이 높은 업종 테마형 ETF가 줄줄이 데뷔했습니다. 훈련된 펀드매니저가 비교지수 대비 초과수익을 내는 데 주력하는 액티브 ETF의 상장이 이어지고 있습니다. 2021년 10월에 상장한 KODEX K-메타버스 액티브 ETF는 데뷔한 지 3달도 되지 않아 순자산이 5000억 원을 넘어서면서 폭발적인 인기를 드러내고 있지요. 여기에 대한 좀 더 자세한 설명은 뒤에서 전해드리겠습니다.

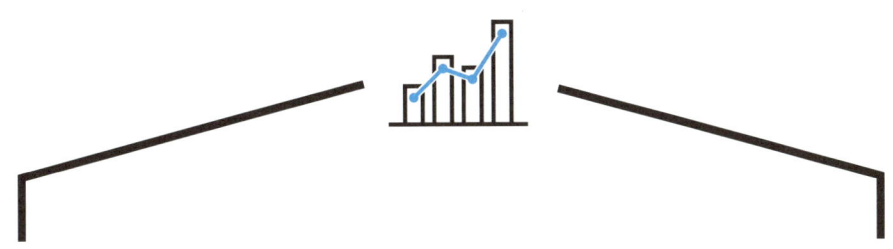

ETF는 왜 만들어졌을까요?

효과적인 분산투자의 대안

이제 막 주식 투자 세계에 발을 들인 사람 A씨가 있다고 가정해보겠습니다. A씨는 무슨 종목을 처음 사게 될까요. 국민주식이라 불리는 삼성전자? 대표적인 반도체 주식인 SK하이닉스? 아니면 하루에도 스마트폰으로 수십 번 넘게 접속하는 카카오톡을 운영하는 카카오일 수도 있습니다.

주식 초보자들은 자칭 '주식 고수'가 추천하는 테마주에도 쉽게 마음이 열립니다. "X백신 정부 허가만 나면 바이오 주식 B사가 대박이 난다더라", "C사가 러시아 유전 개발업체와 손을 잡았다더라"라는 그럴듯한 소문은 늘 여의도 바닥을 맴돕니다.

이것보다 좀 더 이성적으로 생각하는 분들은 월스트리트의 전설적인 펀드매니저 피터 린치가 강조하는 '생활 속에서의 투자'를 실천에 옮기기도 합니다. 마트에 가서 특정 과자가 불티나게 팔리는 것을 보고 과자를 만드는 기업에 투자하는 식입니다.

이런 식으로 심혈을 기울여 투자종목을 골라도 초보 투자자들은 열이면 여덟, 아홉은 재미를 보지 못하고 중간에 나가떨어집니다. 하루에도 능선을 올랐다 내렸다 하는 주식시장 변동성에 심약해지기 때문입니다. 개별 종목은 메가톤급 호재가 나오면 전일 대비 주가가 30% 오르는 '상한가'를 치기도 하지만 허리케인급 악재가 나오면 반대로 30% 떨어지는 '하한가'를 겪기도 합니다. 100만 원만 넣어놔도 하루 등락이 수십만 원에 달합니다. 투자금이 1000만 원이었다면 수백만 원씩 계좌 잔고가 흔들립니다.

그래서 투자의 수준이 깊어질수록 '분산투자'에 눈을 뜨게 됩니다. 하지만 분산투자를 한다고 종목 선택을 SK텔레콤, KT, LG유플러스에 골고루 묻어놨다면 분산투자라 할 수 없지요. 통신주 주가는 거의 비슷하게 움직이니까요. 예를 들어 코스피 지수는 전일 대비 1%나 올랐는데 가지고 있는 포트폴리오는 전일 대비 3~4% 떨어지는 일도 수두룩합니다.

그래서 보수적인 투자자들은 딱 '시장의 움직임만큼만 먹자'는 생각을 하게 되죠. 그리고 한국의 주가 그래프를 보니 단기에는 오르락내리락 변동

● 한국의 주가 추이

이 심했지만 긴 호흡으로 보면 우상향 그래프를 그려왔다는 것을 관측할 수 있습니다.

입문자를 위한 지수형 ETF

자, 생각이 여기까지 왔다면 당신은 이제 ETF의 가장 순한 맛 버전인 지수형 ETF 세계에 입문할 준비가 되어 있는 것입니다.

앞서 설명한 대로 '시장만큼만 벌자'고 생각한 투자자가 시장에서 개별 종목을 사들여 시장과 유사한 포트폴리오 전략을 짜는 것을 상상해보겠습니다. 한국에는 코스피를 대표하는 200종목을 추려 만든 코스피200이란 지수가 있습니다. 시장 대표성과 산업 대표성, 유동성 등을 두루 따져 꼼꼼하게 검증된 기업만 선별해놓은 지수입니다.

투자자 A씨가 코스피200에 나온 종목을 하나씩 사들이면 시장을 그대로 복제한 투자 바구니를 만들 수 있을까요? A씨가 시가총액 순서대로 삼성전자 1주, SK하이닉스 1주, NAVER 1주, 삼성바이오로직스 1주 등으로 200개의 개별 종목을 1주씩 사들였다고 쳐보겠습니다. 그런데 멀리 가지 않고 시가총액 상위 5개 종목만 사들여도 벌써 문제가 생깁니다. 왜냐하면 2022년 1월 기준으로 삼성전자는 주당 7만 7000원 안팎에 거래되는데 시가총액 3위 NAVER는 주당 34만 원에 거래되고 있기 때문입니다.

그런데 시가총액은 삼성전자가 460조 원인 데 반해 NAVER 시가총액은 56조 원에 그칩니다. 코스피200과 똑같이 포트폴리오를 만들려면 내가 만든 투자 바구니에 있는 종목 비중에서 삼성전자가 NAVER에 비해 8배가량 많아야 하는데 이런 식으로 1주씩 사들이다 보면 거꾸로 NAVER가 삼성전자 대비 5배 높은 비중이 되고 말지요. 전혀 시장과 똑같은 포트폴리오가 되지 않습니다.

이것을 코스피200과 같게 맞추기 위해 NAVER 대비 삼성전자 비중을 8배가량 높게 만들기 위해서는 결국 삼성전자를 270만 원어치 사야 한다는 결론이 나옵니다. 시가총액 1위 삼성전자와 3위 NAVER를 사는 데만 300만 원 넘는 돈이 들어갑니다. 아껴뒀던 용돈 100만 원을 가지고 투자하려던 A씨 입장에서는 불가능한 투자법입니다. 하지만 ETF를 활용하면 단돈 몇만 원으로 코스피200 종목에 모두 투자하는 효과를 낼 수 있습니다. 코스피200 지수를 추종하는 ETF 1주만 사면 됩니다.

코스피200 지수를 카피한 ETF는 어떤 식으로 이런 투자의 길을 열 수 있을까요? 쉽게 설명하면 비빔밥의 원리와 같습니다. 돈이 많은 한 부자가 코스피200 맛을 내는 비빔밥을 만들기로 결심했습니다. 이 부자는 돈이 많으므로 시장에서 주식을 원하는 대로 사서 코스피200 지수와 똑같이 움직이는 주식 포트폴리오를 구축할 수 있습니다. 코스피200 시가총액 비중대로 주식을 사 넣고 이렇게 만들어진 비빔밥을 잘 비벼서 작은 밥그릇에 넣고 대중을 상대로 파는 것입니다.

이 비빔밥에는 삼성전자 30분의 1주 정도 들어간 공기밥이 있고, SK하이닉스라는 고추장이 한 푼 반 정도 들어가 골고루 비벼져 있습니다. NAVER라는 콩나물이 7과 3분의 2뿌리 들어가 있고 삼성바이오로직스라는 열무김치가 세 가닥, 카카오라는 참기름이 두 스푼 정도 첨가되어 있습니다. 이를 포함해 모두 200개의 갖은 재료가 골고루 비벼진 비빔밥을 그릇당 얼마의 가격을 받고 대중을 상대로 파는 것입니다.

코스피200이라는 비빔밥을 먹고 싶은 사람이 마트에서 200개의 재료를 시장에서 모두 사서 밥을 비빈다고 생각해봅시다. 과연 참기름 두 스푼,

콩나물 7과 3분의 1뿌리, 열무김치 세 가닥, 간장으로 비빈 고기 고명 한 스푼 정도를 각각 조달할 수 있을까요? 불가능에 가까운 스토리입니다. 코스피200 ETF도 이와 같습니다. 코스피200 지수와 똑같이 포트폴리오를 만들고 싶은 개인 투자자들을 상대로 쉽게 투자할 수 있도록 맞춤형 상품을 만들어 놓은 것으로 비유할 수 있습니다.

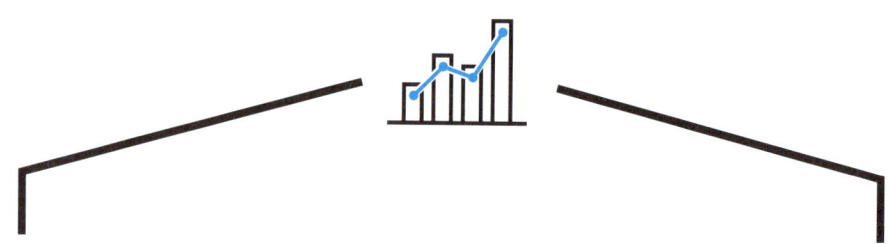

코스피200 지수만큼 오르는 ETF는 무엇일까?

코스피200 ETF 중에서 가장 덩치가 큰 KODEX 20

코스피200 지수가 1% 오르면 ETF 수익률도 1% 오르고, 반대로 지수가 1% 내리면 ETF 수익률도 1% 내려가는 ETF에는 뭐가 있을까요? 시중에는 9개에 달하는 코스피200 ETF가 있습니다. 코스피200 지수를 추종하는 상품이기 때문에 ETF 간 차이는 거의 없다고 보시면 됩니다.

코스피200 ETF는 가장 인기가 많은 ETF이기도 합니다. 사놓고 묻어놓으면 시장 변화에 따라 차곡차곡 수익이 누적되는 상품이기 때문입니다. 코스피200 ETF만 단독으로 투자하는 경우도 있지만 투자 포트폴리오를 짤 때 코스피200 ETF를 기본으로 깔고 가는 용도로도 많이 쓰입니다. 코스피200 ETF 비중을 높여놓으면 그만큼 수익률 변동폭을 줄일 수 있으니까요.

코스피200 ETF 중에서 가장 덩치가 큰 것은 'KODEX 200'입니다.

• 코스피200 ETF   기준: 2022.01.14

구성종목(구성자산)	주식수(계약수)	구성비중
삼성전자	7,615	29.99%
SK하이닉스	905	5.92%
NAVER	217	3.78%
삼성SDI	83	2.74%
LG화학	74	2.70%
카카오	511	2.44%
현대차	228	2.43%
KB금융	571	1.81%
기아	406	1.73%
POSCO	104	1.58%

뒤를 이어 'TIGER 200', 'KBSTAR 200', 'ARIRANG 200' 등이 차지하고 있습니다.

똑같은 코스피200 ETF인데 왜 앞에 달린 영문 이름이 다른지 궁금하실 것입니다. 이건 이 ETF를 만들고 운용하는 회사 식별부호라고 생각하시면 됩니다.

삼성자산운용이 만드는

운용사	ETF명
삼성자산운용	KODEX
미래에셋자산운용	TIGER
케이비자산운용	KBSTAR
한국투자신탁운용	KINDEX
키움투자자산운용	KOSEF
한화자산운용	ARIRANG
NH아문디자산운용	HANARO
신한자산운용	SOL

ETF에는 모두 KODEX라는 이름이 붙습니다. 미래에셋자산운용은 TIGER라는 명칭을 가져다 씁니다. 한국투자신탁자산운용은 KINDEX, 키움투자자산운용은 KOSEF라는 이름을 붙입니다. 한화자산운용은 ARIRANG, KB자산운용은 KBSTAR, NH아문디자산운용은 HANARO라는 이름을 선택했습니다. 신한자산운용은 SOL을 쓰고요, 교보악사자산운용은 '파워'로 불리고 있습니다. 이 밖에도 다양한 자산운용사들이 나름의 브랜드로 ETF 상품을 출시해 운용하고 있습니다.

ETF를 고르는 기준

회사별로 상품이 차이가 없다면 우리는 무엇에 주안점을 두고 ETF를 고르면 될까요? 첫 번째 기준은 수수료입니다. ETF는 공짜로 운용되는 상품이 아닙니다. ETF가 정확하게 지수를 추종하게 하기 위해 운용사는 눈에 보이지 않는 곳에서 많은 노력을 기울입니다. ETF에 들어온 돈에 맞게 정확한 비중으로 실물 주식을 샀다 팔았다를 반복해야 하므로 손이 많이 갑니다. ETF 바구니에 담겨 있는 수많은 종목이 장중에 실시간으로 등락을 반복합니다. 이렇게 다이내믹한 주가 변동을 실시간 반영해 ETF의 적정가치를 계산해내는 역할을 운용사가 해야 합니다. 그렇게 나온 적정가치를 10초마다 계산한 게 NAV(Net Asset Value, 순자산가치)입니다(정확하게 말하자면 iNAV로 표현해야 하지만 큰 틀에서만 설명합니다). 증권사는 여기에 맞춰 끊임없이 ETF 가격 설정자로 기능하는 LP(Liquidity Provider, 유동성공급자) 역할을 수행해야 하는데요. NAV와 LP에 대해서는 추후 다시 한번 설명하겠습니다.

우리가 알아야 할 것은 코스피200 ETF의 경우 운용사들이 하는 일 사이에 거의 차이가 없다는 것입니다. 그렇기에 가장 싼 수수료로 일해주는 곳을 골라야 조금이라도 이득입니다. 운용사들 간에 ETF 유치 전쟁이 불붙은 상황이기 때문에 코스피200 ETF는 갈수록 낮아지는 추세입니다.

2022년 초 기준 수수료가 가장 낮은 상품은 KB자산운용이 내놓은 KBSTAR 200 ETF입니다. 투자한 금액에서 연 0.017%를 떼어갑니다. 100만 원을 투자한다고 치면 1년에 170원을 공제하는 셈이니 수수료가 아주 저렴한 편입니다. KB자산운용은 2021년 2월 1일을 기해 기존 0.045%를 받았던 코스피200 ETF 수수료를 0.017%로 인하했습니다. 그다음으로 저렴한 상품은 한국투자신탁운용이 출시한 KINDEX 코스피200 ETF입니다. 2021년 9월 수수료를 0.02%로 대폭 낮춰 수수료 낮추기 전쟁에 돌입했습니다.

그다음 낮은 상품은 NH아문디자산운용이 출시한 HANARO 200 ETF로 0.036%입니다. 한화자산운용의 ARIRANG 200 ETF가 0.04%, 미래에셋자산운용의 TIGER 200 ETF가 0.05%로 책정되어 있습니다.

그다음으로 보면 좋은 지표는 시가총액입니다. 시가총액이 크다는 것은 그만큼 ETF에 투자한 사람과 돈이 많다는 의미이고, 따라서 거래가 활발하다는 뜻이 됩니다. 후술하겠지만 ETF는 주식시장에서 종목처럼 거래되기 때문에 사려는 사람이 많아지면 가격이 오르고, 팔려는 사람이 많아지면 가격이 떨어집니다.

그런데 ETF의 시세는 실시간 지수를 추종하게 되어 있으므로 시시각각 변동하는 NAV보다 높거나 낮게 거래되는 오차가 발생합니다. 이것을 괴리율이라고 하는데, 일반적으로 거래가 활발한 ETF일수록 괴리율이 낮은 경향이 있습니다. 즉 ETF를 시세보다 비싸게 사는 오차를 줄일 수 있다는 얘기입니다.

동일가중 ETF란 무엇인가요?

배당을 그대로 재투자하는 코스피200TR ETF

코스피 방향성에 맞게 움직이는 ETF가 코스피200 ETF 한 가지로 그치지 않습니다. 이외에도 다양한 지수가 개발되어 투자 편의성을 높이고 있습니다.

코스피200 ETF와 형제지간인 다양한 ETF에 대해 소개하겠습니다. 가장 먼저 이름도 비슷한 코스피200TR ETF를 소개합니다. 시중에는 KODEX 200TR ETF, KOSEF 200TR ETF, KINDEX 200TR ETF, HANARO 200TR ETF 등이 있습니다.

코스피200 지수를 기반으로 한 다른 상품과 차이점은 TR이란 단어뿐입니다. TR은 Total Return(토털리턴)의 약자로 이는 배당을 현금으로 하지 않고 그대로 재투자한다는 것을 의미합니다.

여러분은 기업이 배당을 한다는 점을 알고 계실 것입니다. 배당이란 통상 기업이 이익이 나면 기업의 주인인 주주들에게 이익의 일부를 돌려주는 것을 말합니다. 코스피200 ETF에는 200개의 기업이 포함되어 있습니다. 이 중 전부가 매년 배당을 하지는 못할 것입니다. 이익이 나는 기업이 있지만 손실을 보는 기업도 있고, 이익이 난다고 기업이 모두 배당을 하는 것도 아닙니다.

하지만 필연적으로 200개 기업의 일부는 배당을 하게 되고 배당금은 ETF를 산 주주에게도 돌아가야 합니다. ETF 보유자들은 ETF라는 바구니를 통해 간접적으로 각각의 주식을 소유하고 있기 때문입니다. 이를 통상 분배금이라고 부릅니다. ETF를 관리하는 운용사마다 분배금 배분 방식은 약간씩 차이가 있는데 통상 1월, 4월, 7월, 10월 마지막 날 개인 증권계좌에 분배금을 입금해줍니다. 분배금도 배당처럼 배당소득세 15.4%가 원천징수된 후 입금되는 구조입니다. 그런데 투자자에 따라서 복리 효과를 극대화하기 위해 받은 분배금을 그대로 재투자하기를 원하는 사람도 있습니다. 이 경우 분배금을 현금으로 받은 뒤 다시 ETF에 재투자하면 배당소득세 15.4%를 내야 하고 여기에 추가로 ETF 매수에 따르는 증권사 수수료 등을 지불해야 합니다.

반면 코스피200 ETF 대신 이름이 같고 TR만 붙은 코스피200TR ETF를 매수하면 배당소득세 15.4%를 낼 필요 없이 받은 분배금이 그대로 ETF에 재투자하는 효과를 보게 됩니다. 쉽게 비유하면 눈이 덮인 산길에서 눈사람을 만들기 위해 열심히 눈을 굴리는 사람이 있습니다. 특정 시간이 될 때마다 보너스로 작은 눈 한 덩이를 추가로 지급받습니다. 이때 상금으로 받은 눈덩이를 따로 빼놓지 않고 굴리던 눈에 합쳐서 계속 굴리면 그렇지 않을 때보다 눈덩이가 커지는 속도가 더 빨라질 것입니다. 코스피200TR ETF는 이런 투자자를 위한 맞춤형 상품입니다.

코스피100 ETF와 코스피50 ETF 한국 시장에는 코스피100 ETF와 코스피50 ETF도 있습니다. 코스피100은 코스피 시가총액 상위 100개 종목, 코스피50은 코스피 시가총액 상위 50개 기업으로 구성됩니다. 코스피200 ETF 대비 대형주 비중이 자연스럽게 높아지는 구조입니다.

다음 표는 코스피200 ETF의 상위 종목과 코스피100 ETF 상위 종목을 비교한 것입니다. 코스피100 ETF 쪽의 개별 종목 비중이 더 높다는 점을 확인할 수 있습니다. SK하이닉스, NAVER, 삼성SDI, 카카오를 비롯한 대형주 장세가 펼쳐질 때 코스피100이나 코스피50 ETF는 코스피200 ETF 대비 더 나은 성과를 보여줍니다.

● 코스피200과 코스피100 ETF 구성종목   기준: 2022.01.14

코스피200			코스피100		
구성종목(구성자산)	주식수(계약수)	구성비중	구성종목(구성자산)	주식수(계약수)	구성비중
삼성전자	7,615	29.99%	삼성전자	6,261	32.08%
SK하이닉스	905	5.92%	SK하이닉스	761	6.48%
NAVER	217	3.78%	NAVER	182	4.13%
삼성SDI	83	2.74%	삼성SDI	62	2.94%
LG화학	74	2.70%	LG화학	68	2.92%
카카오	511	2.44%	카카오	426	2.65%
현대차	228	2.43%	현대차	189	2.62%
			KB금융	479	1.97%
			기아	334	1.86%
			POSCO	87	1.72%

• ETF 구성종목 TOP 10

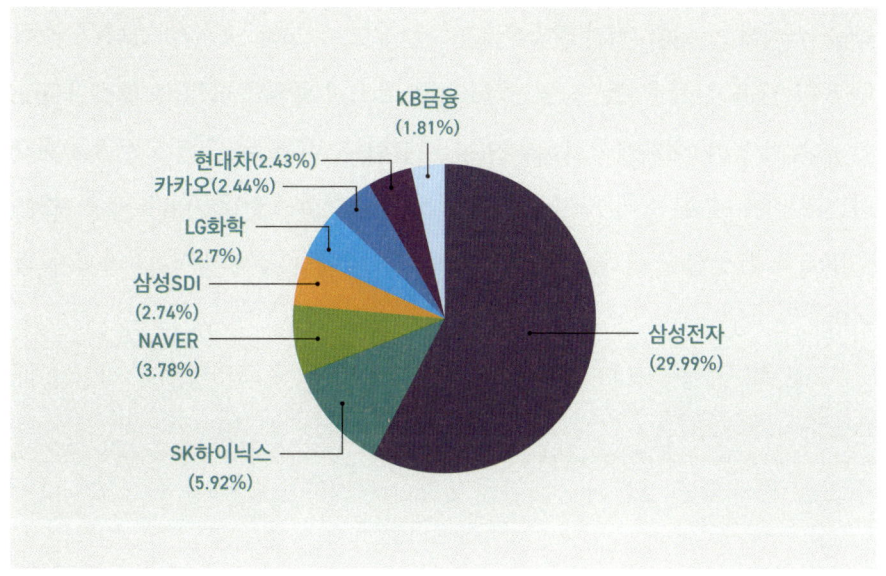

자료: 한국거래소

반면 코스피 지수가 오르고 있지만 그 원동력이 대형주가 아니고 중소형주일 경우 코스피200 ETF가 코스피100 ETF나 코스피50 ETF보다 더 나은 성과를 보여줄 것입니다.

코스피 중형주 ETF   코스피에 투자하는 ETF 중 특이한 상품으로 코스피 중형주 ETF와 코스피ex200 ETF, 코스피200 동일가중 ETF를 뽑을 수 있습니다.

코스피 중형주 ETF는 코스피 상장종목 중 시가총액 101위부터 300위까지에 해당하는 종목을 시가총액 가중방식으로 산출해 골고루 투자하는 상품입니다.

코스피200 ETF에서 높은 비중을 차지하는 삼성전자, SK하이닉스,

NAVER, 카카오, 현대차 같은 종목은 전혀 찾아볼 수 없습니다. 가장 큰 비중을 차지하는 기업 시가총액이 4조 원 정도로 그리 크지 않습니다. 중형주 ETF 대표 상품을 볼 수 있는 TIGER 코스피 중형주 ETF를 보겠습니다. 한 종목이 ETF 전체에서 3%를 넘지 않습니다. 비중 3% 미만으로 100개가 넘는 기업에 잘게 잘게 투자 포트폴리오를 다변화해놓았습니다. 코스피200 ETF에서 삼성전자 한 종목이 비중 30% 육박하는 것과 극명한 차이가 납니다.

코스피 중형주 ETF는 증시 흐름이 대형주에서 중소형주로 넘어갈 때 투자하면 적격입니다. 한국 증시를 보면 대형주와 중소형주가 서로 바통을 주고받으면서 상승 흐름의 주도권을 번갈아 차지하는 것을 볼 수 있습니다.

● **ETF 주요 구성종목**   기준: 2022.01.14

구성종목(구성자산)	주식수(계약수)	구성비중
메리츠금융지주	437	2.67%
메리츠화재	393	2.13%
DB하이텍	145	1.44%
KCC	29	1.28%
한화시스템	615	1.26%
한솔케미칼	37	1.15%
동서	325	1.14%
한전기술	124	1.12%
BNK금융지주	1,062	1.11%
한화생명	2,829	1.09%

그렇다면 중형주가 탄력을 받을 때는 증시에서 어떤 현상이 관측될까요? 대표적인 것이 게걸음 걷듯이 정체되는 지수 흐름입니다. 코로나19 사태 이후 코스피 지수가 한때 1400선까지 떨어졌던 2020년을 떠올려볼까요. 이후 증시는 빠르게 회복되어 3000선을 돌파하며 코스피는 사상 최고 기록을 쓰게 됩니다. 하지만 코스피 지수 3000을 넘어선 증시는 이후 탄력을 잃으

• 3년 내 코스피와 삼성전자 주가 추이　　　　　　　　　　기준: 2022.01

자료: 한국거래소, 네이버

며 횡보장세로 접어들게 되었죠.

　2021년 초 주당 9만 원을 돌파했던 삼성전자 주가는 8만 원대 밑으로 내려오며 좀처럼 힘을 쓰지 못합니다. 때마침 반도체 경기 고점 논란 등 이슈가 불거지며 삼성전자, SK하이닉스 등 대형 IT주 주가 흐름이 부진해졌습니다. 하지만 2021년까지 미국 정부의 '돈 뿌리기 작업'인 양적완화(QE)는 계속되고 있었고, 금리인상 속도는 더뎌 시중에는 여전히 돈이 넘쳐나던 시기였죠.

　갈 곳 없는 돈의 일부는 지수 흐름이 정체되더라도 증시를 맴돌기 마련입니다. 대형주 장세가 지지부진하게 되면 자연스레 중형주가 주목받는 장세가 옵니다. 2021년 하반기 이후 ESG 관련주로 분류됐던 2차전지 관련주 흐름을 몇 개 보겠습니다.

　시가총액이 큰 대형주는 주가가 오르는 속도가 더디지만 덩치가 작은 중형주는 작은 호재에도 주가가 뜨겁게 반응하는 경향이 있습니다. 큰 대야에 물을 끓이면 시간이 오래 걸리지만 작은 냄비에 끓이는 물은 금방 끓어오르는 것과 같은 이치지요. 대형주 장세에서 중형주 장세로 넘어가는 시점에 주가가 오를 만한 개별 종목을 여럿 사놓고 있으면 큰 재미를 볼 수 있습니다.

　하지만 주가가 오를 만한 주식을 찍어내는 능력을 가진 사람이 개미 투자자 사이에 많지 않다는 게 문제입니다. 이럴 때 코스피 중형주 ETF를 매수하면 톡톡히 효자 노릇을 할 수 있습니다. ETF에 담긴 중형주 사이에 대박 종목이 몇 개 나오면서 시장을 이기는 수익률을 기록하는 원리입니다.

　코스피 중형주 ETF 중에 좀 더 주가변동성이 덜하고 압축된 종목이 담긴 ETF를 찾는다면 ARIRANG 중형주 저변동 50 ETF가 대안이 될 수 있습니다. 코스피 상장기업 중 시가총액 100~300위에 해당하는 종목 중에서

● 대주전자 주가 추이

● 화신 주가 추이

주가변동성이 낮은 50종목에 투자하는 ETF입니다.

앞서 설명해드린 대로 중형주 개별 종목은 주가 널뛰기가 심하기 때문에 ETF 수익률 그래프도 이에 따라 쉽게 출렁일 수 있습니다. 그런데 ARIRANG 중형주 저변동 50 ETF는 특히 주가변동성이 적은 종목만 주로 골랐기 때문에 훨씬 안정적인 수익률을 낼 수 있는 구조입니다.

투자자 중에서는 코스피200 ETF와 중형주 ETF의 장점만 결합한 상품을 찾는 수요도 있을 것입니다. 코스피 중형주 ETF는 삼성전자, 카카오, 현대차, NAVER, 삼성SDI를 비롯해 시가총액이 큰 종목이 하나도 없으므로 대형주 장세가 찾아올 경우 수익률이 철저히 소외되는 단점이 있습니다. 반면 코스피200 ETF는 삼성전자, SK하이닉스, NAVER 등 시가총액이 큰 종목 비중이 너무 높으므로 이들 종목 주가 흐름에 따라 수익률이 상당 부분 결정되는 단점을 피할 수 없습니다. ETF 바구니에는 200종목이나 담겨 있지만 비중이 미미한 작은 종목 주가 흐름은 ETF 전체 수익률에 유의미한 변동을 이끌어내지 못하는 것입니다.

코스피200 동일가중 ETF 이런 생각을 가지고 있다면 코스피200 지수의 구성종목을 동일비중으로 편입해 운용하는 코스피200 동일가중 ETF에 관심을 가질 만합니다. KODEX 200 동일가중 ETF와 TIGER 200 동일가중 ETF가 주인공입니다.

코스피200 동일가중 ETF는 코스피200 지수 구성종목을 동일한 비중으로 편입해 운용합니다. 쉽게 말해 코스피200에 들어 있는 200개 종목을 공평하게 0.5%씩 나눠서 잘게 잘게 편입하는 것입니다. 코스피200 지수에 비해 종목 비중이 고르게 분포돼 있어 상대적으로 분산 효과가 큽니다. 삼성전자 등 코스피 대형주도 들어 있기 때문에 코스피 대형주가 상승하는 장에

● 코스피200 동일가중 ETF 주식 비중   기준: 2022.01.14

구성종목(구성자산)	주식수(계약수)	구성비중
메리츠금융지주	90	0.76%
LG이노텍	11	0.69%
SK이노베이션	15	0.64%
DB하이텍	45	0.62%
메리츠증권	594	0.62%
한국항공우주	106	0.62%
KCC	10	0.61%
LG전자	25	0.59%
LIG넥스원	51	0.59%
한화에어로스페이스	68	0.58%

서 최소한의 수익률은 보장받을 수 있습니다. 또 SK하이닉스, NAVER 등 코스피 대형 종목과 코스피에서 199위, 200위 하는 시가총액이 작은 종목 간 차별 없이 고른 비중으로 종목을 담았기 때문에 시가총액이 작은 종목이 상승하는 장에서도 웬만큼 수익률을 내줍니다.

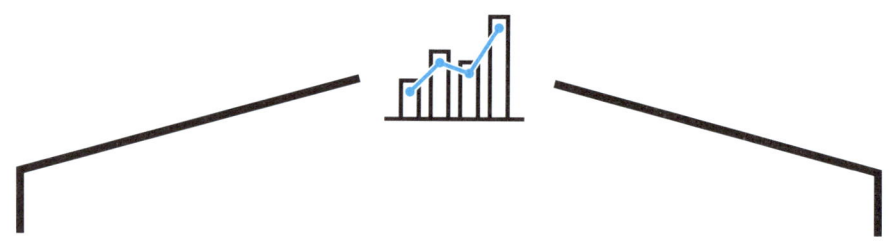

코스닥에 투자하는 ETF도 있나요?

코스닥 주요 종목에 투자하는 코스닥150 ETF

한국을 대표하는 대표적인 주식 관련 시장에는 코스피와 코스닥이 있습니다. 앞서 코스피와 관련한 다양한 ETF를 살펴보았는데요, 당연히 코스닥과 관련한 지수도 있습니다. 대표적인 상품은 코스닥150 ETF입니다. 이 상품은 코스피200 ETF와 비견되는 코스닥 대표 ETF입니다. 웬만한 자산운용사들은 전부 관련 상품을 출시해놓고 있습니다.

이름에서 알 수 있듯이 코스닥의 주요 종목 150개를 골라 만든 ETF입니다. 자산운용사별로 모두 동일한 지수를 추종하고 있기 때문에 코스닥150 ETF를 고르는 기준도 코스피200 ETF를 고르는 기준과 같습니다. 수수료가 싸고 시가총액이 커 거래가 잘되는 종목을 고르면 됩니다. 그래야 한 푼이라도 수익률을 높일 수 있고 괴리율이 적어져 적정가치에 근접한 상품을 살

• 코스닥150 ETF 비중   기준: 2022.01.14

구성종목(구성자산)	주식수(계약수)	구성비중
셀트리온헬스케어	578	5.85%
에코프로비엠	62	3.84%
엘앤에프	131	3.63%
펄어비스	184	3.00%
HLB	544	2.75%
카카오게임즈	219	2.22%
위메이드	102	2.00%
알테오젠	177	1.62%
씨젠	206	1.61%
리노공업	58	1.55%

수 있으니까요.

 2022년 초 기준으로 수수료가 가장 싼 코스닥150 ETF는 한국투자신탁운용의 KINDEX 코스닥150 ETF입니다. 수수료가 0.02%로 가장 낮습니다.

 시가총액이 가장 큰 KODEX 코스닥150 ETF는 수수료 0.25%를 받습니다. 한국투자신탁운용이 워낙 수수료를 낮게 내려서 둘 간 수수료 격차가 10배 넘게 나고 있습니다. 코스닥150 ETF 중 두 번째로 시총이 큰 TIGER 코스닥150 수수료는 0.19%, 시총 3위인 KB자산운용의 KBSTAR 코스닥150 ETF 수수료는 0.18%입니다.

 여러분은 '코스닥' 하면 어떤 생각이 드시나요? '벤처기업의 요람', '한국의 나스닥' 같은 이미지가 떠오른다면 제대로 알고 계신 것입니다. 탁월한 기술을 가지고 없던 시장을 열어젖히며 신성장 산업 분야에서 성과를 내는 기업이 주로 코스닥에 상장을 합니다. 물론 코스닥에서 시작해 기업이 커지면 코스피로 이사를 가기도 하지만 코스닥 시장의 주를 이루는 산업은 주로 혁신 산업입니다.

최근 전 세계를 가장 뒤흔들고 있는 혁신 산업을 몇 개 꼽으라면 제약·바이오, 전기차, 2차전지, 게임 등등일 것입니다. 이런 추세가 코스닥150 구성 종목에도 그대로 반영됩니다. 2022년 초 기준으로 셀트리온헬스케어, 에코프로비엠, 엘앤에프, 펄어비스, 에이치엘비 등이 톱5 자리를 지키고 있습니다.

셀트리온헬스케어와 에이치엘비는 바이오 주식으로 분류되고, 에코프로비엠과 엘앤에프는 2차전지 관련 종목으로 분류됩니다. 펄어비스는 중국에서 '검은사막' 등을 서비스하는 글로벌 게임업체입니다.

삼성전자, SK하이닉스, NAVER 등 몇몇 종목이 터줏대감처럼 자리를 지키는 코스피와 달리 코스닥은 시가총액 순위 변동이 잦습니다. 바이오, 2차전지 등을 하는 기업 주가는 잠잠하다가도 어느 날 갑자기 호재를 등에 업고 상한가를 치는 등 주가 변동폭이 큽니다. 반면 삼성전자, SK하이닉스 등 코스피 대형주는 주가가 오르고 내리는 변동이 코스닥 종목에 비해 훨씬 작습니다.

또한 코스닥 시장 자체가 코스피에 비해 작기 때문에 대외 변수에 출렁이는 변동성 자체가 코스닥이 코스피에 비해 높습니다. 이런 복합적인 이유가 더해져 코스피150 변동성 역시 코스피200 대비 높은 편입니다. 이런 점은 투자할 때 유념하셔야 합니다.

코스닥과 코스피에 골고루 투자하는 ETF 상품들

코스닥이 변동성이 크다면 상대적으로 변동성이 작은 코스피와 골고루 투자하면 어떨까 생각하시는 분도 있을 것입니다. 코스피200 ETF를 절반, 코스닥150 ETF를 절반 사는 식으로 '나만의 포트폴리오'를 만드는 대안이 있습니다. 그런데 ETF 시장에는 상품 하나로 코스피와 코스닥을 골고루 투자할 수 있는 길도 이미 열려 있습니다.

대표적인 상품은 KRX300 ETF와 KRX 100 ETF입니다. KRX300 ETF는 코스피와 코스닥을 통틀어 우량한 기업 300개에 두루 투자하는 상품입니다. KRX 100은 코스피와 코스닥을 합쳐 100개 종목을 선정합니다.

● **KRX300 ETF 비중** 기준: 2022.01.14

구성종목(구성자산)	주식수(계약수)	구성비중
삼성전자	6,427	27.38%
SK하이닉스	764	5.41%
NAVER	184	3.47%
삼성SDI	70	2.50%
LG화학	63	2.49%
카카오	431	2.23%
현대차	192	2.21%
KB금융	482	1.65%
기아	343	1.58%
POSCO	88	1.45%

그런데 KRX300 ETF와 KRX 100 ETF 모두 코스닥보다는 코스피에 치중한 상품이라는 한계가 있습니다. 둘 다 삼성전자 1개 종목이 차지하는 비중이 전체 포트폴리오의 20%를 훌쩍 넘어갑니다.

코스닥 종목이 코스피 종목 대비 시가총액이 현저히 작기 때문에 벌어진 일입니다. KRX300, KRX 100 지수가 코스피와 코스닥 시장의 우량기업을 시장에서 차지하는 비중에 맞게 추종하겠다는 탄생 스토리가 있기 때문인데요.

둘 간 시장 사이즈를 무시하고 코스닥을 코스피 대비 높게 반영한다면 이 상품은 한국 증시 전반을 있는 그대로 보여주는 상품으로는 적합하지 않겠지요. 그래서 자연스럽게 코스피 비중이 높아진 것이라고 보시면 됩니다.

삼성자산운용이 출시한 KODEX KRX300 ETF, 미래에셋자산운용이 내놓은 TIGER KRX300 ETF, KB자산운용의 KBSTAR KRX300 ETF, 키움투자자산운용의 KOSEF KRX100 ETF 등 상품이 있습니다.

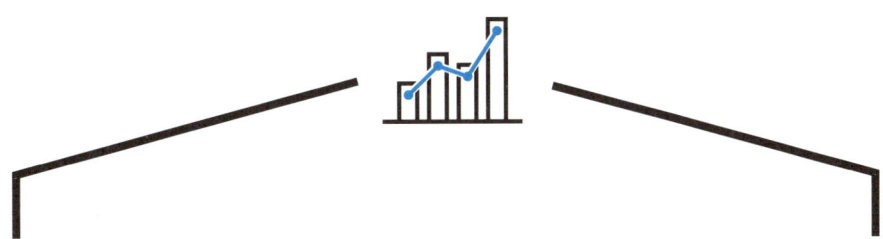

ETF와 원숭이 투자

주식 투자대회에서 원숭이와 어린아이가 승리하다

ETF의 탄생 스토리를 알기 위해 먼저 원숭이 얘기를 해볼까 합니다. 2000년 7월부터 2001년 5월까지 벌어진 일입니다. 잘나가는 펀드매니저 4명, 개미 투자자 4명, 그리고 가상의 원숭이 1마리가 주식 투자수익률 대회에 참가했습니다. 《월스트리트저널(WSJ)》이 개최한 수익률 대회입니다.

원숭이 역할로는 기자 한 명이 나와서 시세표에 다트를 던져 종목을 찍는 식으로 투자할 대상을 찾았습니다. 누가 이겼을까요? 가상의 원숭이가 1등을 했습니다. 해당 기간 원숭이는 -2.7%의 수익률을 기록했는데 펀드매니저들은 평균 원금의 13.4%, 일반 투자자들은 28.6%를 잃었습니다.

2002년 영국 런던에서 열린 투자대회 결과도 화제였습니다. 5세 어린이 티아 래번 로버츠와 애널리스트 마크 굿선, 점성술사였던 크리스틴 스키너가 수익률 대결을 벌였습니다. 점성술사는 별자리를 보고 주식을 골랐고, 애널리스트는 각종 데이터를 통해 합리적으로 주가를 예측했습니다. 5세 어린이는 런던증권거래소에 상장된 100개 우량회사 이름이 적힌 종이쪽지를 무작위로 뽑아 투자종목을 골랐다고 하네요. 여기서는 누가 1등을 차지했을까요? 이 역시 어린이였습니다. 지수가 16% 하락하는 사이 어린이는 무려 5.8%의 수익률을 찍었습니다. 점성술사도 별자리의 도움을 받아 시장보다는 선방해 -6.2%의 수익률을 기록했고요. 애널리스트는 무려 원금의 46.2%를 날리며 차마 얼굴을 들지 못했습니다.

통상 이 실험은 주가를 설명하는 여러 이론 중에 '랜덤워크(Random Walk)' 가설을 설명할 때 등장하곤 합니다. 주가는 술 취한 사람의 걸음걸이와 같아서 아무리 분석을 탁월하게 해도 주가 움직임을 예측할 수 없다는 내용이지요.

좀 더 자세하게 설명하면 주가에는 반영될 수 있는 정보는 모두 반영되어 있기 때문에 주가의 움직임은 아무도 모르는 '무작위'의 영역이라는 뜻이 됩니다. 아무리 똑똑해도 합리적으로 예측할 수 없습니다. 이세돌을 이긴 알파고보다 성능이 100만 배 뛰어난 슈퍼컴퓨터를 데려와도 안 됩니다.

이런 가설을 지지하는 사람들은 '양자역학'을 예로 들어 주가의 움직임을 설명하기도 합니다. 우리가 전자의 움직임과 위치를 동시에 정확하게 예측하는 것은 불가능합니다. 움직임을 관측하기 위해 에너지를 쏘면 전자는 이 에너지에 반응해 위치를 옮겨버립니다.

이를 하이젠베르크의 불확정성 원리라고 하는데 "전자의 위치를 더 정확히 측정하면 할수록 측정하는 순간의 운동량은 정확히 알 수 없고, 전자의 운동량을 정확히 측정하면 할수록 그 순간의 전자 위치는 정확히 알 수 없게 된다"라는 문장으로 요약됩니다. 전자의 위치와 운동량을 슈퍼컴퓨터

조차 정확하게 예측할 수 없는 것처럼, 수많은 시장 참여자의 생각과 판단, 인공지능(AI)으로 투자하는 기계적 매매, 대중의 심리가 만들어내는 주식시장의 역동성 등 다양한 변수가 들어간 주가는 본질적으로 예측의 영역이 아니라는 것입니다.

선형적 사고의 영역에서는 금리와 환율, 기업의 예상 실적, 동종 업계의 주가수익배율(PER), 기관과 외국인의 매수세 등을 조합하면 특정 종목의 합리적인 주가 기댓값을 도출할 수 있다고 판단하지만 양자역학, 랜덤워크의 세계관에서는 그렇지 않다는 것입니다.

우리는 하루에도 수백 개의 종목이 주가가 왜 오르는지, 왜 내리는지를 정확하게 알지 못하고 매매합니다. 어떤 종목은 3거래일 연속 10% 넘게 오르며 장을 주도했다가 다음 달 곧바로 하한가로 직행하는 모습을 보여줍니다. 하지만 일주일 만에 그 기업의 본질가치가 주가 움직임만큼 변하지는 않았습니다. 주가가 한창 오를 때는 "실적 개선 전망 기대감이 시장에 널리 퍼져" 등으로 주가 움직임을 '사후적'으로 정당화하는 뉴스만 나올 뿐입니다. 사실 왜 주가가 오르는지, 왜 주가가 내리는지는 '아무도 정확히 모른다'고 말하는 게 정확하다고, 랜덤워크적 사고방식을 가진 전문가들은 주장합니다.

액티브 펀드 vs. 패시브 펀드

자, 이런 논의를 이어가면 액티브(Active) 펀드와 패시브(Passive) 펀드 중에 뭐가 더 우월한지에 대한 논쟁으로 번지게 됩니다. 액티브 펀드는 '액티브'란 이름에 맞게 펀드매니저가 역동적으로 종목을 골라서 만든 펀드를 말합니다. 펀드매니저의 시장 분석과 촉을 토대로 해서 시장 수익보다 더 높은 성과를 내는 게 목표입니다.

'패시브'는 수동적이란 의미입니다. 수동적으로 정해진 지수를 따라가는 게 목표입니다. 더도 말고 덜도 말고 딱 시장지수만큼의 성적표를 내는 게 목표입니다.

그럼 펀드 수수료는 액티브 펀드와 패시브 펀드 중에 무엇이 더 많을까요? 짐작하시는 대로 액티브 펀드가 압도적으로 높습니다. 종목을 고르는 대가로 고액 연봉을 받는 펀드매니저의 노동과 시간을 빌려야 하기 때문입니다. 펀드매니저는 일시적으로 매도세가 강해 적정가치 대비 주가가 과도하게 빠진 종목이나, 내년 실적 전망이 올해를 압도적으로 뛰어넘어 어닝 서프라이즈가 예상되는 종목, 메가트렌드를 타고 향후 혁신 산업을 주도할 종목을 추리고 추려 펀드 바구니 안에 심사숙고해 넣습니다.

반면 패시브 펀드를 운용하는 것은 지수랑 펀드 수익률이 똑같이 움직이도록 초반 세팅만 해주면 더 할 것이 별로 없으니 펀드매니저의 노동력이 훨씬 덜 들어갑니다.

그런데 앞서 설명해드린 원숭이 다트 종목 고르기 실험이나 어린이가 포함된 런던의 투자 실험을 보면 펀드매니저의 투자 성과가 꼭 좋지는 않다는 결론에 이르게 됩니다. 이렇게 랜덤워크 가설을 따라 투자종목을 고르면 굳이 펀드매니저에게 비싼 돈을 주고 액티브 펀드를 고를 이유가 없어집니다.

평생을 액티브 투자로 세계에서 가장 부유한 사람 중 한 명이 된 워런 버핏이 남긴 재미있는 얘기도 있습니다. 2017년 버핏은 미국 네브래스카주 오마하에서 본인 투자회사 버크셔 해서웨이(Berkshire Hathaway) 주주총회를 열었습니다. 버크셔 해서웨이는 섬유회사로 시작했지만 버핏이 중간에 인수한 이후 버핏의 투자지주회사 역할을 하고 있는 곳입니다.

1930년생인 버핏은 2017년 한국 나이로 치면 88세의 고령이었습니다. 참석한 주주 중 한 명이 질문을 했습니다. "당신은 아내에게 어떤 유언을 남길 것인가요? 인덱스 펀드에 투자하라고 하시겠습니까, 아니면 버크셔 헤서웨이 주식을 계속 보유하라고 하실 건가요?"

그러자 버핏 회장이 답합니다. "(내가 이미 작성한) 유서에는 아내에게 남은 돈의 10%를 미국 국채에 투자하고, 나머지 90%는 전부 S&P500 인덱스 펀드에 투자하라고 쓰여 있습니다"라고요.

역설적으로 버핏은 20대 때 투자의 세계에 입문해 평생을 시장보다 훨씬 높은 수익률을 기록하며 끝내 세계 최고 부자 반열에 오른 액티브 투자의 상징입니다. 그런 그가 유서에는 "액티브 펀드에 들지 말고 인덱스 펀드에 몰빵해라"라고 써놓은 것입니다.

버핏은 액티브 투자로 시장을 수십 년간 연속으로 이기는 엄청난 성공을 이뤘지만, 실상 시장을 한두 해 이길 정도의 투자 고수도 세상에는 많지 않다고 버핏은 생각한 것입니다.

실제 버핏은 그로부터 10년 전인 2007년 미국의 유명한 헷지펀드와 내기를 하기도 했습니다. 뉴욕 헷지펀드 운용사인 프로테제파트너스와 향후 10년간 인덱스 펀드와 헷지펀드 중 어느 것이 더 많은 이익을 낼지 공개경쟁에 돌입한 것입니다.

당시 버핏은 뱅가드가 내놓은 S&P500 인덱스 펀드에, 프로테제파트너스는 고르고 고른 5개 헷지펀드 묶음으로 내기를 시작했습니다. 양측은 판돈으로 각각 32만 달러를 걸고 이를 전부 미국 국채에 투자하기로 합의했습니다. 10년 뒤 원리금을 합해 총상금을 승자가 지정한 자선단체에 기부하기로 약속한 것이지요. 쉽게 말해 실제 판돈은 국채로 걸고 버핏은 인덱스 펀드에, 프로테제는 헷지펀드에 가상의 투자를 해 수익률 경쟁을 벌인 것입니다.

2008년 1월 1일 시작한 내기는 2017년 12월 29일 뉴욕 증시 마지막 거래일로 장장 10년 경쟁의 막을 내렸습니다. 승자는 버핏이었습니다. 버핏의 인덱스 펀드는 연평균 7.1%에 달하는 수익을 냈지만 프로테제의 헷지펀드 수익률은 2.2%에 그쳤기 때문이죠.

2007년 이 승부가 성립된 이유는 버핏이 헷지펀드의 고액 수수료를 비판하며 차라리 지수에 연동되는 인덱스 펀드에 돈을 맡기는 게 낫다고 주장하자 프로테제파트너스의 테드 지데스 회장이 발끈해 도전장을 던졌기 때문입니다.

인덱스 펀드도 액티브 펀드 대비 훨씬 수수료를 줄일 수 있지만 이것을 ETF로 만들어 상장시켜 시장에서 즉시 거래되게 하면 수수료를 더 줄일 수 있습니다. 실제로 시중에서 펀드 형태로 판매되는 인덱스 펀드는 통상 연 1% 이상의 수수료를 가져갑니다. 하지만 인덱스 펀드와 투자종목에는 차이가 없는 ETF는 수수료가 인덱스 펀드의 절반 이하입니다.

게다가 인덱스 펀드는 '펀드'이기 때문에 아무렇게나 환매를 못 하고 정해진 절차를 통해서만 환매할 수 있게 되어 있습니다. 하지만 ETF는 HTS를 통해 바로바로 사고팔 수 있지요. 또 펀드는 하루에 한 번 결정되는 기준가격으로만 사거나 팔 수 있습니다. 은행이나 증권사에서 복잡한 서류에 사인하면서 펀드를 가입하거나 해지하게 되는데 그때마다 펀드 가격이 움직인다면 사는 쪽에서나 파는 쪽에서나 대응을 할 수 없겠지요. 반면 ETF는 실시간으로 주가 시세를 반영해 변동하는 가격 그대로 사거나 팔 수 있습니다. 투자자 입장에서 훨씬 실제 가격에 근접한 가격으로 투명하게 투자를 할 수 있다는 뜻입니다. 또 펀드는 분기마다 펀드 바구니에 무엇을 담았는지 포트폴리오를 제공하지만 ETF에 담긴 종목은 실시간 손쉽게 확인할 수 있습니다.

요약하자면 ETF는 펀드보다 접근성, 투명성, 비용절감 모든 측면에서 투자자에게 더 유리하다는 것입니다. 자, 그렇다면 여러분은 코스피나 코스닥 지수를 그대로 따라가는 상품에 투자할 때 인덱스 펀드를 고르시겠어요, ETF를 사시겠어요? 아마도 ETF일 것입니다.

ETF는 개인 투자자를 위한 최고의 투자 수단

유능한 펀드매니저조차도 시장을 이기기 힘들다는 판단, 그리고 인덱스 펀드보다 훨씬 더 싸고 간편하게 투자할 수 있다는 장점. 이 두 가지가 합쳐져 ETF 시장이 무럭무럭 자라고 있는 것입니다.

한국에서 ETF가 처음 상장된 것은 지난 2002년이었습니다. 당시 말 기준 ETF 순자산총액은 3444억 원에 불과했습니다. 하지만 그로부터 19년이 지난 2021년 5월 ETF 순자산총액은 60조 원을 돌파했습니다. ETF 순자산이 19년간 무려 174배나 커진 것입니다. 일평균 거래대금은 2002년 327억 원에서 2021년 5월 3조 7459억 원 수준으로 급증했습니다. 2021년 말에는 급기야 70조 원을 돌파해 1년 새 ETF 투자자금이 20조 원 늘었습니다.

2021년 8월에는 ETF 종목 수가 500개를 돌파하기도 했습니다. 당시 한국거래소는 미래에셋자산운용의 TIGER 차이나반도체FACTSET 등 ETF 3종목이 유가증권시장에 상장하면서 전체 ETF 종목 수가 502개로 늘어난다고 자료를 냈습니다. 사실 여러분이 이 책을 읽는 상황에서는 ETF 종목 수가 더 늘어나 있을 것입니다. ETF 종목 수가 500개를 돌파한 이후에도 그해 9월 신한자산운용이 미국 S&P500 ESG ETF를 내놨고, 삼성자산운용과 NH아문디자산운용, 신한자산운용이 각각 3종의 탄소배출권 ETF를 내놓는 등 종목 수가 갈수록 늘어나고 있기 때문입니다.

• 빠르게 팽창하는 글로벌 ETF 시장

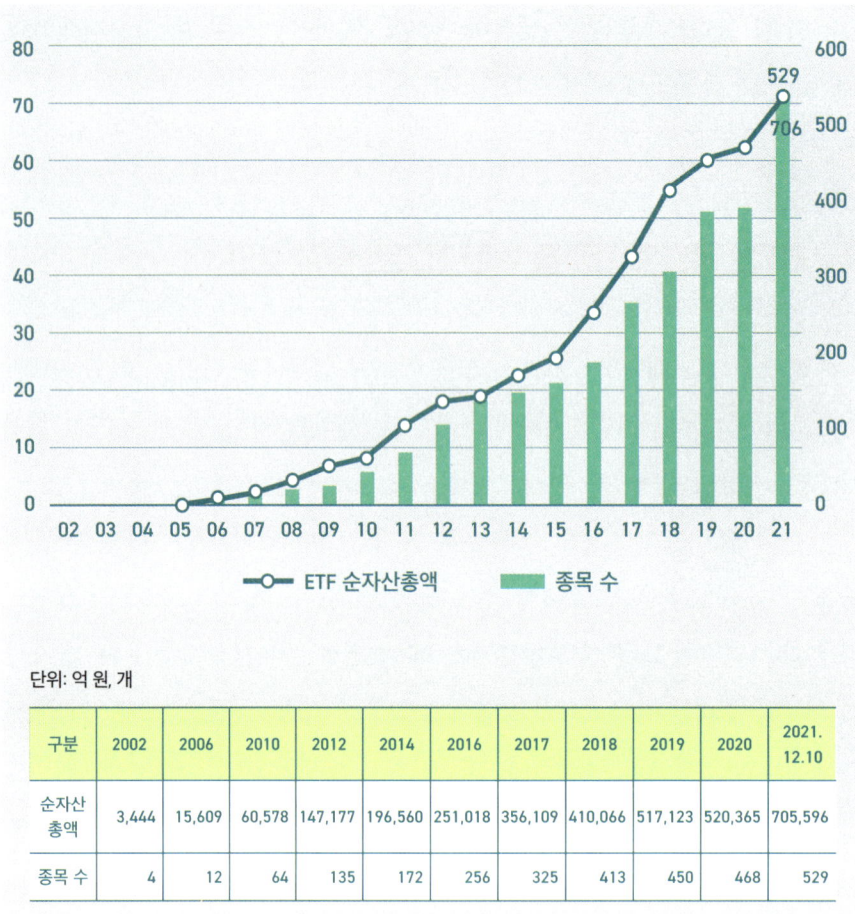

단위: 억 원, 개

구분	2002	2006	2010	2012	2014	2016	2017	2018	2019	2020	2021. 12.10
순자산 총액	3,444	15,609	60,578	147,177	196,560	251,018	356,109	410,066	517,123	520,365	705,596
종목 수	4	12	64	135	172	256	325	413	450	468	529

한국의 ETF 시장은 이미 세계적인 수준입니다. 2021년 8월 기준 ETF 일평균 거래대금은 3조 1741억 원으로 미국, 중국에 이어 세계 3위 수준입니다. 한국 시장에서의 손바뀜이 무척이나 빠르게 일어나고 있다는 것을 알 수 있습니다. 한국인의 투자 성미가 조급하다는 뜻도 되지만 투자 수단으로 개별 종목보다 ETF로 많이 넘어가고 있다는 뜻도 됩니다. 2021년 6월 말 기준

으로 상장종목 수는 세계 7위, 순자산총액은 11위에 각각 올라 있습니다.

이미 글로벌 ETF 시장은 끝을 모르는 팽창에 나서고 있습니다. 지수를 추종하는 상품은 물론 비트코인, 탄소배출권, 메타버스를 비롯한 여러 테마를 실제 투자로 연결할 수 있는 수단으로 기능하면서 몸집을 불리는 모습입니다.

글로벌 ETF 리서치 기관인 ETFGI와 《매일경제》 보도에 따르면 2021년 8월 말 기준 전 세계 ETF 운용자산 규모는 9조 4680억 달러로 10조 달러 돌파를 앞두고 있습니다. 2020년 한국 국내총생산(GDP)은 1조 6000억 달러에 달했습니다. 단순 계산으로 한국의 GDP의 6배에 이르는 자금이 ETF에 들어와 있다는 뜻입니다.

☑ 벤저민 그레이엄의 시장을 이기는 투자법

인덱스 펀드와 액티브 펀드의 차이를 좀 더 자세하게 알려면 투자의 대가 벤저민 그레이엄의 저서 《현명한 투자자》와 존 보글의 《모든 주식을 소유하라》를 읽어보면 좋습니다. 벤저민 그레이엄이 1949년 출간한 《현명한 투자자》는 가치투자의 길을 개척한 선구자적인 책으로 꼽힙니다. 내용을 요약해 소개하자면 시장에는 어떤 이유에서든지 본질가치보다 훨씬 낮은 가격으로 거래되는 주식이 있다는 게 핵심입니다. 예를 들어 A기업이 보유한 현금이 3000억 원인데 시가총액은 1500억 원에 거래되고 있다는 식입니다. 만약 이 기업 주식을 전부 1500억 원에 사들이면 기업이 보유한 3000억 원을 공짜로 먹게 되는 셈이니, 수지맞는 장사라고 할 수 있지요. 말도 안 되는 상황이지만 주식 공부를 제대로 하면 이런 주식을 찾을 수 있다고 벤저민 그레이엄은 주장했고, 그래서 '저평가된 주식'에 초점을 맞추는 가치투자를 널리 알리는 계기가 되었습니다.

그레이엄은 ① 10~30개 종목에 분산투자, ② 현금흐름이 우수한 대형주에 투자, ③ 20년 이상 배당금을 지급한 기업에 투자, ④ 주가가 최근 1년간 주당순이익의 20배, 7년간 평균 주당순이익의 25배를 넘지 않을 것 등의 투자 원칙을 세워 가치투자의 원칙을 세웠죠.

그레이엄의 논의를 발전시키면 펀드매니저의 역량과 종목 발굴 노하우를 통해 시장을 이기는 투자가 가능하다는 결론이 나옵니다. 실제 벤저민 그레이엄의 제자 격이라 할 수 있는 워런 버핏이 평생에 걸쳐 보여준 것이 주식 선택을 통해 지수보다 훨씬 높은 수익률을 올릴 수 있다는 결론입니다.

☑ 인덱스 펀드의 아버지 존 보글

반면 《모든 주식을 소유하라》라는 책을 쓴 존 보글은 '인덱스 펀드의 아버지'라 불리는 인물입니다. 존 보글은 효율적인 시장에서는 매니저가 초과 수익을 내기 힘들다고 단언합니다. 여기서 유진 파마 시카고대학 교수가 주장한 '효율적 시장가설(EMH: Efficient Market Hypothesis)'이란 개념이 나옵니다. 한마디로 '시장의 모든 정보는 주가에 반영돼 있다'는 내용입니다.

좀 더 자세하게 들여다보면 '효율적 시장'은 3개로 나뉩니다. 경제학 교과서에 나오는 얘기이지만 인덱스 펀드, 그리고 ETF 세계를 쉽게 이해하기 위해 조금만 더 깊이 들어가 봅니다.

만약 시장이 '약형 효율시장(weak form efficient market)'이라 하면 현재의 주가는 특정 회사의 과거 정보가 완전히 반영돼 있는 상태를 뜻합니다. 과거의 데이터는 있지만 현재와 미래에 대해서는 데이터가 아직 반영돼 있지 않다는 얘기인데요. 특정 기업이 벌어들인 이익, 과거 시장점유율 등을 정확하게 반영해 주가가 곧바로 반응하지만 지금 벌어지는 상황, 미래에 어떻게 될지는 아무도 모르니 이것을 합리적으로 예측하면 주식을 잘 골라 수익을 낼 수 있다는 뜻이 됩니다.

이보다 더 강한 가정인 '준강형 효율시장(semi-strong form efficient market)'이란 현재의 모든 정보가 신속하고 정확하게 현재의 주식 가격에 반영되는 상황을 가리킵니다. 이런 상황이라면 기업의 비밀 정보를 알게 된다면 남들을 뛰어넘는 수익을 낼 수 있을 것입니다. 가장 극단적인 가정인 '강형 효율시장(strong form efficient market)'에선 현재 주가는 과거, 현재의 모든 정보는 물론 미래에 나올 기업의 내부정보까지 가격에 반영된 상태입니다. 이런 상황이라면 기업을 분석해 돈을 버는 것은 불가능합니다. 특정 회사의 주가는 이미 과거, 현재는 말할 것도 없고 미래까지 데이터가 모두 반영돼 있는 까닭입니다. 결국 내부자 거래 혹은 찍기가 아니면 주식에서 돈을 벌 수 없고, 이는 '펀드매니저 무용론'으로 자연스레 이어집니다.

프린스턴대학 경제학과를 나온 존 보글은 이 이론에 감명받아 1974년 뱅가드를 설립

했습니다. 뱅가드에서 인덱스 펀드를 만들면서 패시브 투자가 처음 등장했고 2008년 미국발 금융위기가 터진 이후 주목받지 못했던 패시브 펀드는 날개를 폈습니다. 그 이후 ETF 시장은 급속도로 성장해 지금과 같은 모습이 되었습니다.

존 보글의 책 《모든 주식을 소유하라》는 결국 시장을 대표하는 지수에 투자하라는 뜻이 됩니다. 한국 주식시장으로 치면 코스피200 ETF, 코스닥150 ETF를 사라는 얘기가 되겠지요. 존 보글은 평균회귀 이론에 입각해서도 패시브 투자의 중요성을 강조합니다. 여러분 주사위를 계속 던지면 평균값이 얼마가 나올까요? 몇 번 던질 때는 1도 나왔다가 6도 나왔다가 하겠지만 수백 번, 수천 번을 던지면 결국 평균은 가운데인 3.5로 수렴할 것입니다.

존 보글이 생각하는 펀드의 세계에서도 마찬가지 일이 일어납니다. 통상 액티브 펀드를 고를 때 투자자는 최근 성적이 우수한 상품을 고르겠죠. 그런데 존 보글의 세계관에서 이 펀드는 운 좋게 최근 주사위를 5나 6을 굴린 것에 불과합니다. 언제까지나 이 운이 따라줄 수 없기 때문에 결국 3.5로 회귀한다는 것이지요. 그렇기에 존 보글은 최근에 수익률이 좋았던 곳에 투자하지 말고, 항상 시장수익률을 추구하는 인덱스 펀드에 투자하라고 말하는 것입니다.

☑ 제2의 액티브 펀드와 인덱스 펀드 전쟁

자, 여기까지 논의를 이어가면 ETF의 등장과 발전으로 액티브 펀드와 패시브 펀드와의 싸움은 완전히 끝이 난 것으로 보입니다. 그런데 최근 나오는 ETF를 보면 꼭 그렇지도 않다는 생각도 듭니다. 왜냐하면 액티브 펀드의 세계관에서 나올 법한 상품들이 ETF 옷만 입고 나오는 사태가 빈번하기 때문입니다. 아예 펀드매니저가 시장을 이길 목적으로 만든 액티브 펀드가 수수료 절감을 목표로 ETF 상품으로 출시되기도 합니다. 또 메타버스, ESG 등 특정 투자 테마를 현실에서 구현하기 위한 ETF도 속속 나오고 있습니다. 쉽게 말하자면 지수형이 득세했던 ETF의 발전으로 세상이 완전히 인덱스 펀드의 승리로 끝난 줄 알았는데, ETF가 액티브 펀드 세계를 침범하면서 꼭 시대가 그렇게 흘러가지는 않는다는 걸 보여주는 셈입니다. 액티브 펀드와 인덱스 펀드 간 2차전의 막이 오른 것입니다.

또한 1960년대 나온 '효율적 시장가설' 역시 최근 들어 많은 비판을 받는 추세입니다. 경제학은 미래를 예측할 수 있는 좋은 수단을 많이 가지고 있지만, 명확한 한계 중 하나는 인간을 감정이 없는 기계 취급을 한다는 데 있습니다. 언제나 합리적인 선택을 추구하는 존재로 인간을 가정하고 그런 인간이 내리는 결정으로 경제가 흘러갈 수 있다고 하는 것이지요. 그 과정에서 나오는 결과물을 '수학'과 '통계학'이라는 수단을 빌려 예측하고 진단하는 것입니다.

하지만 여러분 모두 공감하듯이 인간은 그리 합리적인 존재가 아닙니다. 그래서 인간이라는 개체가 모인 집단 역시 합리적인 결정을 하지 못하는 경우가 많이 있습니다. 그래서 주식시장 역시 많은 왜곡이 생기게 되는 것이지요. 하루 만에 30% 오르던 주가가 내일 20% 하락하는 널뛰기를 하는 것도 그 때문입니다.

그래서 최근 경제학은 심리학과의 교류를 통해 인간에 대한 전제를 많이 바꾸는 추세입니다. 예를 들어 행동경제학 이론에 따르면 인간은 '이익을 볼 기쁨보다 손실을 입을 때 훨씬 크게 반응하는 존재'입니다. 인간이 합리적이라면 1000원의 이득을 볼 때 느끼는 효용과 1000원의 손실을 볼 때 느끼는 비효용이 정확히 일치해야 하는데 그렇지 않다는 것이지요. 돈을 잃을 때 느끼는 아픔이 훨씬 크기 때문에 주식시장의 일시적 폭락을 견디지 못한 투자자들은 손절매에 나서며 투자시장을 떠난다고 지적합니다. 최근 한국어판 《더 나은 삶을 위한 경제학(What's wrong with Economics)》을 펴낸 영국의 경제사학자 로버트 스키델스키는 주류 경제학의 여러 한계에 대해 통렬한 비판을 가하기도 했습니다. 호모 에코노미쿠스(경제적 인간)는 특별한 때를 제외하고는 상상 속의 개념에 불과할 뿐이라고 말입니다.

액티브 ETF의 등장

역동적으로 진화하는 ETF 시장

앞서 ETF 개론에 대해 설명해드릴 때 기본적으로 ETF는 '패시브' 투자 성격이라고 말씀드린 바 있습니다. 하지만 미국에서 '돈나무 언니'라 불리는 캐시 우드가 이끄는 아크인베스트먼트가 액티브 성격이 가미된 '테마형 액티브 ETF'를 내놓고 인기를 끌면서 국내 액티브 ETF 시장도 주목받게 됐죠.

ETF 시장이 확대되면서 패시브를 넘어 펀드매니저가 직접 종목을 골라 시장을 이기는, 자세하게 말해 추종하는 지수를 이기겠다는 목표로 만들어지는 상품이 하나씩 나오고 있는 것입니다. 그런데도 운용보수는 기존 패시브 ETF와 유사하게 설정됩니다. ETF 시장의 진화라고 할 수 있습니다.

국내 액티브 ETF의 경우 기초지수와 30% 오차범위 내에서 펀드를 운용할 수 있습니다. 쉽게 말해 추종하는 지수에 70%만 투자하고 나머지 30%

는 ETF 성격에 맞게 운용사가 마음대로 주식을 담을 수 있다는 얘기입니다.

또한 금융당국이 액티브 ETF 시장을 활성화하기 위해 액티브 ETF의 비교지수 상관계수를 현행 0.7보다 더 낮추기로 결정해 운용사 재량은 더 늘어날 예정입니다. 예를 들어 상관계수를 0.7에서 0.5로 낮춘다면 자산운용사의 운용 능력 격차도 더 드러나게 되겠지요.

특히 2021년 들어 '테마형'의 옷을 입은 주식형 액티브 ETF가 대거 상장돼 주목을 끌고 있는데요. 혁신기술, 신재생에너지, 미래차, 친환경, 메타버스 등을 내걸고 성장성 높은 사업의 ETF가 주목받고 있습니다. 예를 들어 KODEX K-메타버스액티브 ETF, ARIRANG ESG 가치주액티브 ETF, KODEX K-신재생에너지액티브 ETF, TIGER 글로벌BBIG액티브 ETF, TIGER 퓨처모빌리티액티브 ETF, KODEX K-미래차액티브 ETF 등이 포함됩니다. ETF에 대한 설명은 해당 섹터를 설명할 때 자세하게 알려드리겠습니다.

그동안 ETF 시장이 삼성자산운용, 미래에셋자산운용, NH아문디자산운용, KB자산운용, 신한자산운용 등 대형사 위주로 돌아갔다면, 액티브 ETF는 중소형사까지 관심을 두고 있습니다. 이건 운용보수와도 직결되는 문제인데요, 단순히 정해진 지수를 추종하는 패시브 ETF는 운용 수수료를 높게 설정하기 쉽지 않습니다. 하지만 펀드매니저의 실력이 필수적인 액티브 ETF는 운용 성과를 높게 해주겠다는 명분으로 수수료를 높게 받을 수 있거든요.

그래서 2021년에는 '가치투자의 귀재'라 불리는 강방천 에셋플러스자산운용 회장과 '동학개미의 선봉장' 존 리 메리츠자산운용 대표이사가 동시에 액티브 ETF를 상장하며 시장의 눈길을 끌기도 했습니다. 에셋플러스자산운용과 메리츠자산운용이 ETF 시장에 진출한 것은 둘 다 처음이었죠.

에셋플러스자산운용은 플랫폼 비즈니스 모델에 초점을 맞춘 코리아플랫폼액티브 ETF와 글로벌플랫폼액티브 ETF 2종을 상장했고, 메리츠자산운용은 IT·혁신기술·미디어·통신 중심의 MASTER테크미디어텔레콤액티브 ETF 그리고 MASTER 스마트커머스액티브 ETF 2종을 시장에 선보였습니다.

이보다 앞서 사모펀드 업계 수위인 타임폴리오자산운용도 액티브 ETF 2종을 출시했고 트러스톤자산운용, KTB자산운용 등 다수의 운용사들도 액티브 ETF 시장 진출에 뛰어들었습니다.

ETF와 ETN은 뭐가 다를까?

ETF와 ETN은 같으면서도 다른 이란성 쌍둥이

여러분 ETF를 검색하다가 ETN을 찾게 되는 경우도 종종 일어날 수 있습니다. 우리가 이번에 다루는 주제는 ETF이지만 ETN 역시 투자상품이 다양하고 ETF가 커버하지 못하는 영역을 담당해주는 경우도 있어 같이 알면 좋은 상품이라 볼 수 있습니다.

사실 둘은 쌍둥이까지는 아니지만 형제 혹은 사촌형제라고 봐도 무방할 정도로 닮아 있습니다. 또한 둘은 명백하게 다른 점이 있으니 차이점도 알고 있어야 합니다. 향후 포트폴리오를 짤 때 ETN을 양념처럼 넣어주면 깊은 맛을 낼 수 있으니 이번 기회에 다루고 넘어가도록 합니다.

ETF는 여러분이 다들 아시는 것처럼 Exchange Traded Fund, 상장지수펀드의 약자입니다. ETN은 Exchange Traded Note, 즉 상장지수증권의 약자입니다. 앞 글자인 'Exchange Traded'까지는 같은데 하나는 펀드(Fund)이고 다른 하나는 증권(Note)이네요.

그렇다면 우리는 합리적인 추측을 해볼 수 있겠지요. 같은 부분은 'Exchange Traded'를 공유하니까 같고, 다른 부분은 하나는 '펀드'이고 하나는 '증권'이니 다르겠구나. 맞습니다. 둘은 개별 주식처럼 실시간으로 샀다 팔았다를 할 수 있습니다. 종목 하나로 분산투자를 하고 개별 종목이 커버할 수 없는 상품·원자재 분야에 자유롭게 투자할 수 있는 것도 비슷하죠.

발행 주체가 다르다 그럼 펀드와 증권에서 오는 차이는 무엇일까요? 일단 발행 주체가 다릅니다. ETF는 펀드이기 때문에 자산운용사가 출시합니다. 펀드의 기본 원칙은 무엇일까요? 첫 번째, 분산투자입니다. ETF는 기초자산으로 10개 이상의 종목을 담아야 합니다. 하지만 ETN은 분산투자 요건에 있어 좀 더 유연합니다. 5개 이상 종목만 담으면 되거든요.

또 ETF는 어떤 상황에서라도 절대 파산할 일은 없습니다. 왜냐하면 투자자들이 맡긴 돈을 신탁재산으로 보관하고 운용을 맡은 자산운용사가 망하더라도 투자자에게 돈을 돌려줄 수가 있거든요.

하지만 ETN의 경우 돈을 굴리는 증권사가 파산한다면 투자자는 돈을 돌려받지 못합니다. ETN 증권사가 투자자에게 돈을 받아 만기까지 기초자산의 수익률을 똑같이 복제해서 돌려주겠다고 약속한 채권이거든요. 돈을 들고 있는 주체가 증권사였으니 증권사가 무너지면 돈을 받을 수 없는 것이지요. 그렇다고 해서 크게 걱정할 필요는 없습니다. 국내에서 ETN을 만드는 회사는 신한금융투자, 한국투자증권, 미래에셋대우, 삼성증권, NH투자증권 등 대다수가 우량한 증권사이기 때문입니다. 이론적으로 부도 가능성이야 있지만 실제 현실에서 벌어질 가능성은 매우 희박하다고 볼 수 있습니다.

만기 유무의 차이 주의 깊게 봐야 할 점 중 또 하나는 ETF는 만기가 없고, ETN은 만기가 있다는 점입니다. ETF는 펀드이기 때문에 앞서 다룬 상장폐지 같은 이벤트가 일어나지 않는 한 만기가 무제한으로 설정되어 있습니다. 중간에 펀드에 가입하거나 해지하는 이벤트가 발생할 뿐 상품 자체의 수명은 영속적입니다. 하지만 ETN은 채권 형태의 증권이기 때문에 만기가 있습니다. 설정일로 부터 3년, 5년 단위로 만기를 정합니다.

그럼 ETN이 만기가 되면 어떻게 될까요? ETF가 상장폐지되는 것과 비슷하다고 보시면 됩니다. 만기일을 기점으로 투자한 금액의 현재가치만큼을 투자자는 돌려받게 됩니다.

ETF의 현재가치는 통상 NAV로 부르지만 ETN의 세계에서는 이를 지표 가치(Indicative Value)라 부릅니다. ETF를 살 때 시장가와 NAV의 차이인 괴리율을 잘 봐야 하는 것처럼 ETN을 매수할 때도 지표 가치와 시장가격의 차이인 괴리율을 반드시 체크해야 합니다.

ETN 세계에서도 ETF처럼 단기투자 심리가 몰릴 때 ETN 시장가가 지표 가치를 웃도는 상황에서 거래될 수 있습니다. 괴리율이 플러스(+)가 된 상황입니다. 당연히 투자자는 불리한 조건에서 ETN을 사게 되는 것입니다.

ETF의 경우에는 유동성공급자(LP)들이 출동해서 NAV에 최대한 근접한 가격으로 실시간 호가를 내면서 괴리율을 최소화하기 위해 애쓴다고 말씀드린 바 있습니다. 그런데 ETF의 경우 복수의 LP들이 이런 작업을 하는데 ETN은 ETN을 발행한 증권사가 홀로 이 작업을 떠안게 됩니다. 당연히 여러 LP가 있는 게 훨씬 괴리율을 줄이는 데 도움이 되겠지요. 그래서 자칫 ETN 지표 가치가 위아래로 흔들리는 와중에 LP 대응이 늦어지면 괴리가 꽤 벌어진 상황에서 많은 거래가 체결될 수 있는 것입니다.

ETN의 적절한 배합으로 ETF를 더욱 풍성하게

코로나19 사태로 시장이 요동쳤던 2020년 4월은 ETN에 대한 불신을 키운 사건이 하나 있었습니다. 원유를 기초자산으로 한 ETN의 괴리율이 한때 2000%를 넘어선 것입니다. 추후 다시 설명해드리겠지만 2020년 4월 한때 원유선물 가격이 마이너스 37.63달러를 찍은 일이 있었습니다. 전 세계 모든 곳이 셧다운되면서 원유 수요가 급감해 원유 탱크가 가득 차 실물 원유를 보관할 공간이 일시적으로 없어져 생긴 기이한 이벤트였습니다.

원유선물 가격이 미증유의 마이너스 구간으로 떨어지자 원유 가격의 2배 움직임만큼 수익률이 나도록 설계된 원유 레버리지 ETN 수익률은 바닥을 쳤죠. 하루 만에 원유선물 가격이 30% 넘게 떨어진다면 레버리지 ETN 수익률은 하한가인 마이너스 60%가 나야 하는 게 맞습니다.

하지만 증권사가 팔 매물이 소진돼버려 ETN 수익률이 실제 가치보다 적게 떨어지게 됐고 ETN 지표 가치보다 시장가가 훨씬 높은 괴리 상태가 지속됐습니다. 마침 한국거래소는 괴리율을 잡는다며 일부 원유 레버리지 ETN 매매 정지를 시켜버리죠.

이 기간 동안 ETN 내재가치는 더 빠르게 빠졌고, 거래 정지가 된 ETN은 사고팔 수가 없으니 시장가가 멈춰버렸습니다. 실제 삼성 WTI 레버리지 ETN은 2020년 4월 20일부터 매매가 중지된 5일간 1129원이었던 내재가치가 193원으로 폭락했는데 시장가격은 2085원 그대로였죠. 그래서 괴리율은 최대 2000%까지 벌어진 것입니다. 이후 원유 가격이 안정될 때까지 원유 ETN의 괴리율이 쉽게 잡히지 않아 ETN이 마치 '사고의 온상'처럼 위험한 상품으로 인식되는 상황까지 맞이하게 되었죠.

하지만 본질적으로 ETF와 크게 다르지 않은 ETN에 대한 오해가 풀리

● WTI 유가 추이

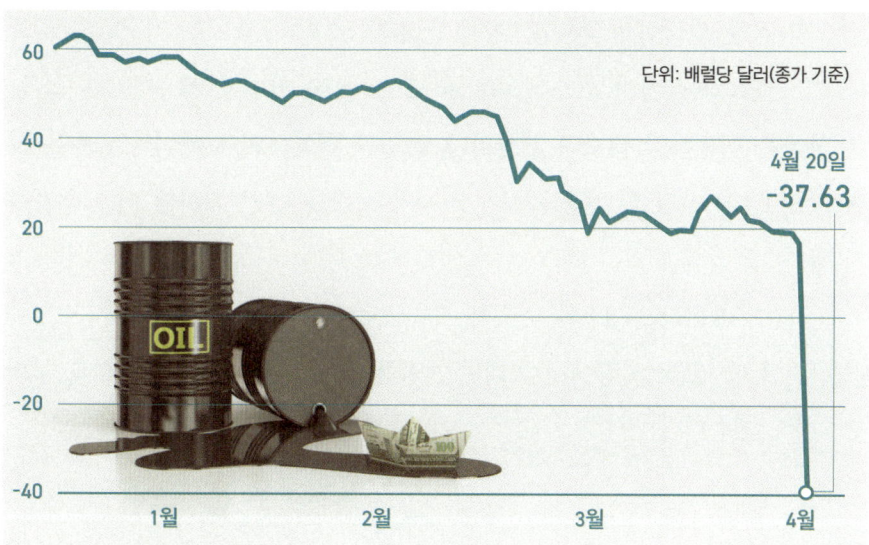

단위: 배럴당 달러(종가 기준)

4월 20일
-37.63

자료: 뉴욕상업거래소, 연합뉴스

는 데까지 그리 오랜 시간이 걸리지 않았습니다. 특히 2021년 10월 21일은 ETN의 역사상 중요한 분기점이 된 하루입니다. 이날 신한금융투자, 삼성증권, NH투자증권 등 7개 증권사가 코스피200과 코스닥150 등 지수에 연동된 ETN 24종을 한꺼번에 상장시켰기 때문이죠.

그동안 코스피200, 코스닥150 지수에 투자하는 상품은 오롯이 ETF의 영역이었습니다. ETF 중 가장 규모가 큰 시장이기도 하지요. 하지만 ETN이 ETF가 독식하던 시장에 도전장을 던지면서 이제 ETF와 ETN은 치열한 경쟁을 피할 수 없게 됐습니다.

실제 2021년 10월 ETN 시장지표 가치 총액은 8조 원을 넘기면서 2014년 개장 이래 최대의 성과를 기록했습니다. 2021년 10월 기준 ETN 종목 수는 247개를 기록해 한 달 만에 28개나 종목이 늘어나기도 했지요. 그만큼

ETF 못지않게 ETN도 증시 대표적인 상품으로 자리매김을 한 것입니다.

원래 한국 금융당국은 ETN과 ETF가 중복 상품으로 경쟁하지 않게 하려고 ETN 시장에서 코스피200이나 코스닥150 지수를 활용한 대중성 높은 상품을 허용하지 않으려 했습니다. 하지만 역설적으로 마이너스 원유 사태 이후 ETN 시장에 대한 불신이 커지자 시장을 살리기 위해 이를 허용하게 됐죠.

이렇게 ETN도 ETF와 비슷한 모습으로 진화하고 있으니 향후 포트폴리오를 짤 때 ETN 시장에서 거래되는 상품도 ETF와 동일한 기준으로 살펴보도록 하겠습니다.

한 꼭지 더!

 러시아-우크라이나 전쟁으로 원유선물 가격 급등

☑ WTI 선물 가격, 마이너스에서 14년여 만에 최고치 기록

초안을 모두 탈고하고 원고를 다듬는 사이에 또 재미있는 일이 벌어졌습니다. 앞서 코로나19 사태 직후 원유선물 가격이 일시적으로 마이너스로 떨어졌다고 말씀드린 바 있습니다. 그런데 2022년 2월 러시아가 우크라이나를 침공하고 원유시장이 불안해지자 그해 3월 7일(현지시간) 기준 WTI 선물 가격은 배럴당 130.5달러까지 뛰어올랐습니다. 브렌트유 선물 가격은 장중 한때 139.13달러까지 치솟았습니다. 둘 다 2008년 7월 이후 14년 만에 최고치를 기록했습니다.

☑ 원유 가격, 어디까지 올라갈까?

원유선물 가격이 미증유의 마이너스를 기록한 지 채 2년도 안 돼 14년 만에 최고치를 기록하는 폭등장세를 연출한 것입니다. 변화무쌍한 원유 가격을 보고 있자니 세상 모든 게 참 빨리 변하는구나, 생각을 지울 수가 없습니다. 뭐든지 영원한 것은 없고 변하지 않는 것은 '변하지 않는 것은 없다'는 단순한 문장뿐입니다. 원유 가격이 마이너스를 찍을 때는 영원히 고유가 시대가 오지 않을 것 같았지만 2년이 지나지 않아 14년 만에 최고치를 찍었습니다. 반대로 급등장세 국면에서는 "원유 가격이 배럴당 300달러까지 갈 수 있다"는 전망이 판을 치지만 뚜껑을 열어봐야 진짜 그런지 알 수 있습니다.

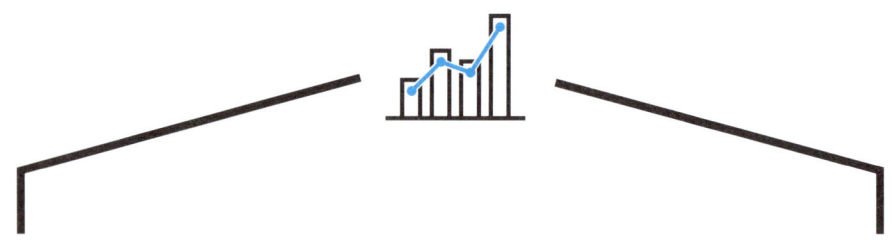

레버리지 ETF의 명과 암

특정 지수의 변동폭을 2배로 추종하는 레버리지 ETF

2020년 초 코로나19 사태가 본격 불거지며 코스피 지수가 1500 밑으로 깨진 적이 있습니다. 개별 종목 하한가가 속출하고 프로그램 매도가 쏟아지며 시장이 갈피를 잡지 못하던 시기였죠. 당시 SK증권은 코스피 지수가 1100까지 내려갈 수 있다는 취지의 보고서를 내놔 시장이 더 얼어붙기도 했습니다.

당시 친한 자산운용사 펀드매니저 다수에게 상황 진단을 의뢰했습니다. 돌아오는 말은 "코스피 지수가 1700, 1800 때만 하더라도 주식을 살 수 있었는데 지금은 무서워서 손이 안 나간다"는 의견이 대다수였습니다.

하지만 이후 전 세계가 무제한 돈 풀기에 나서면서 차츰 시장은 안정되기 시작했고 증시는 V자 반등을 일궈내며 이후 삼천피(코스피 지수 3000) 시대를 열어젖히게 됐지요. 코스피가 바닥을 길 때 투자했으면 1년 남짓 기간 동안 개별 종목 기준으로 수백 %의 수익을 낼 수 있었습니다. 하지만 심약한 개미들이 코스피가 공포에 질려 있을 때 특정 종목 한두 개에 투자금을 몰빵하기란 쉬운 일이 아닙니다.

특히 두려움이 극에 달했던 2020년 초반은 어떤 기업이 생존하고 어떤 기업이 망할지 짐작조차 할 수 없는 시절이었습니다. 전 세계 항공편이 마비되고 물류 거래가 정지되고 역대 인류가 접하지 못한 가장 큰 경제위기가 올 것이라는 전망이 나오던 시기였습니다. 개별 종목 투자 리스크가 그 어느 때보다 크던 시기였다는 얘기입니다.

하지만 대한민국이 망하지 않는 한 코스피200 지수가 사라질 수는 없는 일이겠죠. 코스피가 1500선을 깨고 내려간 2020년 3월 19일에 코스피200 ETF에 투자해 3000을 넘어 단기 고점을 이뤘던 2021년 1월 11일에 이를 현금화했다고 가정해볼게요.

그런데 그냥 코스피200 ETF가 아니라 레버리지 ETF에 투자했다고 가정해보겠습니다. 레버리지 ETF란 특정 지수의 변동폭을 2배로 추종하는 상품입니다. 그러니 지수 상승기 초입에 이 상품에 투자한다면 대세상승기 짜릿한 수익을 맛볼 수 있는 것이지요. 예를 들어 KODEX 레버리지 ETF를 2020년 3월 19일 종가에 투자해 이듬해 2021년 1월 11일에 전부 팔았다고 가정하겠습니다. 2020년 3월 19일 이 ETF 종가는 주당 6450원이었습니다. 2021년 1월 11일 종가는 주당 2만 8830원이었고요. 열 달도 채 되지 않는 투자기간 동안 무려 투자금을 3.47배로 불릴 수 있었다는 얘기입니다.

여기서 알 수 있듯이 지수가 폭발적으로 상승할 것이 기대되는 때는 지수에 투자하는 레버리지 ETF만큼 효과적인 상품이 없습니다. 코스피200, 코스닥150 등 지수는 절대 사라질 일이 없는 안전한 지수입니다.

2배의 수익 혹은 2배의 손실

여기에 상승 흐름을 타고 수익까지 2배로 안겨주니 이만한 효자 상품이 없습니다. 하지만 레버리지 ETF는 결정적인 함정이 있습니다. 첫째, 레버리지 ETF는 홀짝 게임에 베팅하는 것과 크게 다르지 않습니다. 증시가 오를 때는 수익이 기하급수로 늘지만, 반대로 증시가 내리면 손실도 2배로 커집니다.

또한 장이 횡보장세로 접어들 때 뜻하지 않은 피해를 볼 수 있다는 점입니다. 이해를 쉽게 하기 위해 A라는 투자자가 1월 1일에 주당 1000원짜리 레버리지 ETF를 샀다고 생각보겠습니다. 변동성이 큰 원자재 관련 B지수를 추종하는 것으로 가정하겠습니다.

B지수가 매수 다음 날 10% 오르고 그다음 날은 10% 떨어졌습니다. 다음 날은 10% 오르고 그다음 날은 또 10% 떨어졌습니다. 이런 식으로 10거

● 순자산가치 추이

자료: 네이버

래일 동안 첫날은 오르고 다음 날은 내리는 사이클이 다섯 번 반복됐다고 해보겠습니다. 그럼 이 ETF의 주가는 얼마일까요? 10% 오르고 10% 내렸으니 본전인 1000원이었을 것으로 생각하면 착각입니다.

지수 변동폭의 2배를 추종하는 상품 특성상 지수가 횡보하면 위아래로 수익률 그래프 변동폭이 가팔라지면서 돈을 까먹는 상황이 발생합니다. 1000원이었던 ETF 주가는 다음 날 지수가 10% 올라 그 2배인 1200원으로 마감합니다. 하지만 다음 날 지수가 10% 내려 수익률 20%를 까먹으면 주당 960원으로 추락하죠. 그다음 날 수익률이 또 20% 올라 ETF 주가는 주당 1152원으로 회복하지만 다음 날 20%가 떨어지면 주가는 921.6원이 됩니다. 이런 식으로 10거래일을 보내면 ETF 종가는 815.4원으로 추락하게 됩니다. 증시가 10%씩 공평하게 오르고 내렸는데 투자금이 20% 가까이 녹아버린 것입니다.

레버리지 ETF 투자는 방망이를 짧게 쥐어야

결론적으로 얘기하자면 레버리지 ETF를 투자할 때는 방망이를 짧게 쥐고 짧은 시간 빠르게 먹고 나온다는 생각을 해야 합니다. 누가 봐도 장이 오를 수밖에 없는 시기에 투자를 하고 곧바로 차익을 실현하고 나와야 한다는 얘기지요. 아니면 포트폴리오 구축 과정에서 포트폴리오의 안정성을 높일 수 있는 수단으로 활용하든가요.

하지만 짜릿한 투자를 좋아하는 한국의 많은 투자자는 레버리지 ETF에 몰빵해서 크게 손실을 보는 사례가 많습니다. 그래서 한창 레버리지 ETF와 ETN 투자가 극심했던 2020년 5월 금융당국은 'ETF·ETN 시장 건전화 방안'을 발표하고 파생상품 투자가 수반되는 레버리지 ETF·ETN을 일반 주식시장에서 분리해 별도 시장으로 관리하는 방안을 마련했습니다.

레버리지 ETF·ETN에 대해 기본예탁금을 도입하고 빚내서 투자하는 차입 투자를 제한하는 내용이 골자입니다. 그리고 개인 일반 투자자를 대상으로 기본예탁금 1000만 원을 적용하기로 했습니다. 최소 1000만 원은 가지고 레버리지 ETF 투자 세계에 들어오라는 얘기입니다.

또 신용으로 레버리지 ETF를 매수할 수 없게 신용거래 대상에서도 제외했습니다. 그리고 개인 투자자들은 상품 개요와 특성, 거래 방법, 내재위험 등의 내용이 담긴 온라인 교육을 의무적으로 듣도록 했죠. 한마디로 레버리지 ETF에 투자하려면 ① 일정 규모 자금을 갖추고, ② 상품의 위험성에 대해 교육을 받은 뒤 베팅할 수 있도록 한 것입니다. 사전교육은 금융투자협회 홈페이지(https://www.kifin.or.kr/)에서 쉽게 이수할 수 있습니다.

레버리지 ETF의 대표 상품들

그렇다면 시장에서 거래되는 대표 레버리지 ETF에는 뭐가 있을까요? 먼저 코스피200 지수에 투자하는 레버리지 ETF를 살펴보겠습니다.

대표 상품은 삼성자산운용이 출시한 KODEX 레버리지 ETF입니다. 2010년 2월 22일 출시한 이 ETF는 연 0.64%의 수수료를 받고 있습니다. 레버리지 ETF는 일반 지수형 ETF에 비해 수수료도 높은 편입니다. 미래에셋자산운용의 TIGER 200선물 레버리지 ETF 역시 같은 지수를 추종하지만 연 수수료가 0.09%로 좀 더 저렴합니다. NH아문디자산운용이 내놓은 HANARO 200선물레버리지 ETF(수수료 연 0.45%), 키움투자자산운용의

KOSEF 200선물레버리지 ETF, KBSTAR 200선물레버리지 ETF도 다 비슷한 상품입니다. 유사한 상품 중에서 ETF를 골라야 할 때는 앞서 말씀드린 대로 수수료를 적게 받고, 시가총액이 커 매매가 활발한 종목을 고르는 게 좋습니다. 그래야 괴리율을 줄일 수 있거든요.

코스닥150 지수에 투자하는 레버리지 ETF도 있습니다. 삼성자산운용의 KODEX 코스닥150 레버리지 ETF는 2015년 12월 상장해 연 0.64%의 수수료를 받고 있습니다. KB자산운용이 출시한 KBSTAR 코스닥150선물레버리지 ETF, HANARO 코스닥150선물레버리지 ETF 등도 비슷한 상품이라고 볼 수 있습니다.

해외 증시에 투자하는 레버리지 ETF도 있습니다. 추후 해외 증시 ETF를 소개할 때 한번 더 설명해드리겠습니다.

예를 들어 TIGER 차이나CSI300레버리지(합성) ETF는 중국 본토 주식으로 구성된 CSI300 지수를 기초지수로 지수 움직임을 2배수로 추종하는 ETF입니다. CSI300 지수는 중국 본토 상하이증권거래소와 선전증권거래소에 상장된 주식 중 시가총액, 유동성, 거래량, 재무현황 등을 고려하여 선정된 300종목을 유동주식수 가중 시가총액 방식으로 산출하는 지수입니다. 한마디로 중국 본토 주식 중 우량주만 모은 ETF라 볼 수 있습니다. 6개월마다 정기변경이 이루어집니다.

TIGER 미국S&P500레버리지(합성 H) ETF는 미국 S&P 지수 움직임을 2배로 추종하는 상품입니다. TIGER 인도니프티50레버리지 ETF는 인도 주식으로 구성된 '니프티50 지수'를 기초지수로 지수의 2배씩 수익률이 움직이는 상품입니다. TIGER 유로스탁스레버리지(합성 H) ETF는 유로존 주식으로 구성된 'EURO STOXX 50 지수'를 기초지수로 움직입니다. EURO STOXX 50 지수는 유로존 12개국(오스트리아, 벨기에, 핀란드, 프랑스, 독일, 그리스, 아일랜드, 이탈리아, 룩셈부르크, 네덜란드, 포르투갈, 스페인)에 상장된 주식 중 시가총액 상위 50종목으로 이뤄집니다.

이외에도 다양한 지수 레버리지 ETF가 있습니다. 일시적인 충격으로 특정 국가 혹은 지역 지수가 크게 하락해 향후 일정 기간 동안 지수 상승이 강하게 예견될 경우 이들 레버리지 ETF에 투자해 쏠쏠한 수익을 낼 수 있습니다. 예를 들어 코로나19 여파로 전 세계 증시가 급락한 직후인 2020년 4월 1일 TIGER 인도니프티50레버리지(합성) ETF를 주당 7105원에 매입해 1년 뒤 3월 말 주당 1만 7835원에 팔았다면 1년간 수익률은 무려 150%에 달했을 것입니다.

국가별 지수 ETF의 세계는 뒤에서 좀 더 자세하게 알아보겠습니다.

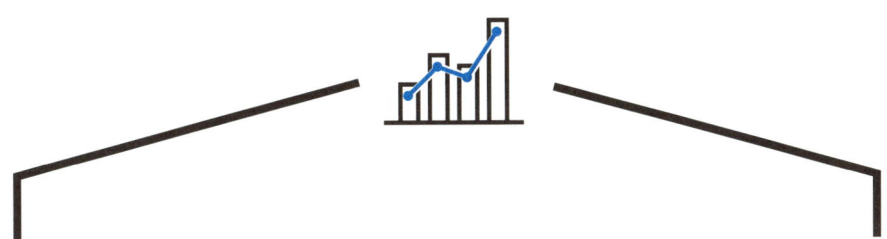

ETF 세금은 어떻게 되나?

세금 부분에서 일반 주식거래보다 유리

지금까지 주요 ETF에 대해 살펴보았습니다. 이제 세금에 대해 한번 짚어봐야 할 차례입니다.

아무리 높은 수익을 거두더라도 세금으로 절반 이상 떼주고 남는 게 없다면 투자의 의미는 없겠지요. 다행히 ETF의 세계에서는 그럴 일은 없으나 세금 문제는 잘 살펴봐야 합니다. 지금부터 자세하게 설명해드리겠습니다.

일단 거래세 부분에서는 ETF가 유리합니다. 2022년 기준 투자자들은 일반 주식을 매도할 때 거래금액의 0.23%를 증권거래세로 내야 합니다. 2023년 이후에는 0.15%가 적용됩니다. 하지만 국내 상장된 ETF를 팔 때는 거래세를 내지 않습니다. 이 부분이 ETF가 일반 주식거래보다 훨씬 좋은 점이라고 할 수 있습니다.

• **국내 상장 ETF에 투자할 때 내는 세금**

	국내 주식형 ETF	기타 ETF
증권거래세	없음	없음
분배금	15.4%	15.4%
매매차익	없음	15.4%

* 기타 ETF는 국내 채권, 해외 주식, 해외 채권, 원자재 등

2023년부터는 금융투자소득에 과세하기 때문에 국내 주식형 ETF도 주식, 채권, 펀드 등을 하면서 벌어들인 소득이 3억 원 이하이면 20%, 3억 원을 넘으면 25%에 대해 세금을 내야 합니다.

하지만 내야 하는 세금이 거래세만 있는 것은 아니지요. 수익을 냈을 때 내는 양도세가 더 중요한 경우도 많이 있습니다. 매매차익에 대한 과세는 좀 복잡한데요. 이때는 기초자산이 무엇인지가 중요합니다. 예를 들어 기초자산이 국내 주식일 경우에는 매매차익 대한 과세를 하지 않습니다. 코스피200이나 코스닥150 지수에 투자하는 ETF 혹은 국내 바이오 주식만 모아놓은 바구니에 투자하는 ETF일 경우 이런 혜택을 받을 수 있습니다.

하지만 국내 주식형이 아닌 기타 ETF에 대해서는 매매차익에 대해 배당소득으로 과세율이 정해집니다. 예를 들어 원유 ETF나 해외 주식형 ETF, 채권 ETF 혹은 인버스나 레버리지 등 파생상품형 ETF가 모두 여기에 해당합니다. 한 가지 주의해야 할 점은 국내 주식형 ETF처럼 보이는 파생상품형 ETF입니다. 코스피200이 기초자산이지만 이것을 인버스 혹은 레버리지 형태로 판다면 파생상품형 ETF에 해당합니다.

이런 기타 ETF를 사면 ETF 매수 시점부터 매도 시점까지 보유 기간

동안 과표 기준가격 상승분과 실제 발생한 매매차익 중 적은 금액에 대해 15.4%를 원천징수합니다.

다만 2023년부터 '금융투자소득'이라는 새로운 개념이 생겨 주의해야 하는데요. 이 때문에 기존에 면세상품 취급을 받았던 국내 주식형 ETF도 수익이 많을 경우 세금을 내야 합니다. 국내 개별 주식에도 세금이 생기기 때문에 이를 기반으로 만들어진 국내 주식형 ETF에도 세금이 생기는 것인데요.

매년 1월 1일~12월 31일까지 투자(주식·채권·펀드·ETF·ELS·ETN 등)를 하면서 벌어들인 소득을 '금융투자소득'이라 부르고, 이를 다 합해서 세금을 매기는 구조입니다. 만약 금융투자소득이 3억 원 이하의 경우 20%, 3억 원 초과의 경우 25%를 과세합니다. 금융투자소득 내에서는 손익 통산 및 손실 이월 공제를 한 후 금융투자소득 기본공제를 적용하는데요. 주식이나 주식형 펀드의 경우 5000만 원까지, 해외 주식이나 비상장주식, 파생상품의 경우 250만 원까지 기본공제가 적용됩니다. 따라서 국내 주식형 ETF로 번 돈이 5000만 원이 넘는다면 2023년 이전까지는 매매차익에 대한 세금을 내지 않았지만 2023년 이후부터는 내는 구조입니다.

또 ETF는 배당 개념인 분배금이 있습니다. 특히 리츠나 고배당주 ETF의 경우 주가 상승 이득 못지않게 짭짤한 분배금이 투자를 결정하는 주요 변수가 되는데요. 투자자가 분배금을 수령할 경우 15.4%의 세금을 내야 합니다. 국내에서 발생하는 배당세율과 같은 수준입니다.

한 꼭지 더!

주식양도소득세(주식양도세), 전면 폐지될까?

☑ 새로운 정부의 주식양도소득세(주식양도세) 전면 폐지 공약

출판사에 원고의 초안을 넘기고 원고를 다듬는 사이 업데이트할 사항이 발생했습니다. 2022년 3월 9일 치열한 접전 끝에 윤석열 국민의힘 대선후보가 제20대 대한민국 대통령으로 선출된 것입니다. 윤 후보는 증시 분야에서도 다양한 공약을 내건 바 있습니다.

그중 대표 공약은 주식양도소득세(주식양도세) 전면 폐지입니다. 문재인 정부는 2023년부터 주식거래를 통해 얻은 차익이 5000만 원을 넘으면 양도차익의 최대 25%를 세금으로 매길 계획이었습니다. 하지만 윤 당선인은 대주주에게 물리는 양도세는 물론 양도차익 5000만 원 이상에 대한 세금까지 전면 백지화하겠다고 공약했죠.

☑ 주식양도세 때문에 연말 주가가 하락하는 일 사라질 것

윤 당선인의 공약대로 주식양도세를 전면 폐지하면 연말에 주식으로 번 돈이 좀 되더라도 세금 부담 없이 차익을 가져갈 수 있습니다. 사실 주식양도세 기준 때문에 매해 연말에는 관행처럼 주식양도세 회피 현상이 발생했습니다. 주식을 좀 들고 있는 투자자들이 세법상 대주주 기준에서 벗어나기 위해 연말에 주식 비중을 대폭 줄이곤 했거든요. 연말에 보유한 지분율을 토대로 대주주 여부를 결정하기 때문입니다. 대주주를 판별하는 기준 시기를 넘겨 주식을 보유하면 양도차익의 일부를 세금으로 납부해야 했죠. 대주주 요건을 회피하기 위해 너도나도 연말에 대거 주식을 팔아치우는 현상이 반복되며 연말 주가가 하락하는 원인이 되었습니다. 윤 당선인이 양도세를 전면 폐지하면 이 같은 거래 관행은 사라질 전망입니다.

1장 정리 문제

1. 다음 중 ETF의 장점이 아닌 것은 무엇일까요?

   ① 적은 돈으로 얼마든지 우량주에 분산투자할 수 있다.

   ② 펀드와 달리 주식 못지않게 환금성이 높다.

   ③ 펀드에 비해 훨씬 저렴한 운용보수를 받기 때문에 비용 측면에서 저렴하다.

   ④ ETF에서 나오는 배당금은 면세 혜택이 있다.

2. 코스피200 지수가 1% 오르면 ETF 수익률도 1% 오르고, 반대로 지수가 1% 내리면 ETF 수익률도 1% 내려가는 ETF에는 _____가 있습니다.

3. 동일가중 ETF에 대한 설명 중 옳지 않은 것은 무엇일까요?

   ① 코스피200지수의 구성종목을 동일비중으로 편입해 운용한다.

   ② 시가총액이 작은 종목 간에 일정한 차별을 두고 종목을 담았기 때문에 시가총액이 작은 종목이 상승하는 장에서는 수익률을 내기 어렵다.

   ③ 대표적으로 KODEX 200 동일가중 ETF와 TIGER 200 동일가중 ETF가 있다.

   ④ 코스피200 지수에 비해 종목 비중이 고르게 분포돼 있어 상대적으로 분산 효과가 크다.

4. 코스닥에 투자하는 ETF에 대한 설명 중 옳지 않는 것은 무엇일까요?

① 코스닥의 주요 종목 150개를 골라 만든 ETF도 있다.
② KODEX 코스닥150 ETF 등을 비롯해 다양한 상품이 있다.
③ 코스피에 비해 코스닥 시장이 크기 때문에 대외 변수에 출렁이는 변동성 자체는 코스닥이 코스피에 비해 낮다.
④ KRX300 ETF와 KRX 100 ETF는 상품 하나로 코스피와 코스닥을 골고루 투자할 수 있다.

5. ETF와 ETN의 차이점에 대한 설명 중 옳지 않은 것은 무엇일까요?

① ETF는 펀드이고 ETN은 증권이다.
② ETF는 자산운용사가 출시하고 ETN은 증권사가 발행한다.
③ ETF는 만기가 없고, ETN은 만기가 있다.
④ ETN는 증권사가 파산할 경우에도 투자자가 돈을 돌려받을 수 있지만, ETF는 파산으로 인해 돈을 돌려받지 못할 위험성이 있다.

6. ETF는 배당 개념인 _____이 있습니다. 특히 리츠나 고배당주 ETF의 경우 주가 상승 이득 못지않게 짭짤한 _____이 투자를 결정하는 주요변수가 됩니다.

7. 다음 레버리지 ETF에 대한 설명 중 사실과 다른 것은 무엇일까요?
① 레버리지 ETF란 특정 지수의 변동폭을 2배로 추종하는 상품이다.
② 지수가 급락할 것으로 기대되는 때에는 지수에 투자하는 레버리지 ETF가 가장 효과적이다.
③ 레버리지 ETF는 증시가 오를 때는 수익이 기하급수로 늘지만, 증시가 내리면 손실도 2배로 커진다.
④ 레버리지 ETF에 투자하려면 일정 규모 자금을 갖추고, 상품의 위험성에 대해 교육을 받아야 한다.

정답: 1. ④ 2. 코스피200 ETF 3. ② 4. ③ 5. ④ 6. 분배금 7. ②

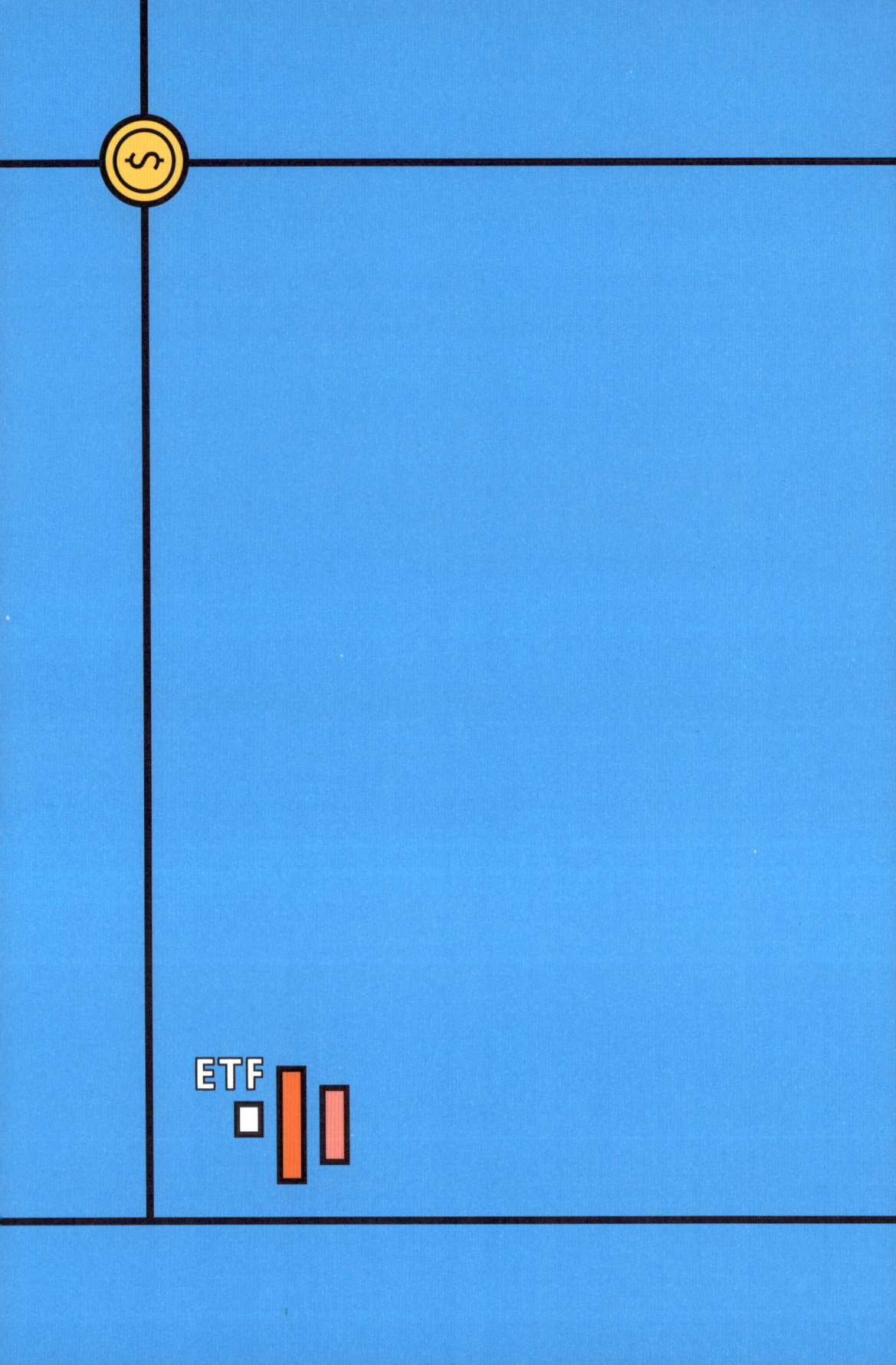

2장

ETF, 매매하기 전에 이것부터 알고 갑시다

ETF 실전 매매법

    HTS를 통해 ETF를 사고파는 법을 간단하게 알아보겠습니다. 앞서 ETF는 주식처럼 장중에 자유롭게 거래할 수 있다고 말씀드렸습니다. 먼저 주식 종목을 찾는 곳에 삼성자산운용의 ETF 브랜드인 'KODEX'를 입력해보겠습니다. 그러면 KODEX 이름이 붙은 다양한 종목이 나열된 것을 볼 수 있습니다(90페이지 아래 그림 참조). 이 중 대표 상품인 KODEX 200을 선택해보겠습니다. 그러면 주식을 거래할 때처럼 호가창이 뜨는 것을 볼 수 있습니다(91페이지 위 그림 참조). 그러면 이 호가에 맞춰 매수나 매도 호가를 제시해 주문이 체결되면 거래가 끝나는 방식입니다. 일반 주식을 주문할 때와 하등 차이가 없어 보입니다.

ETF 매매의 핵심, 괴리율

그런데 ETF를 매매할 때 꼭 신경 써야 하는 게 있는데요. 그건 괴리율입니다. 주식은 가격을 결정하는 요인이 딱 두 개입니다. 팔려는 사람이 내놓은 가격, 사려는 사람이 제시하는 가격이 기계적으로 만나는 점에서 가격이 형성됩니다. 하지만 ETF는 근본적으로 펀드이기 때문에 여기에 변수가 하나 더 붙습니다. 펀드의 순현재가치(NAV)는 펀드의 매수·매도 호가와 만나는 점 이전에 펀드 안에 들어 있는 개별 종목의 주가의 현재가치에 따라 결정되기 때문이죠. 다시 말해 NAV가 ETF의 절대가치이고 매수·매도 호가가 만나는 점은 절대가치를 추종하는 형태가 되어야 ETF 주가가 바람직한 방향으로 흘러가는 것입니다. 하지만 현실에서 ETF 주가는 NAV의 실시간 변동폭을 100% 따라가지 못하고 NAV 근방을 끊임없이 맴돌며 지그재그 형태로 NAV를 추종하는 모습을 보입니다. 그러므로 투자자 입장에서 ETF를 살 때 지금 내가 제시하는 호가가 NAV와 얼마나 근접한 것인지는 체크할 필요가 있습니다. 그래야 내가 ETF를 절대가치 대비 비싸게 사는 것인지 혹은 조금이라도 싸게 사는 것인지 알 수 있기 때문입니다.

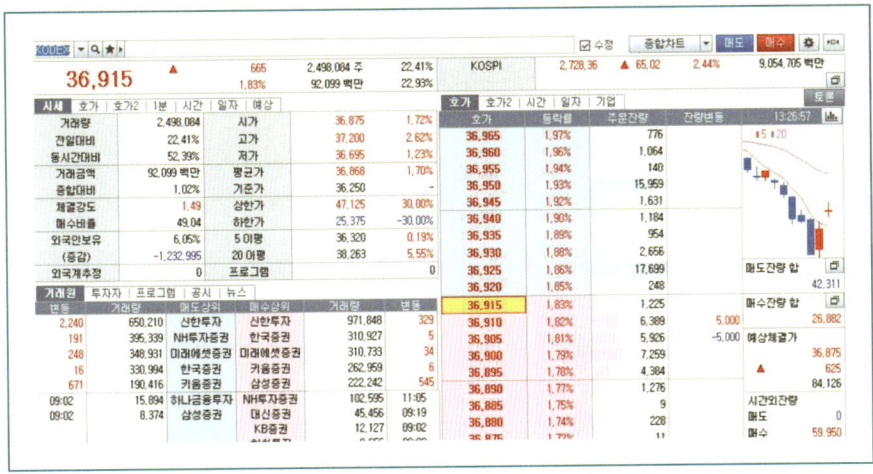

MTS나 HTS를 통해 실시간 변하는 ETF의 순현재가치를 쉽게 파악할 수 있습니다. 다음 화면은 KODEX 200 ETF 호가창을 캡처한 사진입니다.

MTS에서 NAV 괴리율이 -0.14%를 기록하는 순간을 담았습니다. 이렇게 괴리율이 마이너스가 될 때 ETF의 가격은 NAV보다 낮은 가격에 체결되고 있다고 보면 됩니다. 즉 순간순간 변하는 NAV 대비 ETF 주가가 0.14% 싸게 거래되고

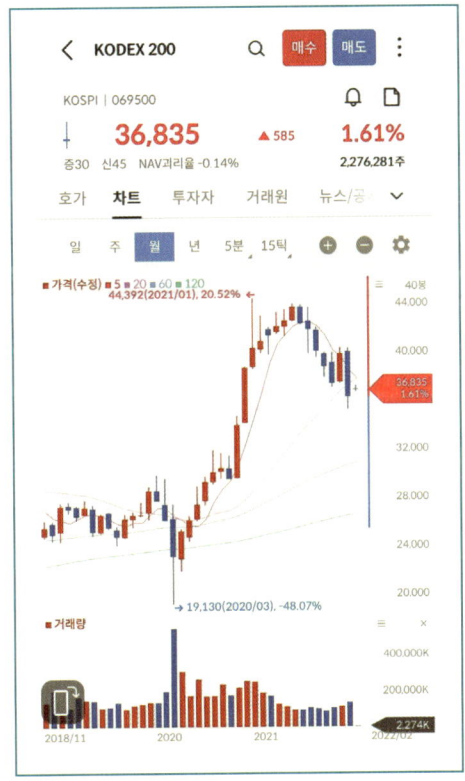

있다는 뜻입니다. 반대로 괴리율이 플러스에 머물고 있다면 ETF 가격은 순간적으로 NAV보다 높은 가격에 거래되고 있다고 보시면 됩니다. 괴리율은 유동성공급자(LP)들이 NAV에 맞춰 매수·매도 호가를 그때그때 제시하면서 ETF 주가가 NAV에 수렴되도록 조정하는 구조입니다.

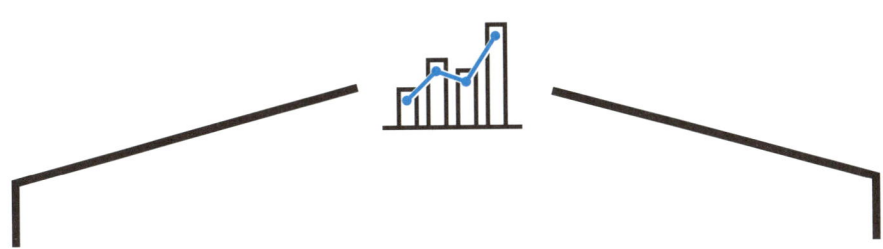

ETF 살 때 바가지 쓰지 않는 법

유동성공급자(LP) 제도 이해하기

앞서 ETF를 기준가인 NAV보다 비싸게 살 수 있다고 말씀드렸습니다. 이해를 돕기 위해 예를 들어 설명해드리겠습니다. 바이오 관련 주식 50종목으로 이뤄진 바이오 ETF가 있다고 가정해볼게요. 편의를 위해 모두 주당 1만 원에 거래되고 있었고 ETF의 가격은 5만 원에 거래되고 있다고 가정하겠습니다.

그런데 바이오 관련 호재가 있어서 ETF에 편입된 50개 종목 모두가 전일 대비 10% 오른 주당 1만 1000원에 거래되고 있었습니다. 그런데 이때 많은 투자자가 바이오주 개별 종목 스토리를 잘 모르니 ETF를 사서 상승 흐름에 동참하겠다. 이렇게 생각을 합니다. 원래대로라면 5만 원에 거래되던 ETF의 모든 종목이 전일 대비 10% 올랐으니 ETF의 시세는 5만 5000원이

되어야 맞겠지요. 하지만 일시적으로 매수세가 몰리면 ETF 시세가 적정가치(NAV)를 넘어 5만 5100원, 5만 5200원에서 거래될 수 있습니다. 한마디로 주식을 시세 대비 비싸게 주고 사는 셈입니다.

증권사 홈트레이딩시스템(HTS)에 가시면 실시간 변하는 ETF의 진짜 가치를 손쉽게 찾아볼 수 있습니다. 10초 단위로 오르락내리락 자동으로 계산이 됩니다. 만약 ETF가 NAV보다 비싸게 거래된다면 ETF를 약간 손해 보고 사는 것이고, 반대로 NAV가 ETF보다 낮다면 약간 이득을 보면서 사는 것입니다. 이 오차를 괴리율이라고 부릅니다. 괴리가 전혀 없는 ETF는 없다고 보셔야 합니다. 정도의 차이만 있을 뿐 상품 구조상 약간의 괴리율은 ETF의 숙명입니다.

일반적으로 거래가 활발한 ETF의 경우에는 괴리가 생기더라도 시장의 힘에 의해 금방 없어집니다. 하지만 거래가 시가총액이 작고 거래가 뜸한 ETF의 경우는 괴리가 문제될 수 있습니다. 이것을 해결하기 위해 ETF는 유동성공급자(LP)라는 제도를 둡니다.

• KODEX200 ETF 순자산가치

날짜	순자산가치(NAV)	ETF 종가	괴리율(%)
2022/01/14	39,259.35	39,105	-0.39
2022/01/13	39,813.43	39,720	-0.23
2022/01/12	39,978.47	39,925	-0.13
2022/01/11	39,409.88	39,280	-0.33
2022/01/10	39,265.80	39,165	-0.26
2022/01/07	39,597.23	39,465	-0.33

유동성공급자는 일정 시간 동안 일정한 범위 내에서 호가가 없는 경우 의무적으로 매수 또는 매도 호가를 제시하는 역할을 합니다. 쉽게 말해 거래가 잘 안 되는 ETF가 거래될 수 있도록 장려하는 역할을 합니다.

이해를 위해 다시 예를 들어드리면 앞서 말씀드린 저 5만 원짜리 바이오 ETF가 있다고 또 한 번 가정해보겠습니다. 개별 주식 가격이 10%씩 올라 ETF의 실제 가치가 5만 5000원까지 올라갔다고 예시를 들겠습니다.

그렇다면 저 ETF를 사고 싶은 사람은 주당 5만 5000원에 사야 제대로 된 거래라 할 수 있겠지요. 그런데 이 ETF가 거래가 없어서 5만 5000원에 내놓은 보유자가 아무도 없고 누군가 5만 8000원에 내놓은 매물만 있다고 쳐볼게요. 매수자가 5만 5000원짜리 ETF를 5만 8000원에 매수한다면 지나치게 손해를 보는 게 되겠지요. 그래서 LP가 중간에 나서서 의무적으로 유동성을 공급하는 역할을 합니다. ETF가 실제 가치에 맞게 거래될 수 있게 매도매물도 제공하고 반대로 매수매물도 제공해서 ETF 가격이 NAV와 최대한 가까워지게 거래될 수 있도록 관리를 해주는 것입니다.

원칙적으로 LP들은 매수호가와 매도호가 간 간격이 1%를 초과할 경우 5분 이내에 양방향 호가를 100주 이상 의무적으로 제출하도록 되어 있습니다. 여기에 대해 설명하면 내용도 길어지고 복잡한데, 꼭 알고 계셔야 하는 건 아니니 생략하겠습니다.

다만 LP들의 유동성 공급 의무가 면제되는 조건이 있는데 대표적인 게 시간입니다. LP들은 개장 후 5분간(9시~9시 5분), 그리고 장종료 10분 전(15시 20분~15시 30분)에는 유동성을 공급할 의무를 면제받습니다. 반대로 돌려 말하면 이 시간에 ETF는 시장가격과 괴리된 상태로 얼마든지 거래가 될 수 있다는 얘기입니다. 따라서 ETF를 사려면 이 시간은 피해야 합니다. 그래야 혹시 모르게 쓸 수 있는 바가지를 피할 수 있습니다.

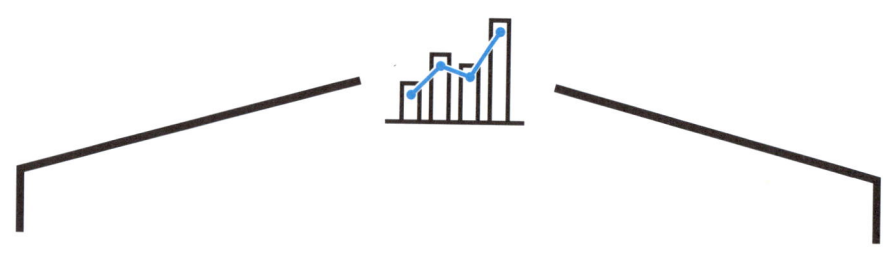

ETF 망하면 어떻게 하죠?

연 2회 지수 물갈이로 부실 위험 줄여

여러분 혹시 서울 여의도에 있는 한국거래소(KRX) 홍보관에 가보신 적이 있으신가요? 그곳에 가면 '수작업 매매 최종일 시세'라는 큰 시세판이 하나 자리합니다. 이곳은 주식 시세표가 디지털로 전환되기 이전 사람이 일일이 손으로 주가 변동을 조작했던 과거 대형 시세표입니다. 디지털 전환이 완료된 1997년 9월 1일 직전인 1997년 8월 30일부로 이 시세표는 역할을 다하고 멈춰 섰습니다.

이 당시 종목을 보면 생소한 이름이 많이 눈에 띕니다. 실제 바로 그해 말 대한민국이 IMF 구제금융을 요청하면서 이 당시 상장되었던 많은 기업이 역사 속으로 사라져갔습니다.

그렇다면 여러분은 안전한 코스피200 ETF에 투자했는데, 여기 포함된 개별 종목이 망하거나 상장폐지되어 큰 폭의 손실을 볼 수 있는 게 아닐까 궁금해하실 수도 있습니다. 하지만 그런 일은 일어나지 않습니다. 코스피200 지수가 끊임없는 자정작용을 통해 요건을 맞추지 못하는 종목은 빼고 새롭게 등장하는 종목을 편입하기 때문입니다. 이런 과정이 없다면 카카오나 셀트리온같이 혜성처럼 등장한 기업은 코스피200에 자리가 없어서 들어가지 못하게 되겠지요. 기존에 있는 200개 종목이 있는데 빠지는 자리가 있어야 들어갈 자리가 생기니까요.

한국거래소에 따르면 코스피200과 코스닥150 지수 정기변경은 매년 6월, 12월 두 차례 이뤄집니다. 어떤 종목을 넣고 뺄지는 통상 그해 10월 마지막 거래일을 기준으로 합니다. 여기서 정해진 종목을 기반으로 11월 하순에 정기변경 종목을 발표하는 구조입니다.

이해를 돕기 위해 2021년 6월에 어떤 종목이 들어가고 어떤 종목이 빠졌는지를 보겠습니다. 한국거래소는 주가지수운영위원회를 개최해 코스피200, 코스닥150, KRX300 구성종목 정기변경을 확정했는데요 당시 심의 결과 코스피200은 7종목, 코스닥150은 16종목, KRX300은 무려 33종목이나 교체됐습니다.

코스피200의 경우 SK바이오사이언스, 효성티앤씨, 동원산업, 효성첨단소재, 대한전선 등이 신규 종목으로 편입됐습니다. 제외 종목은 SPC삼립, 삼양사, 빙그레, 애경산업, 남선알미늄, 한일현대시멘트, 태영건설 등이었죠. 이때 정기변경을 한 후 코스피 시장 전체 시가총액에서 코스피200 구성종목이 차지하는 시가총액 비중은 91.3%였습니다. 시가총액이 큰 종목 위주로 200개를 추린 결과 거의 코스피 전체를 반영할 수 있을 정도로 코스피200 대표성이 높아지는 것입니다.

코스피200 지수에서 제외되는 SPC삼립이나 빙그레, 애경산업 등의 회사가 부실해서 제외되는 것은 아닙니다. 하지만 시간이 지나면서 시대의 트렌드를 반영하는 기업들이 신규로 상장되고 또 덩치를 불리면서 속해 있는 산업군이 소외되거나 시가총액이 줄어드는 이유 등으로 자연스럽게 코스피200 지수에서 밀려나는 것입니다.

이런 식으로 매년 2번씩 지수 물갈이 작업을 거치기 때문에 코스피200에 들어 있는 종목은 부실 위험이 없는 튼실한 종목들로 채워집니다. 물론 이런 절차를 거쳐도 코스피200에 들어 있는 기업 중에서도 부실이 급속도로 심해져 회사가 망하거나 상장폐지되는 이슈가 발생할 수는 있습니다. 하지만 매년 2번이나 백신을 맞기 때문에 개별 기업 부실로 지수 전체가 흔들리는 확률은 제로에 수렴하게 되죠.

그럼 코스닥150 지수는 어떻게 변했을까요? 2021년 여름 코스닥150 종목도 16개 종목이 편입되고 16개 종목이 제외됐습니다. 편입 종목은 젬백스, 테스나, 심텍, 파크시스템스, 하나머티리얼즈, 티에스이, 에프에스티, 박셀바이오, 바이넥스, 데브시스터즈, 삼강엠앤티, 유니슨, 아이큐어, 성우하이텍, 아주IB투자, 우리기술투자 등이었습니다. 정기변경 후 코스닥 시장 전체 시가총액 대비 코스닥150 구성종목의 시가총액 비중은 52.6%였죠. 코스피와는 다르게 코스닥150 지수의 지수 대표성은 다소 떨어지는 것을 볼 수 있습니다. 코스피에 삼성전자, SK하이닉스, 현대차, NAVER 등 대형 종목이 두루 자리잡고 있는 것과는 달리 코스닥 시장은 분산화된 구조이기 때문입니다. 지수를 통해서도 코스피와 코스닥 시장 간 차이를 볼 수 있습니다.

한 꼭지 더!

코스피200과 코스닥150 정기변경을 이용해 투자하는 법

코스피200, 코스닥150 정기변경을 이용해 개별 종목에 투자해 짭짤한 수익을 내는 방법도 많은 관심을 끌고 있습니다. 이런 투자가 가능한 이유는 지수가 바뀌면서 새로 지수에 들어가는 종목을 ETF를 운용하는 기관들이 사들여야 하기 때문입니다. 예를 들어 코스피200에 새로 SK바이오사이언스가 들어간다면 코스피200 ETF를 운용하는 기관은 이 종목을 ETF 종목 교체를 위해 이 종목을 의무적으로 사야 합니다. 이정연 메리츠증권 연구원 분석에 따르면 편입 종목 수급 효과에 따른 주가의 긍정적 흐름은 정기변경 2개월 전부터 나타납니다. 그는 "인덱스 펀드를 운용하는 투자자가 정기변경일 전후로 편입 예상종목을 일찌감치 매수하기 때문"이라고 설명합니다.

☑ 종목 수급 효과에 따른 긍정적 주가의 흐름은 정기변경 2개월 전부터

메리츠증권의 분석에 따르면 정기변경일 2개월 전에 코스피200 편입 예상종목을 사서 정기변경일 1개월 뒤 파는 전략은 지난 2010년 이후 13번 중 10번 유효했습니다. 중간값 기준 코스피 지수 대비 수익률이 12.0%포인트나 높았습니다.

코스피200 편입 예상종목은 사놓고 정기변경일 1개월 후에 파는 전략이 유효했지만, 코스닥150은 상황이 좀 다르다고 합니다. 이 연구원은 "코스닥150 편입 종목의 주가 패턴을 고려해 심사기준일부터 정기변경일까지 매매 전략을 사용하는 것이 좋다"고 조언하는데요. 그 이유는 코스닥 시장의 변동성에 있습니다. 덩치가 큰 코스피 시장에서는 개별 종목의 평균적인 주가 움직임이 코스닥 시장보다 덜합니다. 하지만 코스닥 시장은 규모가 작기 때문에 자금이 조금만 몰려도 주가 그래프가 위아래로 휙휙 움직이는 걸 볼 수 있습니다. 큰 가마솥에 물을 끓이면 시간이 오래 걸리지만 식는 데도 그만큼의 시간이 걸리는 반면, 작은 양은 냄비에 물을 끓이면 빨리 끓고 빨리 식는 것을 볼 수 있지요.

특히 코스닥150 편입 종목을 놓고 봤을 때 코스피와 달리 단기 차익을 노리는 액티브성 자금의 영향이 커서 지수 변경 이후 주가변동성이 크다는 게 메리츠증권의 분석입니다. 코스피200, 코스닥150에 편입이 유력한 종목을 미리 사놓고 주가가 오르기를 기다려서 팔겠다는 전략은 철저히 '지수편입' 이벤트 호재 하나를 바라보고 베팅하는 것입니다. 하지만 편입 이후 주가변동성이 커져 이후 주가가 더 오를지, 내릴지를 아예 예측할 수 없다면 지수편입에 따른 주가 상승분만 빨리 먹고 탈출해야 되겠지요.

한편 지수에서 빠지는 종목을 미리 예상해 이걸 파는 것이 좋은 전략인지 여부는 판단하기 쉽지 않다고 합니다. 이 연구원은 "코스피200과 코스닥150에서 제외되는 종목을 미리 매도하는 전략으로 돈을 벌 수 있는지 일률적인 흐름이 나타나지 않았다"고 말합니다. 지수에서 제외되는 종목은 최근 주가 흐름이 지지부진해 지수에서 살아남기 힘들어서 빠지는 게 일반적입니다. 따라서 굳이 지수에서 제외된다고 하더라도 주가가 더 빠지는 등의 부정적인 영향은 크지 않다는 게 메리츠증권의 분석입니다. 한마디로 종목의 개별적인 사정에 따라 주가가 오르거나 내리는 것이지, 지수변경 이벤트 하나만 믿고 주식을 사거나 팔 수 있는 상황이 아니라는 얘기입니다.

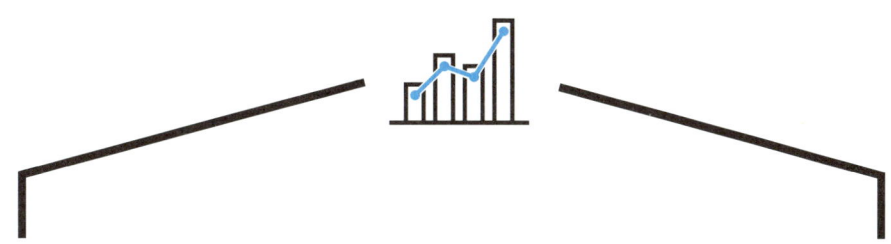

ETF도 상장폐지될 수 있다

ETF 상장폐지는 투자자를 위한 역할

여러분은 '상장폐지'란 단어를 들으면 어떤 생각이 나시나요? 내가 투자한 주식이 상폐 절차를 진행한다면 그것만큼 끔찍한 것도 없겠지요. 회사 상장폐지 얘기가 나온다면 주식은 큰 폭으로 떨어지며 하한가 부근을 맴돌게 될 것입니다. 눈물을 머금고 손절하지 않으면 정리매매를 거쳐 주식은 쉽게 팔 수 없는 비상장 상태로 접어들게 됩니다.

물론 기업이 주주 간섭을 받기 싫어서 자발적으로 상장폐지 절차를 밟은 경우도 가끔 있습니다만, 대부분 상장폐지는 기업 환경이 어려워졌기 때문에 나오는 이벤트입니다. 그런데 ETF도 상장폐지가 될 수 있습니다. 그렇다면 상장폐지가 유력한 ETF에 투자한 투자자들은 가진 돈을 전부 날리게 되는 것일까요? ETF 역시 상장폐지 얘기가 나오면 주가가 큰 폭으로 떨어지게 될까요?

결론부터 말하자면 '그렇지 않다'입니다. 먼저 ETF가 왜 상장폐지가 되는지부터 알아보겠습니다.

한국거래소가 ETF를 상장폐지할 때는 다음과 같은 이유에서입니다. 대표적으로 ① 상관계수에 미달, ② 유동성 공급계약 부재, ③ 상장 규모 미달, ④ 신고의무 위반, ⑤ 투자신탁 해지, ⑥ 투자자 보호 요망 등의 사유가 발생할 경우 상장폐지될 수 있도록 하고 있습니다.

사유를 뜯어보면 모두 투자자에게 불리할 수 있는 사유가 발생할 때 상장폐지되도록 한 것입니다. 부실 ETF는 걸러내고 우수한 ETF만 시장에서 기능할 수 있도록 필터링 작업을 거치는 것이지요. 예를 들어 코스피200 지수를 추종하는 ETF가 있다고 해보겠습니다. 이 ETF는 코스피200 지수를 그대로 복제하는 게 목표인데 장이 끝날 때마다 자꾸 지수와 어긋나는 수익률 그래프를 그린다면 문제가 되겠지요. 왜냐하면 이 ETF는 코스피200 지수만 따라가겠다는 투자자들의 신뢰를 바탕으로 나온 ETF인데 그보다 수익률이 더 나오든 덜 나오든 지수와 어긋나게 운용을 한다면 그건 신뢰를 저버리는 게 되는 겁니다.

앞서 증권사가 유동성공급자(LP)로 기능해 ETF의 실시간 현재가치(NAV)와 ETF 주가 간에 괴리가 발생하면 증권사가 출동해 적정 계약이 이뤄지게 물량을 넣는다고 말씀드렸습니다. 그런데 이 기능이 제대로 작동되지 않으면 이 역시 ETF 주가가 왜곡되는 현상이 발생합니다.

전문적으로 말해 ETF의 NAV 일간 변동률과 기초지수 변동률의 상관계수가 0.9 미만인 상태가 3개월 지속될 경우 ETF는 상장폐지될 수 있습니다. 추적오차가 10%나 벌어진 상태로 ETF 운영을 3개월이나 지속한다면 이건 ETF 운영에 손을 놓았다고 봐야겠지요.

또 ETF 규모가 지나치게 작아 사실상 시장에서 퇴출된 것이나 마찬가지라면 이 역시 없어지는 게 더 나은 선택입니다. 예를 들어 운용 규모가 50억 원 미만이거나 일평균 거래 규모가 500만 원 미만일 경우 ETF는 상장폐지될 수 있습니다.

상장폐지되는 ETF는 매년 늘어나는 추세입니다. 2016년 8건, 2017년 5건, 2018년 7건, 2019년 11건, 2020년 29건으로 최근 들어 퇴출 사례가 크게 늘고 있지요. 그만큼 새로 생겨나는 ETF가 많기 때문에 사라지는 ETF도 많아지는 것입니다.

예를 들어 한국거래소는 2021년 8월 삼성자산운용이 운용하는 KODEX China H선물인버스(H)와 KODEX FnKorea50을 상장폐지했습니다. 삼성자산운용사 측에서 운용자산 50억 원이 밑도는 이 둘 ETF를 자진 상장폐지하겠다고 밝혀왔기 때문입니다.

KODEX FnKorea50의 경우 상장폐지를 결심한 7월을 기준으로 한 달간 거래가 하나도 없던 영업일이 무려 7일에 달한 것으로 나타났습니다. 이 정보면 숨만 붙어 있는 '무늬만 ETF'라 불러도 크게 어긋남이 없습니다. 소비자 선택을 받지 못한 상품은 없어지는 게 낫습니다. 이를 운용하기 위해서는 적잖은 인력이 들어가야 하는데, 아무도 찾지 않는 상품을 관리하는 에너지를 다른 데 돌리는 게 훨씬 나은 선택이겠지요.

그해 7월에는 NH아문디자산운용의 HANARO 단기통안채와 한화자산운용의 ARIRANG KRX300IT 등 2종이 상장폐지된 바 있습니다. 이 두 상품 모두 상장폐지 당시 운용자산이 50억 원을 밑돌았습니다. 그보다 앞선 5월에는 미래에셋자산운용과 KB자산운용의 소규모 ETF 7종이 한꺼번에 역사 속으로 사라졌지요.

ETF 상장폐지되면 투자금은 어떻게 될까?

그렇다면 ETF가 상장폐지되면 투자한 내 돈은 어떻게 되는 것일까요? 모두 날리게 되는 걸까요? 절대 그렇지 않습니다. ETF가 상장폐지되었다는 것은 이런저런 주식을 담고 있던 ETF 바구니, ETF 저금통을 깬다는 것과 비슷합니다. 그럼 안에 들어 있는 돈은 어떻게 되나요? 당연히 원래 주인의 것이지요.

그렇다면 ETF가 상장폐지된다는 소식에 너도나도 ETF를 팔아치워 단기간 ETF 가격이 추락하는 일이 발생하지 않을까요? 이것도 그렇지 않습니다.

ETF는 다양한 주식이나 옵션, 상품이 담겨 있는 바구니이고, ETF의 적정가치는 ETF에 담겨 있는 상품의 가치 변동에 따라 사후적으로 정해지는 구조라고 말씀드렸습니다. 예를 들어 삼성전자와 SK하이닉스, 카카오뱅크와 NAVER, 셀트리온 그리고 에이치엘비, 컴투스 등이 담겨 있는 ETF가 운용자산이 너무 부족해 상장폐지 절차를 밟고 있다고 해볼게요. 그런데 한국 증시에 훈풍이 불어 ETF에 담겨 있는 개별주가 모두 3~4%씩 오르고 있는 상황이라고 가정해봅시다. 이런 조건에서 ETF가 상폐 절차를 밟고 있다 하더라도 가격이 떨어질 수 있을까요? 그렇지 않습니다. 만약 ETF 본질가치인 NAV에 턱없이 미치지 못하는 가격에 거래가 되려고 한다면 LP가 출동해 적정 호가를 제시하며 왜곡된 가격을 바로잡을 것입니다.

실제 현행 제도상으로 ETF가 상장폐지 되더라도 투자자가 손해를 보지 않게 다양한 장치가 마련되어 있습니다. 일단 상장폐지일 전까지는 해당 ETF를 보유하고 있는 투자자는 상폐 전전 거래일까지 LP가 제시하는 호가로 가지고 있는 ETF를 매도할 수 있습니다. 순자산가치에서 운용보수 등의 비용을 차감한 해지 상환금을 지급받는 구조입니다. 결국 상장폐지 시점에서 ETF를 매도한 것과 같은 결과입니다.

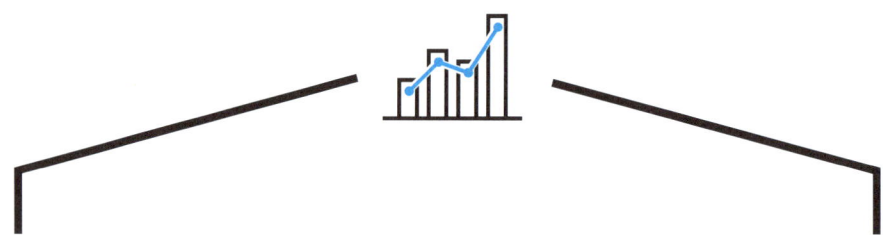

비트코인 ETF

제도권에 안착한 비트코인

여러분은 비트코인에 대해 어떻게 생각하세요? 실체가 없는 투자처에 불과하다는 진단부터 21세기를 사는 투자자라면 빼놓지 말고 투자해야 한다는 논리까지. 비트코인을 비롯한 가상화폐 생태계에 대한 논쟁은 현재진행형입니다.

하지만 적어도 비트코인만큼은 제도권 시장에 완전히 안착했다고 봐도 무방할 것 같습니다. 비트코인 선물을 기초자산으로 하는 ETF가 미국에서 상장되었기 때문이죠. 제도권 시장에 비트코인이 안착한 것입니다.

사상 최초 비트코인 선물 ETF인 '프로셰어 비트코인 스트래티지 ETF(BITO)'는 2021년 10월 20일(현지시간) 뉴욕증권거래소에 공식 상장했습니다. 비트코인을 제도권 시장에서 만나보고 싶은 투자자 손길이 잇따르며 역사적인 거래량을 기록했습니다.

이 ETF는 상장 첫날 거래액만 9억 8000만 달러에 달해 역대 ETF 상장 첫날 기준 거래액 2위까지 올랐습니다. 또 시초가 40.88달러로 데뷔했는데 당일에만 4.85% 올라 41.94달러에 장을 마감했죠.

국내에서도 다수의 '서학개미'들이 비트코인 ETF 매집에 동참했습니다. 증권사별로 수십억 원 뭉칫돈이 상장 당일 ETF에 몰렸다고 하네요.

이 같은 흥행은 ETF 투자의 편리함과 신뢰성을 입증해주는 계기가 되었습니다. 시간이 지날수록 많이 나아지고 있지만 비트코인을 비롯한 가상화폐 투자에는 여러 리스크가 상존해 있었습니다. 특히 일부 부실 거래소에서 해킹 사건이 발생하면서 유통 단계의 취약성이 드러나기도 했지요.

하지만 ETF로 상품화한 비트코인은 뒷단에 제도권 자산운용사와 증권사 그리고 금융당국이 존재하기 때문에 이 같은 취약성은 거의 없다고 봐도 무방할 정도입니다. 게다가 가상화폐에 투자하기 위해서는 거래소마다 각기 다른 실명 확인 등 복잡한 단계를 거쳐야 하는데, 기존에 ETF에 돈을 태웠던 투자자들은 추가로 복잡한 절차를 거치지 않고 바로 돈을 넣을 수 있습니다.

사실 비트코인 ETF를 승인할 것인가를 놓고 지난한 논의가 있었습니다. 일각에서는 비트코인 같은 변동성이 큰 자산을 ETF로 감싸 상품을 만들기에는 지나치게 위험성이 크다는 우려도 적지 않았죠. 실제 지난 2017년 이후 미국 증권거래위원회(SEC)가 지난 10개 이상의 자산운용사가 신청한 실물 비트코인 ETF를 두고 모두 승인하지 않았습니다. 하지만 가상화폐로 달려가는 글로벌 투심을 더 이상 막기에는 역부족을 느낀 것으로 볼 수 있습니다.

비트코인 ETF가 출시된 만큼 이제 비트코인도 명실상부 제도권 자산으로서 '금융 중심지' 미국부터 인정한 것이라 볼 수 있습니다. 사실 가상자산을 기반으로 한 파생상품은 캐나다, 독일, 브라질에서 선보인 바 있지만 미국에서 상품이 나왔다는 것은 전혀 다른 의미를 갖고 있습니다.

속속 출시되는 비트코인 ETF

최초 비트코인 ETF를 출시한 운용사 프로셰어에 이어 반에크, 발키리 등 다른 운용사들도 비트코인 선물 ETF 등록을 신청한 상태입니다. 시간이 지날수록 비슷한 상품이 쏟아질 것입니다.

비트코인 선물 ETF 출시 직후 비트코인 가격도 급등한 바 있습니다. ETF 출시 이후 비트코인 가격은 그해 4월에 기록한 최고가 6만 4889달러(약 7631만 원)를 훌쩍 뛰어넘어 거래되기도 했죠.

사상 최초로 나온 비트코인 ETF는 현물이 아니라 선물을 기반으로 하는 것입니다. 미래의 어느 날에 미리 약속한 가격으로 비트코인을 사거나 팔 수 있는 선물계약을 추종하는 상품이죠. 선물거래 특성상 비트코인 가격이 10% 오를 때 ETF 가격도 똑같이 10% 오르거나 하지는 않습니다. 하지만 대체적인 시장의 추이는 비슷하게 따라갑니다. 비트코인 가격이 급등세를 보이면 선물 ETF 역시 똑같은 방향으로 움직인다는 얘기입니다.

이번에 선물 ETF가 나온 만큼 비트코인 현물에 직접 투자하는 비트코인 ETF도 머지않아 나올 것으로 예측됩니다. 미국 가상화폐 자산운용사 그레이스케일은 세계 최대 규모 비트코인 펀드인 '그레이스케일 비트코인 신탁(GBTC)'을 ETF로 전환해달라는 신청서를 SEC에 제출할 뜻을 밝혔습니다.

그렇다면 언젠가 한국에서도 비트코인 ETF를 구경할 수 있을까요? 아마도 머지않은 시기에 나오게 될 것입니다. 미국은 물론 독일, 브라질 등도 잇달아 가상화폐 ETF를 준비할 만큼 이 상품은 예견된 글로벌 대세 ETF입니다. 많은 자산운용사가 끊임없이 출시를 위해 정부 문을 두드릴 것입니다.

지금까지는 모두 실패했습니다. 국내 한 자산운용사는 비트코인 시세에 따라 수익률이 결정 나는 비트코인 ETF 출시를 계획했지만 한국거래소의 상장 문턱을 넘지 못했습니다.

정부와 금융당국이 비트코인을 위험자산으로 간주하고 상품 출시에 부정적인 입장을 내비치고 있어 설득이 쉽지 않습니다. 하지만 미국에서 비트코인 ETF가 출시된 마당에 한국 정부 역시 이를 막기에는 역부족입니다. 예를 들어 자산운용사들은 미국에 나온 비트코인 ETF를 재포장해 한국에 출시하는 방식으로 상품 기획을 할 수 있습니다. 미국에 있는 공신력 있는 ETF를 기초자산으로 담은 ETF 출시를 한국 정부가 막기는 쉽지 않을 것입니다.

그리고 머지않은 시기에 한국도 독자적인 상품 기획을 통해 비트코인 ETF를 만들어낼 것입니다. 이미 원유, 구리를 비롯한 다양한 상품을 기반으로 한 ETF가 출시된 상황입니다. 원유도 하루 사이에 가격이 10% 넘게 급등하는 등 변동성이 심한 상품입니다. 원유는 되고 비트코인은 안 된다는 논리가 언제까지 통용될 수는 없을 것입니다.

2장 정리 문제

1. ETF가 NAV보다 비싸게 거래된다면 ETF를 약간 손해 보고 사는 것이고, 반대로 NAV가 ETF보다 낮다면 약간 이득을 보면서 사는 것인데 이 오차를 _____ 이라고 부릅니다.

2. 다음 중 한국거래소가 ETF를 상장폐지할 때의 이유가 아닌 것은 무엇일까요?
① 유동성 공급계약이 없을 경우
② 상관계수에 미달할 경우
③ 상장 규모를 초과할 경우
④ 신고의무를 위반했을 경우
⑤ 투자신탁이 해지될 경우

3. 현행 제도상으로 ETF가 상장폐지되더라도 투자자가 손해를 보지 않게 다양한 장치가 마련되어 있는데, 일단 상장폐지일 전까지는 해당 ETF를 보유하고 있는 투자자는 상폐 전전 거래일까지 _____ 가 제시하는 호가로 가지고 있는 ETF를 매도할 수 있습니다.

4. 비트코인 ETF에 대한 설명 중 사실이 아닌 것은 무엇일까요?
   ① 사상 최초의 비트코인 ETF는 현물이 아니라 선물을 기반으로 한다.
   ② 프로셰어 비트코인 스트래티지ETF(BITO)는 미국에서 상장된 최초의 비트코인 선물 ETF이다.
   ③ 캐나다, 독일, 브라질에서는 가상자산을 기반으로 한 파생상품이 출시되었다.
   ④ 국내에서는 2021년 12월 비트코인 시세에 따라 수익률이 결정 나는 비트코인 ETF가 출시되었다.

정답: 1. 거리비용 2. ② 3. 유동성공급자(LP) 4. ④

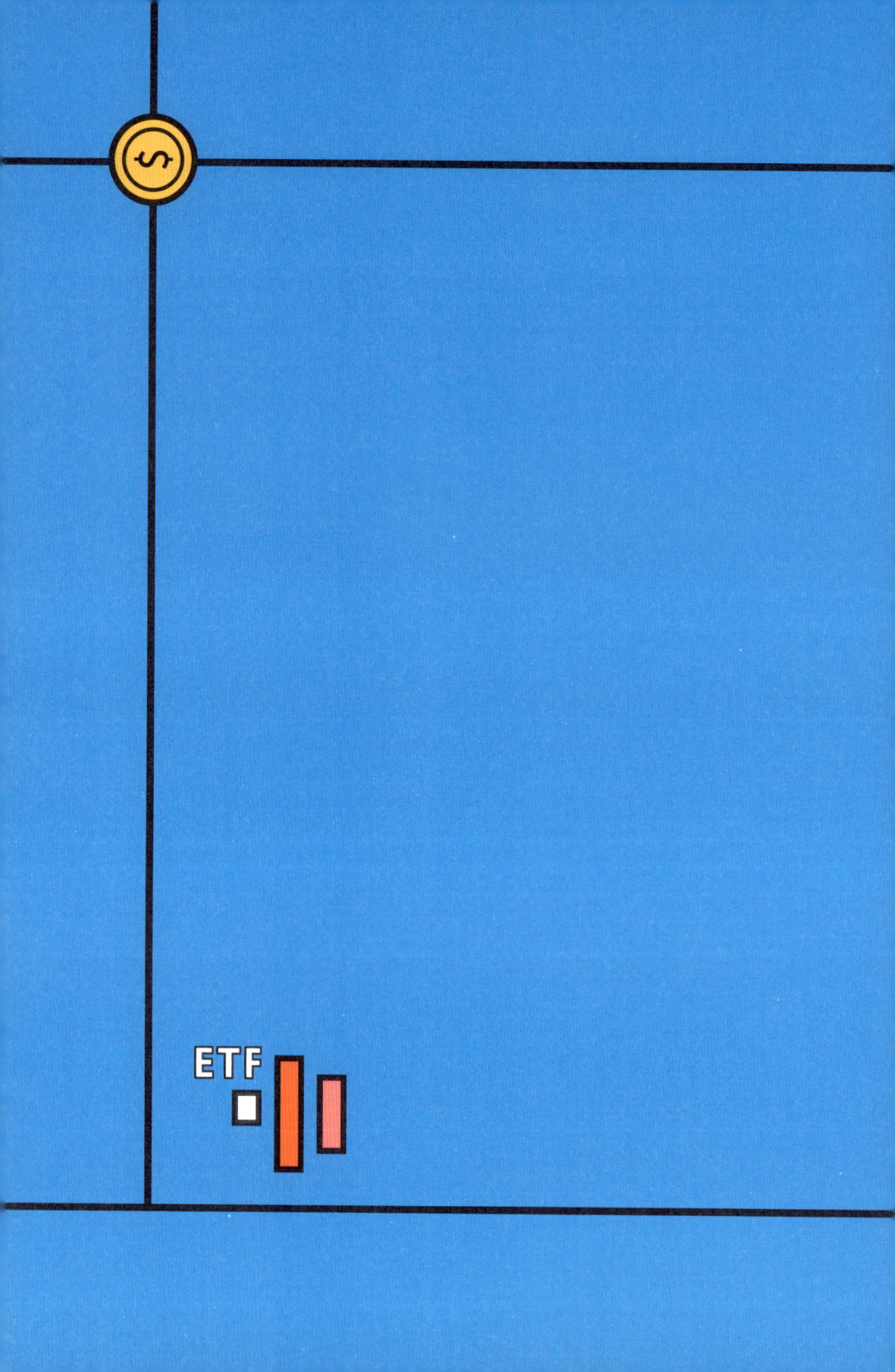

3장

ETF로 어떤 업종에 투자해볼까

전기차 ETF 투자상품은

국내 친환경 기업에 투자하는 ETF

지금부터는 그린플레이션(Greenflation)과 함께 변동성이 커지고 있는 시장에 투자할 수 있는 길을 알려드리겠습니다. ETF를 통해 투자할 수 있는 상품이 무궁무진합니다. 전기차에 들어가는 구리, 니켈, 리튬 등 광물에 투자하지 않고 전기차를 만드는 회사에 투자하는 것은 어떨까요? 아니면 전기차의 필수제품인 2차전지를 만드는 회사나 2차전지에 들어가는 음극재 등 부품을 만드는 회사에 투자하면 돈을 벌 수 있겠죠.

태양광발전소에 들어가는 부품을 만드는 회사 혹은 풍력발전기 분야 시장지배력을 가진 회사에 장기투자해도 시장 확대에 따른 수혜를 볼 수 있을 것입니다. 지금부터는 이런 주식이 담긴 ETF를 소개해볼까 합니다.

TIGER 차이나전기차 SOLACTIVE ETF 먼저 국내 투자자들의 관심을 끌고 있는 TIGER 차이나전기차SOLACTIVE ETF를 소개합니다. 이 ETF는 중국 전기차 산업 밸류체인에 속한 기업들에 골고루 투자하는 상품입니다.

2021년 3분기까지 글로벌 순수전기차(EV) 시장 순위는 다음 그래프와 같습니다. SNE리서치 조사 결과에 따르면 2021년 1~9월 세계 80개국에 판매된 EV는 총 297만 6000대였습니다. 전년 동기 대비 138.3% 증가한 수치입니다.

테슬라가 전년 같은 기간 대비 90.2%나 늘어난 61만 5600대를 판매하며 1위였습니다. 상하이자동차그룹은 40만 700대를 판매해 점유율 13.5%를

● 1~9월 세계 순수전기차 판매량

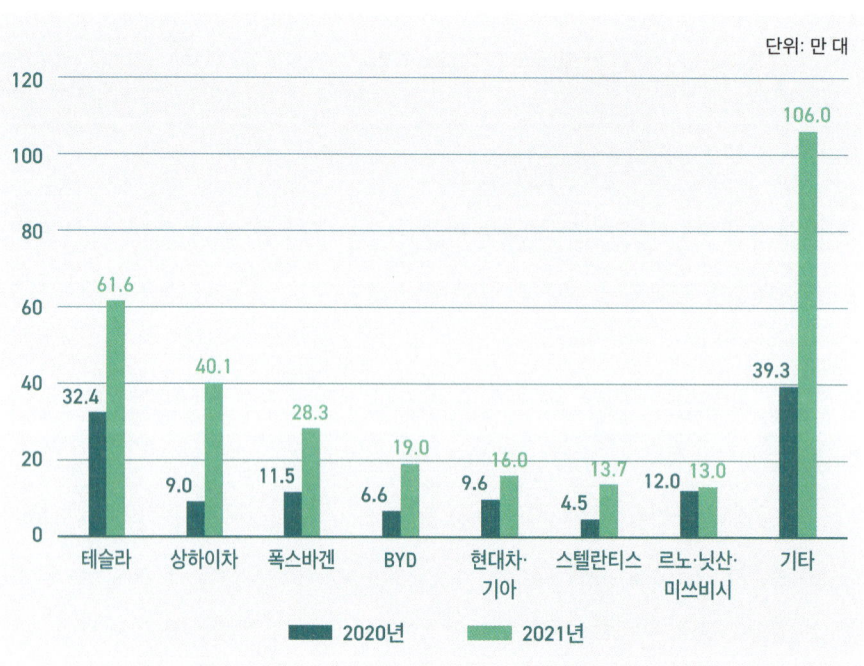

자료: SNE리서치

기록하며 폭스바겐그룹을 제치고 2위를 찍었죠. BYD그룹은 18만 9500대를 팔아 4위를 기록했습니다. 상하이자동차그룹과 BYD그룹은 이 기간 판매량이 각각 344.4%, 187.7%나 늘어 시장보다 높은 성장을 기록했습니다. 한마디로 중국이 글로벌 전기차 시장에서 약진하고 있다는 얘기입니다.

중국은 '전기차 굴기'를 선언하고 자국 업체 우선 정책을 펴는 중입니다. 중국산 배터리를 탑재한 전기차에만 추가 보조금을 주는 식으로 자국 산업 육성에 나서죠.

한국의 카카오톡을 중국에서는 잘 쓸 수 없죠. 구글 대신 바이두가 검색 엔진을 장악했고 페이스북이 지리멸렬한 자리에는 텐센트가 자리 잡고 있습니다. 중국승용차협회에 따르면 2021년 중국 전기차 침투율이 12% 정도로 추정되는데 전기차를 포함한 친환경 승용차 침투율은 2025년 25%, 2030년 50%까지 상승할 것으로 전망됩니다. 그렇다면 중국의 막대한 전기차 시장은 자국 산업 보호에 힘입어 중국 전기차 회사, 중국 전기차 부품

● **미래차 글로벌 시장 전망**

	시장 규모 전망치(연간)	연평균 증가율
전기차	2,600만 대*(2030년 기준)	31%(2020~30년)
자율주행차	1조 1,204억 달러(2035년 기준)	40%(2020~35년)
공유차	7,000억 달러(2030년 기준)	18%(2016~30년)
커넥티드카	1,985억 달러(2025년 기준)	18%(2019~25년)
기존 자동차 시장	9,136만 대*(2019년)	2%(2011~19년)

주: * 신차 판매 대수 기준
자료: Bloomberg NEF(2020), 중소기업기술정보진흥원(2018), 삼정KPMG(2019), P&S Intelligence, 세계자동차산업연합회(OICA)

회사들이 상당 부분 장악하게 되겠지요. 그런 회사에 골고루 투자하는 게 TIGER 차이나전기차SOLACTIVE ETF입니다.

전기차 생태계를 장악하겠다고 중국이 나선 마당에 한국이라고 가만있지는 않겠지요.

한국은행이 2021년 6월 발표한 〈빅블러 가속화의 파급효과: 자동차 산업 중심으로〉 보고서에 따르면 한국 전기차 관련 경쟁력은 세계 5위, 자율주행차 도입 수준은 세계 7위 정도로 분석됩니다. 현대자동차그룹이 전기차와 수소차 분야에서 의미 있는 성적을 내고 있습니다. 또 LG에너지솔루션, SK이노베이션, 삼성SDI 등 기업은 2차전지 분야에서 세계적인 경쟁력을 자랑합니다. 이외에도 SK와 LG, 삼성이 끌어가는 전기차 생태계에 공생하며 막대한 부가가치를 내는 잘 알려지지 않은 기업들도 많습니다.

TIGER 2차전지 테마 ETF ETF를 통해 한국 전기차 생태계에 분산투자할 수 있습니다. 예를 들어 TIGER 2차전지 테마 ETF의 경우 국내 주식을 투자 대상으로 하는 'WISE 2차전지 테마 지수'를 기초지수로 하는 상품입니다. 2022년 초 기준 SK이노베이션, 삼성SDI, 에코프로비엠, 엘앤에프, LG화학, 포스코케미칼 등이 주로 담겨 있습니다.

에코프로비엠은 2차전지 배터리 양극재를 생산하는 기업입니다. 양극재는 배터리의 용량과 출력 등을 결정하는 핵심 소재입니다. 음극재와 분리막, 전해액과 함께 배터리의 4대 소재로 불립니다. 배터리를 만드는 원가의 약 40%를 차지할 정도로 중요한 소재입니다. 니켈, 망간, 코발트, 알루미늄 등을 섞어서 최적의 비율로 뽑아내야 성능을 극대화할 수 있습니다. 에코프로비엠은 글로벌 양극재 시장에서 점유율 2위를 차지하고 있습니다.

포스코케미칼 역시 2차전지 분야 핵심 회사로 양극재와 음극재 등 2차

• TIGER 2차전지 테마 ETF 주요 구성자산

구성종목(구성자산)	주식수(계약수)	구성비중
SK이노베이션	423	10.03%
삼성SDI	170	9.90%
LG화학	145	9.34%
에코프로비엠	233	9.08%
엘앤에프	476	8.29%
포스코케미칼	648	7.58%
SK아이이테크놀로지	493	6.68%
SKC	469	6.62%
일진머티리얼즈	482	4.86%
에코프로	437	3.99%

전지 핵심 부품을 두루 생산하고 있습니다. 양극재가 배터리의 용량과 평균 전압을 결정한다면 음극재는 충전 속도와 수명을 결정한다고 볼 수 있습니다.

또 포스코케미칼은 차세대 소재인 실리콘 음극재 개발을 추진하고 있는데 실리콘 소재의 장점은 리튬이온을 많이 담을 수 있는 고용량 배터리를 만들 수 있다는 것입니다. 음극재에 쓰이는 흑연의 10배에 달해 전기차 주행거리를 대폭 늘릴 수 있습니다. 포스코케미칼은 음극재 생산능력을 2021년 4만 4000t, 2025년 17만 2000t, 2030년 26만 t까지 확대할 계획입니다.

KODEX 2차전지 산업 ETF KODEX 2차전지 산업 ETF도 비슷한 성격

• 리튬이온배터리의 작동 원리

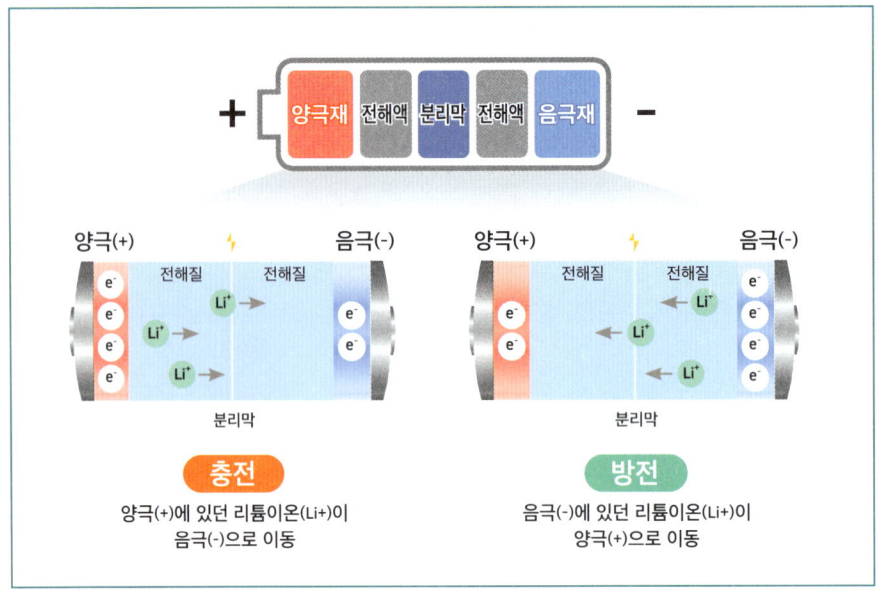

자료: 포스코그룹

의 상품입니다. 다만 추종하는 지수가 'FnGuide 2차전지 산업 지수'로 다릅니다. 하지만 편입한 종목이 비슷합니다. 2022년 초 기준 LG화학, 삼성SDI, 에코프로, 포스코케미칼, 에코프로비엠 등이 담겨 있습니다.

TIGER KRX2차전지K-뉴딜 ETF IGER KRX2차전지K-뉴딜 ETF도 국내 2차전지 주식에 주로 투자하는 상품입니다. 이 ETF는 'KRX 2차전지 K-뉴딜 지수'를 기초지수로 하는데 이 지수는 코스피와 코스닥 상장종목 중 2차전지 산업군 내 대표 기업 10개를 찍어 바구니에 담는 특성이 있습니다. 그래서 ETF 바구니에 들어 있는 비중 상위 종목에 좀 더 집중투자할 수 있는 특성이 있습니다. 2022년 초 기준 SK이노베이션, LG화학, 삼성SDI, 에코

• TIGER KRX2차전지K-뉴딜 ETF 주식 비중 기준: 2022.01.14

구성종목(구성자산)	주식수(계약수)	구성비중
SK이노베이션	867	26.88%
LG화학	286	24.10%
삼성SDI	286	21.77%
에코프로비엠	117	5.96%
엘앤에프	217	4.94%
포스코케미칼	315	4.82%
SKC	228	4.21%
일진머티리얼즈	235	3.10%
SK아이이테크놀로지	132	2.34%
솔브레인	47	1.40%

프로비엠, 엘앤에프가 상위 5개 종목인데 톱3 3개 종목 비중이 각각 20%가 넘습니다. 따라서 코스피 대형주 장세가 올 때 이 ETF 수익률은 좀 더 빛나게 됩니다.

참고로 2차전지 ETF 포트폴리오에 약방의 감초처럼 들어 있는 엘앤에프는 2005년 2차전지 양극재 사업에 뛰어든 회사입니다. 엘앤에프 양극재 생산능력은 2020년 기준 약 5만 t이지만 진행 중인 설비 증설이 끝나면 2023년 14만 t으로 생산능력이 커질 전망입니다. 주로 LG에너지솔루션, SK이노베이션에 양극재를 납품합니다.

지난 2021년 6월에는 테슬라에 양극재 공급계약을 맺으며 주목받기도 했습니다. 일론 머스크 테슬라 최고경영자는 2020년 9월 '배터리데이'에서 니켈 함량을 높인 '하이니켈 배터리'를 주력으로 삼겠다고 밝힌 바 있는데요. 이는 전기차 주행거리를 늘리기 위해서입니다. 이를 위해 니켈 함량을 높인 하이니켈 양극재가 필요합니다. 엘앤에프는 양극재 제조회사 중 순도 높은 하이니켈 양극재를 만드는 것으로 유명합니다.

HANARO Fn친환경에너지 ETF　　HANARO Fn친환경에너지 ETF는 2차전지를 기반으로 국내 친환경 산업을 하는 다양한 기업에 투자하는 상품입니다. 대형주와 중형주에 포트폴리오 90% 이상을 할당하는데, 투자하는 종목이 IT, 소재, 금융, 산업재 등으로 다양합니다.

구체적으로 살펴보면 삼성SDI, 한화, 두산퓨얼셀, 천보, 한화솔루션 등 기업을 각각 10% 가량 편입해놓은 상황입니다.

삼성SDI는 앞에서 설명해드린 대로 전기차 배터리를 생산하는 기업이고, 한화와 한화솔루션은 태양광 산업을 크게 한다는 점에서 친환경 산업 영위 기업으로 분류할 수 있습니다. 한화그룹의 태양광 사업 얘기는 추후 다시 다루겠습니다.

두산퓨얼셀은 수소연료전지 선도 업체로 분류됩니다. 그린수소시장 선점을 위해 다양한 사업을 하고 있습니다. 그린수소는 온실가스를 배출하지 않는 청정 연료를 말하는데요, 지구에서 가장 흔한 원소인 수소를 동력으로 활용해 엔진을 움직이게 하는 방식을 말합니다. 전기차와 수소차가 대표적인 친환경 엔진을 탑재한 자동차로 분류됩니다. 두산퓨얼셀은 도심형 융복합 충전소인 '트라이젠'을 구축하고 있는데요, 트라이젠은 수소와 전기, 열에너지를 동시에 생산하는 수소 융복합 충전소를 말합니다. 수소차와 전기차가 같은 공간에서 충전할 수 있습니다. 수소경제 생태계 전반에서 사업을 할 수 있게 다양한 분야 산업을 노크하고 있습니다.

천보라는 회사는 특수 전해질을 만드는 회사입니다. 배터리에는 전해질이 들어가는데 천보는 특수 전해질인 F전해질(LiFSI)을 만듭니다. 그런데 전해질 원료가 되는 리튬 가격이 오르면서 이걸로 만드는 범용 전해질(LiPF6) 가격이 치솟아 특수 전해질 가격 경쟁력이 올라갔습니다.

기존에는 특수 전해질이 범용보다 비싸서 제한된 용도로만 쓰였는데 범용 전해질 가격이 올라가니까 상대적으로 천보가 만드는 특수 전해질이 비싸 보이지 않게 생각되는 것입니다. 천보의 F전해질 생산능력은 2021년 기준 720t인데 2023년까지 5000t, 2026년까지 1만 5000t으로 늘리겠다는 게 천보 측 계획입니다.

내비게이터 친환경자동차밸류체인액티브 ETF 내비게이터 친환경자동차밸류체인액티브 ETF도 같은 종류의 상품입니다. 특이할 점은 ETF 상품명에 '액티브'라는 이름이 들어간다는 건데요. 여러분의 짐작대로 요새 유행하는 액티브 ETF의 하나입니다. 내비게이터 친환경자동차밸류체인액티브는 'FnGuide 친환경자동차밸류체인 지수'를 비교지수로 해서 비교지수 대비 초과 성과를 목표로 투자신탁재산을 운용함을 목적으로 합니다. 액티브 펀드이기 때문에 종목이 자주 교체될 수 있지만 2022년 초 기준 이 상품에는 엘앤에프, 천보, 기아, 삼성SDI, 에코프로비엠, 일진머티리얼즈 등이 주로 담겨 있습니다.

KB 레버리지 KRX 2차전지 K-뉴딜 ETN ETN 시장으로 넘어가면 좀 더 리스크가 큰 레버리지 투자도 할 수 있습니다. KB 레버리지 KRX 2차전지 K-뉴딜 ETN은 앞서 설명해드린 TIGER KRX 2차전지 K-뉴딜 ETF가 추종하는 KRX 2차전지 K-뉴딜 지수가 움직이는 것의 2배로 수익률이 연동됩니다. 여기에 담겨 있는 삼성SDI, 에코프로비엠, 엘앤에프 등 주가가 오르면 매우 높은 수익을 볼 수 있는 상품입니다. 다만 주가가 떨어질 때는 수익률 충격이 2배가 됩니다. 삼성 레버리지 KRX 2차전지 K-뉴딜 ETN도 같은 구조의 상품입니다.

TIGER 글로벌리튬&2차전지SOLACTIVE(합성) ETF 2차전지 분야 국내 기업에 투자하는 ETF 외에 해외 주식에 투자하는 ETF는 없을까요? TIGER 글로벌리튬&2차전지SOLACTIVE(합성) ETF가 대안이 될 수 있습니다. 이 상품은 'Solactive Global Lithium 지수'를 기초지수로 따르는데 이 지수는 글로벌 기업 중에 리튬 채굴이나 배터리를 생산하고 있고, 해당 사업군에서 현재에 상당한 매출을 보이고 있거나 향후 상당한 매출이 발생할 것으로 예상되는 기업들을 최대 40종목까지 편입하는 구조입니다.

글로벌 최대 리튬화합물 기업인 미국의 알버말(Albemarle), 미국의 테슬라, 한국의 삼성SDI, 중국의 BYD, 일본의 전기전자업체 TDK 등을 비중 있게 편입하고 있습니다. 알버말은 염호와 광산을 동시에 보유한 업계 유일한 리튬 수직계열화 업체로 분류됩니다.

양극재 원재료로 탄산리튬과 수산화리튬이 주로 쓰이는데 탄산리튬은 주로 염호에서, 수산화리튬은 광산에서 채굴합니다. 그런데 알버말은 칠레 아타카마에서 염호를, 호주 그린부시에 광산을 가지고 있습니다. 염호와 광산의 품질이 좋아서 원가경쟁력도 가장 뛰어난 것으로 평가됩니다.

TDK는 '전자 산업의 쌀'로 불리는 전장용 고용량 적층세라믹커패시터(MLCC) 전문 업체입니다. MLCC는 반도체에 전기를 일정하게 공급하는 역할을 합니다. 한국에서는 삼성전기 등이 이 산업을 맡아서 하고 있지요. 전기차에 빠져서는 안 되는 부품입니다.

그린 산업의 성장으로 수혜를 볼 수 있는 분야가 비단 전기차 연관 산업만은 아니겠지요. 태양광 산업 생태계, 풍력발전 생태계, 수소발전 생태계를 비롯해 그린 산업의 외피를 입고 무럭무럭 커나가고 있는 영역이 우후죽순처럼 나오고 있습니다. 지금부터 그린 산업 분야 잠재력이 무궁무진한 ETF를 하나씩 소개해드리겠습니다.

HANARO Fn친환경에너지 ETF HANARO Fn친환경에너지 ETF는 'FnGuide 친환경에너지 지수'를 기초지수로 하는 ETF인데요. 코스피와 코스닥에 상장된 종목 중에 친환경 관련 매출이 있는 기업 20개를 골라 투자하는 상품입니다. 국내 주식형 ETF인 것이지요. 그런데 매출 중에 친환경 매출이 10% 미만인 종목은 제외하고 시가총액이 변함에 따라 들어가 있는 종목을 유기적으로 바꾸게 됩니다.

2022년 초 기준 천보, 삼성SDI, 두산퓨얼셀, 후성, 한화 등이 주로 담겨 있습니다. 다른 회사에 대해서는 설명을 드렸는데, 후성이란 회사는 아직 언급을 하지 않았습니다. 후성은 2차전지 전해질 소재인 'LiPF6'를 제조 판매하는 것으로 유명합니다. 국내에서는 후성만 이것을 만들어 팝니다. 반도체용 특수가스와 에어콘용 냉매가스 등을 만들어 팔죠.

천보라는 기업을 설명하면서 특수 전해질 분야에 특화된 기업이라고 설명해드린 바 있습니다. 후성은 범용 전해질(LiPF6) 분야에 특화된 회사입니다. 국내 전해질 기업이 천보와 후성이 있는데 천보는 특수상품, 후성은 범용상품에 강점이 있는 회사라고 이해하시면 됩니다.

KODEX K-신재생에너지액티브 ETF KODEX K-신재생에너지액티브

ETF도 눈여겨봐야 할 ETF입니다. 이 ETF는 앞서 설명해드린 액티브 ETF의 하나로 'FnGuide K-신재생에너지플러스 지수'를 타깃으로 삼아 이것보다 수익률을 높게 달성하는 걸 목표로 하는 상품입니다. 액티브 ETF 특성상 종목 교체가 잦은 편이지만 2022년 초 기준으로 씨에스윈드, 한화솔루션, 엘앤에프, 에코프로비엠, 에코프로, 솔루스첨단소재, 삼강엠앤티 등이 비중 높게 담겨 있습니다.

여기서 에코프로는 앞서 설명해드린 에코프로비엠을 비롯해 에코프로에이치엔 등 다수의 자회사를 보유한 지주사 역할을 하는 회사입니다. 그룹사 전체가 친환경 산업을 추진하는 포트폴리오로 짜여 있죠.

● **KODEX K-신재생에너지액티브 ETF 주식 비중**　　　　　기준: 2022.01.14

구성종목(구성자산)	주식수(계약수)	구성비중
씨에스윈드	779	8.55%
한화솔루션	1,203	8.31%
삼강엠앤티	2,121	7.18%
솔루스첨단소재	482	6.94%
엘앤에프	194	6.63%
에코프로비엠	81	6.20%
에코프로	336	6.02%
SK이노베이션	128	5.96%
주성엔지니어링	1,295	5.40%
OCI	296	4.94%

솔루스첨단소재는 1959년 미국 뉴저지에서 출범한 역사 있는 부품기업입니다. 1974년 일본 전기회사 후루카와와 공동으로 회사를 만들고 전자소재 개발에 매진했죠. 그러다가 회사 사정으로 유럽 철강회사에 매각됐다가 2014년에 두산그룹에 인수됐습니다. 당시만 하더라도 두산그룹이 사업 다각화를 위해 글로벌 알짜 회사를 다량 인수하던 시절이었습니다. 하지만 두산그룹이 경영난에 빠지면서 사모펀드 스카이레이크에 팔리게 됐죠. 두산그룹이 이 회사만은 팔지 않으려고 안간힘을 쓰다 결국 아쉬운 마음에 보내준 것으로도 유명합니다.

솔루스첨단소재는 전지박, 동박, 전자소재 등을 생산하고 있는데, 특히 배터리 소재인 전지박 사업에 후발주자로 뛰어들어 주목받고 있습니다. 배터리용 전지박은 높은 기술력을 필요로 해 진입장벽이 높은 분야인데요. 앞서 말씀드린 대로 양극재와 음극재가 배터리 성능을 좌우하는 핵심 부품이죠. 솔루스첨단소재가 만드는 전지박은 음극재에 들어가는 얇은 막인데, 음극재를 감쌀 때 표면이 들뜨는 일 없이 착 달라붙도록 아주 정밀하게 만들어야 합니다. 또 어떤 첨가물이 들어가느냐에 따라 성능이 달라지기도 하지요.

글로벌 시장에서 한국 업체인 일진머티리얼즈와 SK넥실리스, 그리고 중국 업체인 장춘 등이 키플레이어였는데, 후발주자인 솔루스첨단소재가 LG에너지솔루션의 품질 인증을 마치고 전지박 납품계약을 체결하면서 판도가 흔들리고 있습니다. 기존 시장은 3곳이 주도하고 있었습니다. 2019년 기준 CCP가 12.9%, 일진머티리얼즈가 9.7%의 점유율을 갖고 있죠. SK넥실리스는 7.4%입니다. LG에너지솔루션은 솔루스첨단소재의 유상증자에도 참여해 575억 원을 투자하기도 했지요. 이에 더해 솔루스첨단소재가 테슬라를 비롯한 글로벌 전기차 업체에 전지박을 공급할 것이란 전망 등이 나오며 큰 주목을 끌고 있습니다.

삼강앰엔티와 씨에스윈드는 한국을 대표하는 풍력발전 기업 중 하나입니다. 특히 삼강앰엔티는 해상풍력 하부구조물을 만드는 데 특화되어 있습니다. 씨에스윈드는 풍력발전기 타워를 만드는 회사입니다. 글로벌 풍력발전 비중이 높아지면 두 회사 모두 매출과 이익이 늘어나는 구조입니다. 특히 삼강앰엔티는 글로벌 친환경 포트폴리오를 확장하는 SK그룹의 건설사 SK에코플랜트가 경영권을 획득해 화제를 끌기도 했습니다.

TIGER Fn신재생에너지 ETF TIGER Fn신재생에너지 ETF도 관련 상품의 하나입니다. 이 ETF는 'FnGuide 신재생에너지 지수'를 따르는데 투자종목을 고르는 메커니즘이 재미있습니다. 코스피와 코스닥 종목의 최근 2년간 종목 분석 리포트와 공시보고서를 추립니다. 텍스트마이닝 기술로 신재생에너지 키워드를 뽑아내 친환경 산업에 속한 기업인지 여부를 판단하죠. 이 서류심사를 통과하면 재무건전성 기준을 적용해 이 관문을 통과한 기업으로 투자 바구니를 구성하는 방식입니다.

2022년 초 기준 두산퓨얼셀, 두산중공업, OCI, 한화솔루션, LS, 씨에스윈드 등 기업이 담겨 있습니다. 여기서 처음 나온 OCI는 태양광발전 패널을 만드는 폴리실리콘을 만드는 한국 대표 기업입니다.

'KRX/S&P 탄소효율그린뉴딜 지수'를 기초지수로 만든 ETF 그런데 친환경, 그린을 표방하는 ETF가 모두 관련 종목을 담고 있지 않을 수도 있습니다. 예를 들어 'KRX/S&P 탄소효율그린뉴딜 지수'를 기초지수로 만든 ETF가 여기에 해당합니다. 이 지수는 한국거래소에서 발표하는 지수인데 한국을 대표하는 기업 중에 탄소배출량과 정보공개 여부, 유동성, 투자 위험성을 고려해 종목을 선정하고 매출액 대비 탄소배출량의 산업군 내 비교를 통해 종목별 가중치를 적용하는 방식입니다.

즉 친환경 산업에 뛰어들어 여기서 돈을 버는 기업에 투자하는 게 아니라 탄소배출을 동종 업계에서 적게 하는 기업 중 우량한 기업을 뽑는 방식입니다. 그래서 선정된 종목을 2022년 초 기준으로 보면 톱5에 삼성전자, SK하이닉스, LG화학, NAVER, 삼성SDI 등이 담겨 있습니다. 삼성전자 비중은 30%에 육박합니다. 이렇게 되면 ETF 수익률이 삼성전자 주가 등락에 크게 좌우됩니다. 코스피를 추종하는 지수 ETF 움직임과 별반 차이가 없게 되는 것입니다.

이렇게 만들어진 ETF는 TIGER 탄소효율그린뉴딜 ETF, KODEX 탄소

● **KODEX 탄소효율그린뉴딜 ETF 주식 비중**　　　　　　　　　　　기준: 2022.01.14

구성종목(구성자산)	주식수(계약수)	구성비중
삼성전자	3,595	28.76%
SK하이닉스	270	3.59%
LG화학	46	3.41%
NAVER	91	3.22%
삼성SDI	40	2.68%
현대차	110	2.38%
기아	257	2.23%
카카오	193	1.88%
KB금융	262	1.69%
현대모비스	53	1.40%

효율그린뉴딜 ETF, ARIRANG 탄소효율그린뉴딜 ETF, HANARO 탄소효율그린뉴딜 ETF 등이 있습니다. 운용사가 다를 뿐 사실상 같은 상품입니다. 이 상품이 나쁘다는 얘기가 아니라 친환경 산업에서 돈을 버는 기업에 투자할 용도로는 적합하지 않다는 뜻입니다.

글로벌 친환경 ETF

글로벌 친환경 기업에 투자하는 ETF

지금까지 국내 친환경 기업에 투자하는 ETF를 살펴보았습니다. 이제 글로벌 친환경 기업에 투자하는 ETF를 살펴보겠습니다. ETF의 가장 큰 장점은 국내 주식은 물론 해외 주식, 원자재, 달러, 파생상품 등 다양한 분야 투자를 손쉽게 할 수 있다는 것입니다.

KINDEX 미국친환경그린테마INDXX ETF KINDEX 미국친환경그린테마INDXX ETF를 소개합니다. 이 상품은 'Indxx US Green Infrastructure Index'를 기초지수로 움직이는데 친환경 관련 사업을 통해 경제성장을 이끄는 미국 상장 핵심 종목에 투자하는 특징이 있습니다.

구체적으로 살펴보면 친환경 운송수단, 재생에너지, 친환경 연료, 친환경 에너지 장비, 환경오염 통제, 폐기물 처리, 환경 개발·관리 등 7개 분야에서 기업 매출 50% 이상이 발생하는 미국 상장종목 50여 개에 골고루 투자하는 상품입니다.

친환경 인프라 솔루션인 AZZ, 재생에너지 관련 서비스 업체 아간(Argan), 폐기물 처리업체 클린하버스 등이 투자 바구니에 들어가 있습니다.

AZZ는 미국 용융아연도금 분야 시장지배력을 가진 회사인데, 용융아연도금이란 쉽게 말해 철을 녹슬지 않게 하기 위해 표면에 아연으로 특수처리를 하는 것을 말합니다. 태양광발전소를 만들 때 하부구조물로 아연도금을 한 철강재를 주로 사용합니다.

아간은 젬마 파워 시스템(Gemma Power System), 아틀란틱 프로젝트 컴퍼니(Atlantic Project Company) 등을 포함해 미국에서 다수의 자회사를 거느린 지주사 개념 회사인데 이 두 회사는 신재생에너지 발전소 설계와 건설, 운영, 컨설팅 등을 제공하는 회사입니다. 글로벌 전역에서 태양광발전 등 친환경 발전 수요가 늘면 덩달아 매출이 올라가는 기업이지요.

클린하버스는 북미 최대 폐기물 재활용업체입니다. 최근 글로벌 전역에서 ESG(환경·사회·지배구조) 열풍이 불고 있는데요, 클린하버스는 다양한 유해 폐기물을 안전하게 처리하는 데 선도적인 입지를 구축한 업체입니다. 폐유 재활용에도 일가견이 있지요.

TIGER 차이나클린에너지SOLACTIVE ETF　TIGER 차이나클린에너지 SOLACTIVE ETF는 중국 친환경 기업에 투자하는 상품입니다. 중국 클린에너지 관련 사업을 하는 회사 중 소재지가 중국 또는 홍콩인 기업 중 시가총액이 높은 기업들로 포트폴리오를 짭니다.

중국은 세계 최대 탄소배출국입니다. 2020년 기준 전 세계에서 나오는 탄소의 약 30%를 중국이 배출한다고 알려져 있죠. 글로벌 전체가 탄소 줄이기에 혈안이 된 상황에서 글로벌 리더십을 꿈꾸는 중국도 예외는 아닙니다.

2020년 9월 시진핑 중국 국가주석은 중국 탄소배출량이 2030년까지 정점을 찍고 내려가 2060년에는 탄소중립을 실현하겠다는 목표를 제시한 바 있습니다. 이를 달성하기 위해 중국 정부는 비화석 에너지 사용 비중을 2025년 '20% 안팎'까지 올리고, 2030년 '25% 안팎'으로 끌어올리겠다는 단계적 목표를 제시하고 있습니다. 그러려면 풍력, 태양광, 수력 등 신재생에너지 발전 비중을 가파르게 올려야 하죠.

중국은 자국 신재생에너지 업체에 막대한 보조금을 뿌려대며 기업 육성에 나서고 있습니다. 이렇게 한 지가 벌써 10년은 넘었습니다. 그 결과 2020년 기준 태양광 셀 생산업체 글로벌 톱10 업체 중 8곳이 중국 업체, 태양광 모듈 업체 중 7곳이 중국 업체입니다. 톱10에 베트남 업체가 하나 껴 있는데 이 회사는 중국 자회사여서 사실상 톱10 중 8개 회사가 중국 회사인 셈입니다. TIGER 차이나클린에너지SOLACTIVE ETF는 이같이 세계로 뻗어가는 중국 친환경 업체에 골고루 투자할 수 있는 상품입니다. 특히 중국은 개별 기업에 투자하기는 위험이 많이 따르는 시장입니다. 지난 2013년 당시 태양광 패널 1등 업체였던 중국의 썬텍이 부도가 나 퇴출되기도 했지요. 하지만 이렇게 ETF로 투자하면 장기간 성장하는 중국의 친환경 산업 큰 물결에 동참할 수 있습니다.

이 ETF는 글로벌 1위 태양광 인버터 생산기업인 선그로우, 태양광 웨이퍼 생산업체인 톈진중환반도체(Tianjin Zhonghuan Semiconductor), 글로벌 풍력터빈 제조사 골드윈드 등에 골고루 투자합니다.

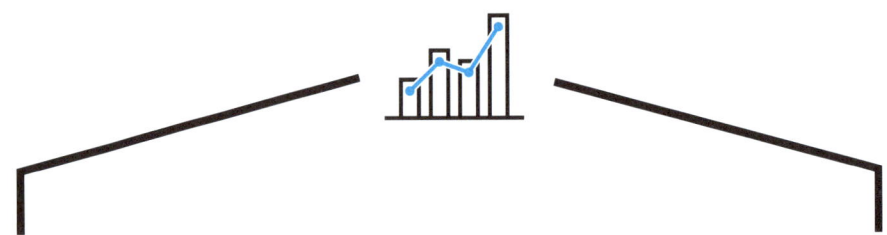

탄소배출권 ETF

온실가스 감축을 위한 노력

여러분은 탄소배출권에 대해 알고 계시나요? 탄소배출권을 풀이하면 탄소를 배출할 수 있는 권리이죠. 탄소는 지구온난화의 주범이니까 줄여야 맞는 것인데 배출할 수 있는 권리를 주다니 이게 무슨 일일까요.

탄소배출권은 온실가스 감축 방식을 가급적 시장의 틀 안에서 해결하자는 국가적 합의의 결과입니다. 국가별로 온실가스를 줄여야 하는 의무를 배정받고 만약에 이보다 더 온실가스를 배출하고 싶다면 글로벌 시장에서 온실가스를 배출할 수 있는 권리인 탄소배출권을 구매해 해결하라는 뜻입니다.

글로벌 탄소절감 노력은 개발을 이미 완료한 선진국이 이제 막 개발을 해야 하는 후진국에 의무를 떠넘기는 측면이 있습니다. 왜냐하면 지구온난화가 메인 이슈가 아니었던 시절 대다수 선진국은 눈치 볼 것 없이 온실가스

배출을 펑펑 해대며 산업을 발전시켜왔거든요. 개발도상국은 이제 공장을 돌리고 나라를 좀 발전시키려고 하는데 지구온난화를 이유로 경제성장 길이 막힌다면 불공평한 일이 되겠지요. 그래서 선진국들은 개도국에 온실가스 배출 저감시설을 설치하고 태양광발전소를 지어주는 대가로 탄소배출권을 획득하는 식으로 불공평함을 상쇄하는 여러 장치를 걸어두었습니다. 또 개별 기업도 탄소배출을 줄일 수 있는 친환경 공법을 도입해 획기적으로 온실가스 배출을 줄인다면 탄소배출권을 가져갈 수 있게 제도의 룰을 만들었습니다. 인센티브가 있어야 노력을 하는 법이니까요. 그리고 탄소배출권은 글로벌 플랫폼을 통해 실시간 거래할 수 있습니다. 탄소배출권 자체가 하나의 돈이 되는 것입니다.

글로벌 전역에서 탄소절감 노력이 더해지고 규제가 빡빡해질수록 탄소배출권 가격은 올라가는 구조입니다. 세계 각국이 기후변화 위기에 적극 대응하면서 탄소배출권 가격은 t당 80유로를 돌파하면서 사상 최고치를 기록하기도 했습니다.

과거 탄소배출권은 특정 플랫폼을 통해 기업과 기업이 거래하는 방식이었지만 이제는 개인도 탄소배출권에 투자할 수 있게 되었습니다. 탄소배출권 ETF가 다수 상장되었기 때문입니다.

탄소배출권 ETF 상품들

한국에서 탄소배출권 ETF가 상장된 것은 2021년 9월입니다. 신한자산운용, NH아문디자산운용, 삼성자산운용 등 3개사에서 탄소배출권 ETF 4종을 한꺼번에 출시했습니다. 유럽이나 미국의 글로벌 탄소배출권 장내파생

상품을 투자 대상으로 삼는 상품입니다.

상품을 보면 크게 둘로 나눌 수 있는데 삼성자산운용에서 출시한 KODEX 유럽탄소배출권선물ICE(H) ETF와 신한자산운용의 SOL 유럽탄소배출권선물S&P(H) ETF를 묶을 수 있습니다. SOL 글로벌탄소배출권선물IHS(합성) ETF와 HANARO 글로벌탄소배출권선물ICE(합성) ETF를 다른 하나로 묶을 수 있지요.

이름에서 짐작할 수 있듯이 '유럽'이 들어간 앞 2개의 상품은 유럽 탄소배출권에 투자하는 상품입니다. 나머지는 글로벌 탄소배출권에 투자합니다. 좀 더 자세하게 말한다면 '유럽'이 들어간 상품은 유럽 탄소배출권 거래소에서 거래되는 탄소배출권 가격을 추종합니다. '글로벌'이 들어간 상품은 유럽 외에 미국 캘리포니아, 미국 북동부 거래소 배출권을 함께 취급하는 특성이 있습니다.

• 탄소배출권 선물 가격 추이

탄소배출권 ETN 상품들

ETN 시장에서도 탄소배출권에 투자하는 상품을 찾을 수 있습니다. 미래에셋 S&P 유럽탄소배출권 선물 ETN과 메리츠 S&P 유럽탄소배출권 선물 ETN(H), 메리츠 S&P 유럽탄소배출권 선물 ETN, TRUE S&P 유럽탄소배출권 선물 ETN(H)이 주인공입니다. 환율 헷지를 했느냐, 그렇지 않느냐 차이만 있을 뿐 동일한 성격을 가진 상품입니다.

참고로 왜 이렇게 유럽탄소배출권에 투자하는 상품이 많은지 의문을 가지는 분도 있으실 것 같습니다. 탄소배출권 거래를 주도하는 곳이 유럽이니까 그렇습니다. 유럽연합(EU)은 2050년까지 EU를 탄소중립 대륙으로 만든다는 목표를 내걸고 고강도 탄소감축 드라이브를 걸고 있습니다. 유럽이 글로벌 탄소배출권 시장에서 차지하는 비중이 90%가 넘습니다.

반면 미국의 경우 오일 산업이 발달한 국가 특성상 EU에 비해 탄소배출권을 바라보는 국가적 시선에 찬반이 섞여 있는 게 현실이죠. 도널드 트럼프 대통령 시절에 미국이 파리기후협약에서 탈퇴한 것도 같은 맥락입니다.

다만 탄소배출권에 투자할 때는 변동성을 조심해야 합니다. 탄소배출권에 대한 수요가 중장기 상승하는 것은 확실합니다. 글로벌 탄소규제는 점점 촘촘해지고 탄소감축 의무 할당량은 올라갈 것입니다. 하지만 일시적으로 투기 수요가 몰려 탄소배출권 가격에 거품이 낀다면 가격은 출렁일 수 있습니다.

그 외 그린 산업 ETF

그린 산업에 투자하는 기후변화솔루션 ETF

이외 그린 산업에 투자하는 상품으로 2021년 상장된 기후변화솔루션 ETF를 추가로 거론할 수 있을 듯합니다. 미래에셋자산운용의 TIGER KRX 기후변화솔루션 ETF, 삼성자산운용의 KODEX KRX기후변화솔루션 ETF, KB자산운용의 KB STAR KRX기후변화솔루션 ETF, NH아문디자산운용의 HANARO KRX기후변화솔루션 ETF, 신한자산운용의 SOL KRX기후변화솔루션 ETF 등 5종의 ETF입니다.

이들 ETF는 모두 한국거래소에서 산출하는 'KRX 기후변화솔루션 지수'를 기초지수로 하는 패시브 ETF입니다. 따라서 같은 상품이라 봐도 무방합니다.

KRX 기후변화솔루션 지수는 저탄소 전환점수 상위종목 20개와 저탄

● **기후변화솔루션 ETF 주식 비중** 기준: 2022.01.14

구성종목(구성자산)	주식수(계약수)	구성비중
한화솔루션	2,006	7.75%
삼성전자	951	7.27%
LG화학	100	7.08%
삼성SDI	105	6.71%
현대차	305	6.30%
에코프로비엠	137	5.86%
기아	538	4.46%
POSCO	148	4.37%
현대모비스	148	3.74%
LG전자	244	3.52%

소 특허점수 상위종목 20개를 추려 40개 종목에 투자합니다.

    2022년 초 기준으로 한화솔루션, 삼성전자, LG화학 등이 포트폴리오 상단에 자리 잡고 있습니다. 구성종목을 보면 짐작할 수 있지만 이 ETF는 친환경 산업에만 투자하는 ETF로 보기에는 한계가 있습니다.

    앞서 설명한 종목 선택 기준 중에 저탄소 특허점수 상위종목 20개를 편입하는 룰 때문인 것으로 분석됩니다. 저탄소 전환점수가 높은 기업인 점을 인정받아 포트폴리오에 들어간 종목은 에코프로비엠, 삼성SDI, 한화솔루션 등 친환경 산업에서 실제 매출을 올리는 기업이 대다수입니다. 하지만 저탄소 특허점수가 높은 기업으로 꼽힌 기업들은 삼성전자, SK하이닉스, LG전자,

POSCO 등 친환경 산업과 거리가 멀어 보이는 기업도 꽤 존재합니다. 이들을 편입한 이유는 저탄소 관련 특허를 보유해 향후 기후변화 문제를 해결하는 데 도움이 될 것으로 기대하기 때문인데, 종목 선택 기준이 다소 추상적이기 때문에 친환경 테마가 불어 관련 주식이 오를 때 이들 종목이 함께 상승한다는 보장이 없습니다. 따라서 코스피 대형 종목을 기반으로 친환경 산업 종목 일부를 편입한 '하이브리드 ETF'로 바라보는 게 좋겠습니다.

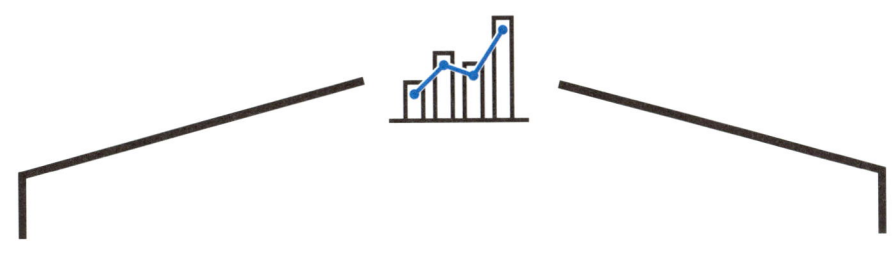

ESG ETF의 허와 실

ESG는 거부할 수 없는 글로벌 흐름

친환경 산업 관련 ETF를 소개하면서 ESG ETF를 빼놓을 수는 없겠지요. ESG는 기업의 비재무적 요소인 환경(Environment)·사회(Social)·지배구조(Governance)를 뜻합니다. 예전에는 '모로 가든 서울만 가면 된다'며 돈만 잘 버는 기업이 최고라는 생각이 강했지만, 이제는 환경오염 줄이기에 힘쓰고, 사회적 책임을 다하며, 지배구조 개선에도 힘쓰는 기업을 대우해야 한다는 철학이 바탕에 깔리고 있습니다.

'ESG를 강조하는 기업이 돈을 잘 버는 기업이냐'는 질문을 놓고는 다소 의견이 엇갈리고 있습니다. 당위적으로 ESG에 깔린 여러 철학을 감안해서 기업 운영을 해야 한다는 '대의'는 모두 공감하지만, ESG를 잘 지킨다고 기업 성과가 올라가서 궁극적으로 주가가 올라갈 수 있느냐는 전혀 다른 얘기입니다.

하지만 막대한 자금을 바탕으로 돈을 굴리는 글로벌 국부펀드들이 ESG에 입각한 투자를 확대하고 있어 투자에서 ESG를 고려하지 않을 수 없는 세상이 되었습니다. 국부펀드들이 ESG 원칙에 어긋나는 회사에 투자하지 않겠다는 방침을 고수하면 ESG를 잘 지키는 기업들이 반사이익을 볼 수 있거든요. 그리고 ESG의 'E' 요소는 친환경 산업을 영위하는 기업으로 해석할 수 있어 전기차·풍력·태양광 산업과 밀접한 관련도 있고요.

증시에는 ESG를 표방한 다양한 ETF가 있습니다. 예를 들어 브이아이자산운용이 내놓은 FOCUS ESG리더스 ETF를 예로 들어보겠습니다. 이

● FOCUS ESG리더스 ETF 주식 비중   기준: 2022.01.14

구성종목(구성자산)	주식수(계약수)	구성비중
KB금융	138	1.54%
LG이노텍	22	1.51%
SK이노베이션	32	1.51%
우리금융지주	556	1.49%
신한지주	205	1.44%
현대글로비스	42	1.31%
하나금융지주	157	1.30%
삼성화재	33	1.29%
POSCO	24	1.29%
현대모비스	28	1.28%

ETF는 'KRX ESG Leaders 150 지수'를 추종하는데, 이 지수는 한국기업지배구조원의 ESG 평가기준에 따라 우수종목으로 평가된 150개 종목을 구성종목으로 합니다. 그런데 한국기업지배구조원의 ESG 우수종목이 돈을 잘 벌거나, 주가를 부양할 만한 이벤트에 따라 결정되는 게 아니라는 한계가 있습니다. 즉 ESG 지표를 잘 받을 수 있는 여러 요인, 예를 들면 얼마나 환경경영에 힘썼는가, 주주총회에서 소액 주주들의 의견이 잘 반영되는가, 대주주를 효과적으로 견제할 수 있게 감사기구가 내실화되었는가에 따라 종목 선택 여부가 결정된다는 얘기입니다.

이런 규준을 잘 지키는 기업이 훌륭한 기업이라는 데는 이견이 없겠지만, 앞서 설명해드린 대로 올바른 경영을 한다고 당장 돈을 잘 벌고 주가가 뜰 수 있겠느냐는 좀 다른 얘기입니다. 이 ETF는 2022년 초 기준 KB금융, LG이노텍, 우리금융지주, 현대글로비스 등에 종목별 비중 2% 미만을 유지한 채 포트폴리오를 펼치고 있습니다.

투자목적으로서의 ESG는 신중하게 접근해야

그 외에 다양한 ESG ETF 역시 ESG 투자목적으로 활용하기엔 좀 아쉬운 측면이 있습니다. 예를 들어 KBSTAR ESG사회책임투자 ETF의 경우 KRX ESG 사회책임경영지수를 따르는데 2022년 초 기준 삼성전자 비중이 25%가 넘습니다.

그 뒤를 SK하이닉스, NAVER, 현대차, 기아, 현대모비스가 차지해 사실상 코스피200 ETF와 수익률 측면에서 도드라진 차이를 보이기 힘든 상황입니다. KODEX 200ESG ETF도 별반 다르지 않은데 2021년 말 기준 삼성전

• **KBSTAR ESG사회책임투자 ETF 주식 비중** 기준: 2022.01.14

구성종목(구성자산)	주식수(계약수)	구성비중
삼성전자	2,398	28.35%
SK하이닉스	784	15.41%
기아	352	4.51%
카카오	301	4.32%
현대모비스	90	3.52%
KB금융	336	3.20%
SK이노베이션	72	2.90%
POSCO	61	2.79%
신한지주	388	2.33%
엔씨소프트	26	2.32%

자 비중이 25%를 넘고 그 뒤를 SK하이닉스, NAVER, 카카오, 삼성SDI 등이 차지합니다.

　TIGER MSCI KOREA ESG유니버설 ETF도 2022년 초 기준 삼성전자를 20% 넘게 들고 있고 그 뒤를 NAVER, SK하이닉스, 카카오, LG화학, 삼성전자우 등으로 채웠습니다.

　삼성전자 비중의 차이만 보자면 TIGER MSCI KOREA ESG리더스 ETF 정도가 좀 차별화된 상품이라 볼 수 있는데요. 2022년 초 기준으로 삼성전자 비중은 미미하고 SK하이닉스, NAVER를 10% 넘게 들고 있습니다. 그 뒤를 카카오, 삼성SDI, LG화학 등이 차지하고 있습니다.

• **TIGER MSCI KOREA ESG리더스 ETF 주식 비중**　　　　　기준: 2022.01.14

구성종목(구성자산)	주식수(계약수)	구성비중
SK하이닉스	428	16.65%
NAVER	97	10.04%
삼성SDI	43	8.42%
LG화학	36	7.80%
카카오	244	6.93%
KB금융	310	5.84%
신한지주	344	4.09%
LG전자	83	3.67%
SK이노베이션	40	3.19%
삼성전기	44	2.50%

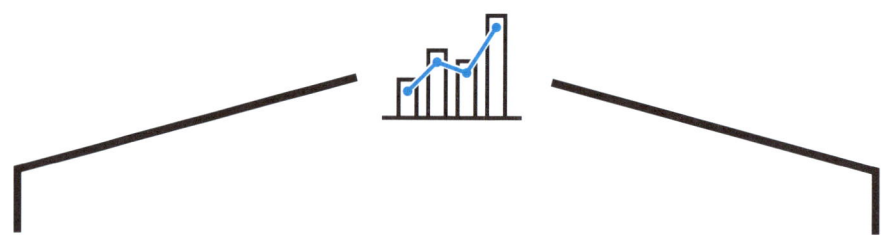

메타버스 ETF

코로나19 사태로 급성장하는 메타버스 시장

2021년 10월 세계 최대 SNS 기업인 페이스북이 사명을 '메타(Meta)'로 바꾼 것은 상징적인 사건이었습니다. 페이스북은 향후 메타버스 중심 기업이 되겠다고 선언하며 회사 이름을 바꿔버렸죠.

페이스북은 지난 2014년 VR 기업 오큘러스를 20억 달러에 매입했고 2019년에는 VR 기반 SNS 플랫폼 '호라이즌'의 베타 서비스에 들어가며 메타버스 기업이 되기 위한 변신을 차곡차곡 진행했습니다. 사명을 메타로 변경하자마자 VR 운동 앱 '슈퍼내추럴'을 개발한 위딘(Within)을 인수하며 의지를 드러내기도 했지요. 페이스북의 변화와 맞물려 글로벌 시장에도 메타버스 열풍이 불었습니다. 메타버스(Metaverse)란 무엇일까요?

메타버스는 현실세계와 융합된 3차원 가상세계를 뜻합니다. 과거 가상현실(VR), 증강현실(AR) 등 기술을 기반으로 한 새로운 시도가 활발했죠. 메타버스는 이런 기술을 총집결시켜 가상의 환경으로 현실을 확장하는 것을 말합니다. 과거에도 이런 시도가 있었지만 기술 발전과 함께 MZ세대를 주축으로 이런 기술을 적극적으로 현실과 결합시키려 하는 시도가 나오며 메타버스의 중요성이 커졌습니다.

아무리 기술이 발전해도 사람들이 그것을 적극적으로 이용하지 않으려 한다면 의미가 없겠지요. 하지만 코로나19 여파로 현실세계 이동이 극히 제한되면서 새로운 사람을 만나서 사귀고 싶은 욕망이 가상공간으로 이동한 것이 메타버스가 각광받은 결정적인 계기가 되었습니다.

다만 인터넷이 처음 나왔던 1990년대 말처럼 메타버스로 누가 돈을 벌 수 있을지 아직은 확실하지 않다는 점에서 불확실성이 있습니다. 닷컴버블 당시 다수의 기업은 사업 목적에 경쟁적으로 '인터넷'을 추가했습니다. 인터

● **아마존 주가 추이**

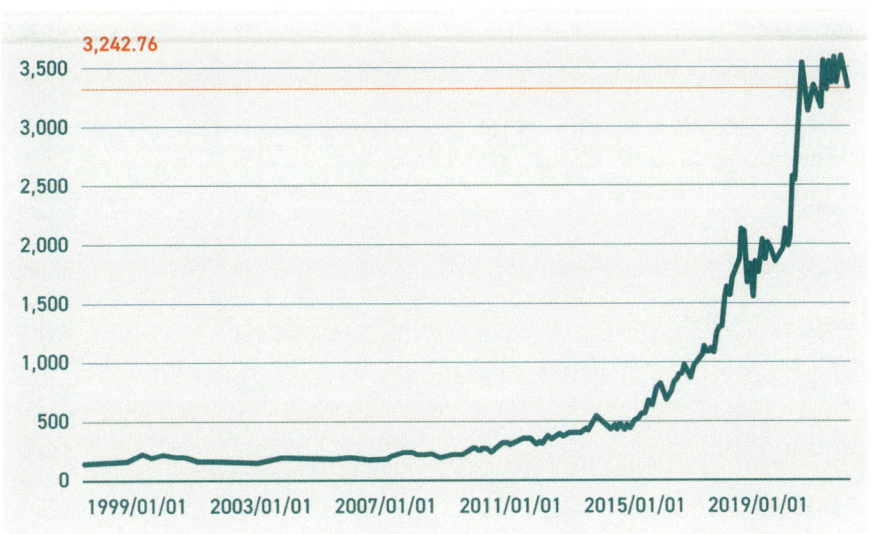

넷 사업에 진출한다는 발표만 나오면 주가가 급등하기도 했습니다.

하지만 이들 기업 중 안정적인 매출과 수익을 내며 살아남은 기업은 손에 꼽을 정도죠. 예를 들어 아마존의 경우 주당 7~8달러에 거래되던 주가가 단기 100달러 이상까지 치솟았다가 버블이 터지자 10달러까지 하락하기도 했죠. 하지만 아마존은 치열한 경쟁의 늪에서 살아남으며 주당 3000달러가 넘는 가격에 거래되고 있습니다.

개별 기업 투자보다는 ETF로 투자하는 것이 효과적

• TIGER Fn메타버스 ETF 주식 비중   기준: 2022.01.14

구성종목(구성자산)	주식수(계약수)	구성비중
LG이노텍	207	13.99%
LG디스플레이	2,737	11.57%
펄어비스	477	9.54%
NAVER	148	8.90%
하이브	171	8.54%
엔씨소프트	83	8.50%
카카오	483	7.97%
에스엠	452	5.42%
JYP Ent.	649	5.06%
위지윅스튜디오	588	3.30%

따라서 개별 기업 투자는 아직 위험하고 ETF 형태로 투자하는 것이 위험을 줄이는 지름길입니다. 한국 증시에도 TIGER Fn메타버스 ETF, KODEX K-메타버스액티브 ETF, KBSTAR iSelect메타버스 ETF, HANARO Fn K-메타버스MZ ETF 등 '메타버스 투자'를 표방한 다수의 상품이 있습니다.

메타버스가 아직 초기 개념인 만큼 '무엇이 진정한 메타버스 기업인가'에 대한 답을 찾는 과정이 상품마다 다릅니다. 이런 고민이 포트폴리오 구성에 녹아 있습니다. 2022년 초 기준 TIGER Fn메타버스 ETF는 LG이노텍, LG디스플레이, 펄어비스, NAVER, 하이브, JYP, 위지윅스튜디오 등이 높은 비중으로 담겨 있습니다.

위지윅스튜디오는 한국을 대표하는 컴퓨터 그래픽(CG) 및 시각 특수효과(VFX) 업체입니다. LG이노텍은 전체 매출 가운데 60~70%가 카메라 모듈 사업 부문입니다. 이 중 애플에 공급하는 물량도 상당하죠. 애플 역시 메타

● 국내외 메타버스 관련 기업 동향

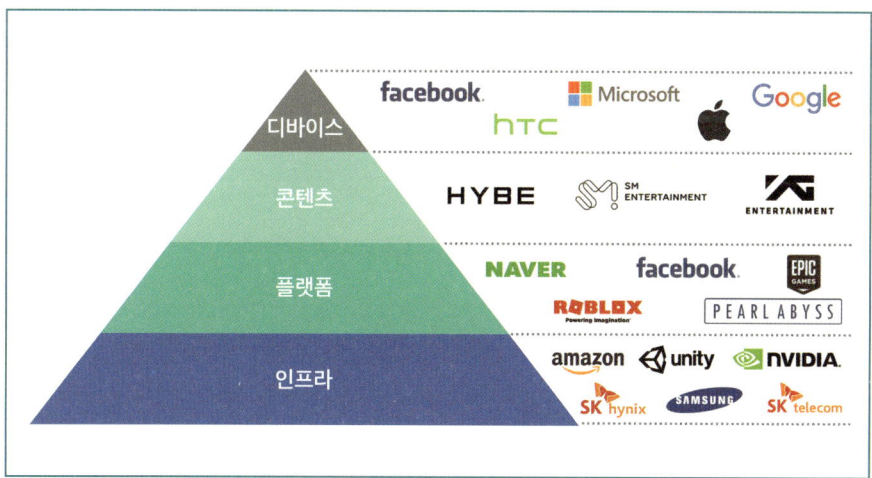

자료: 교보증권 리서치센터

버스 콘텐츠 구현을 위한 여러 가지 기기를 준비 중입니다. LG이노텍이 끈끈한 사업 파트너가 될 수 있습니다.

하이브는 BTS 소속사로 유명합니다. 메타버스 관련 신사업 투자를 발표하고 NFT(대체 불가능 토큰) 등 공격적인 투자에 나서고 있지요. BTS 등 소속 아티스트 IP(지식재산권)를 메타버스 콘텐츠로 가공할 가능성이 높습니다. TIGER Fn메타버스 ETF에 JYP, 와이지엔터테인먼트 등이 담겨 있는 이유죠. NAVER는 한국형 메타버스 플랫폼 '제페토'를 운영하고 있습니다.

KBSTAR iSelect메타버스 ETF도 비슷한 종목 선택을 보이고 있습니다. 2022년 초 기준 이 ETF에는 LG이노텍, 하이브, 에스엠, NAVER, 카카오 비

● **KBSTAR iSelect메타버스 ETF 구성종목** 기준: 2022.01.14

구성종목(구성자산)	주식수(계약수)	구성비중
LG이노텍	136	9.28%
펄어비스	446	9.00%
하이브	150	7.56%
위메이드	283	6.88%
에스엠	454	5.49%
제이콘텐트리	520	5.22%
컴투스홀딩스	161	4.57%
아프리카TV	169	4.54%
NAVER	73	4.43%
JYP Ent.	523	4.12%

중이 높습니다.

    KODEX K-메타버스액티브 ETF는 이름에 알 수 있듯 액티브 ETF를 표방하고 있습니다. 메타버스 개념이 아직 초창기라 그 실체를 정확하게 판단하기 힘들다는 점에서 펀드매니저가 바라보는 메타버스 기업에 대한 시각이 도드라지게 보일 수 있는 상품이라 할 수 있습니다. 2022년 초 기준 펄어비스, 위메이드, 하이브, 아프리카TV 등이 담겨 있습니다.

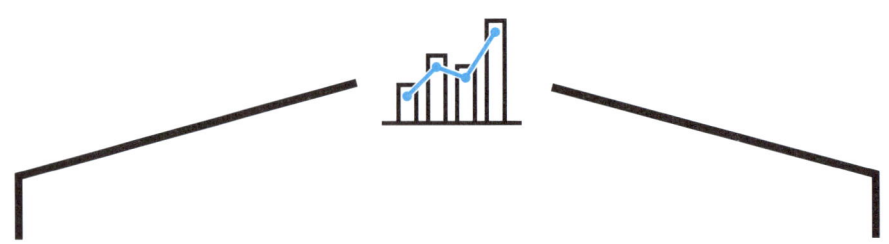

〈오징어 게임〉과 K-POP에 투자하려면

전 세계를 강타하는 '메이드 인 코리아'의 위력

2021년을 강타한 넷플릭스 시리즈 〈오징어 게임〉은 한국 드라마에 대한 관심을 세계적인 수준으로 끌어올리는 계기가 되었습니다. 〈오징어 게임〉은 넷플릭스 공식 집계상 무려 94개국에서 1위를 차지하며 대박 스토리를 썼습니다. 〈오징어 게임〉을 2위로 밀어낸 것도 한국 드라마 〈지옥〉이었습니다. 〈지옥〉은 '제2의 오징어 게임'으로 불리며 장기 흥행 랠리를 펼쳤죠. 이같이 한국 콘텐츠의 저력은 전 세계를 강타하고 있습니다.

한국이 콘텐츠 분야에서 맹위를 떨치는 것은 비단 드라마뿐이 아닙니다. 2020년 〈다이너마이트(Dynamite)〉로 한국 가수 사상 최초로 빌보드 싱글 차트 1위를 차지한 BTS는 이후로도 〈라이프 고즈온(Life Goes On)〉, 〈버터(Butter)〉 등으로 히트 랠리를 펼치며 케이팝(K-POP)의 위용을 과시하고 있습

● 블랙핑크

자료: 유튜브

니다. 이 중 버터는 빌보드 싱글 차트 1위를 무려 10주간 차지하기도 했죠.

또 다른 케이팝 그룹 블랙핑크(BLACKPINK)는 2021년 9월 아리아나 그란데, 에미넴, 에드 시런, 마시멜로, 저스틴 비버 등 쟁쟁한 글로벌 스타들을 차례로 제압하며 전 세계 아티스트 중 유튜브 최다 구독자 1위에 올라섰습니다. 그해 11월 28일에는 공식 유튜브 채널 구독자 수가 7000만 명을 돌파하며 전 세계 모든 아티스트를 통틀어 최초·최다 기록을 세웠죠.

TIGER 미디어 콘텐츠 ETF '메이드 인 코리아', '메이드 바이 코리아' 콘텐츠가 흥행하며 우리에게 돈을 벌어주는 ETF도 있습니다. 대표적으로 TIGER 미디어 콘텐츠 ETF를 거론할 수 있습니다.

• TIGER 미디어 콘텐츠 ETF 주식 비중   기준: 2022.01.14

구성종목(구성자산)	주식수(계약수)	구성비중
에스엠	400	10.32%
CJ ENM	195	9.95%
JYP Ent.	589	9.89%
하이브	91	9.77%
스튜디오드래곤	287	9.42%
위지윅스튜디오	562	6.79%
와이지엔터테인먼트	343	6.38%
CJ CGV	613	5.64%
제이콘텐트리	253	5.41%
덱스터	502	4.67%

이 상품은 'WISE 미디어 콘텐츠 지수'를 기초지수로 삼아 연 4회 종목 정기변경을 실시하는 펀드입니다. 2022년 초 기준으로 에스엠, CJ, ENM, JYP, 하이브, 위지윅스튜디오, 스튜디오드래곤, 와이지엔터테인먼트, 덱스터 등에 골고루 투자하고 있습니다. 이 중 스튜디오드래곤은 〈빈센조〉, 〈갯마을 차차차〉, 〈어사와 조이〉 등 인기 드라마를 만든 제작사입니다. CJ ENM은 2021년 말 영화 〈라라랜드〉 제작사로 유명한 미국의 콘텐츠 제작 스튜디오 엔데버 콘텐트를 약 9200억 원에 인수하는 통 큰 행보를 보였습니다. 스튜디오드래곤 역시 CJ ENM의 자회사이기도 합니다.

덱스터는 시각 특수효과 전문 기업으로 영화나 드라마, 광고 영상 전반의 시각 효과를 제공하는 업체입니다. 영화 〈국가대표〉와 〈신과함께〉 등을 연출한 김용화 감독이 설립한 회사인데 영상에서 쓰이는 VR과 AR 기술이 메타버스에도 통용되는 것이라 각광받는 회사입니다.

HANARO Fn K-POP&미디어 ETF HANARO Fn K-POP&미디어 ETF는 아예 케이팝을 상품명 전면에 내걸었습니다. 하이브, CJ, ENM, JYP, 위지윅스튜디오, 스튜디오드래곤, 와이지엔터테인먼트 등을 포트폴리오에 담았습니다.

● **KODEX Fn 웹툰&드라마 ETF 주식 비중** 기준: 2022.01.14

구성종목(구성자산)	주식수(계약수)	구성비중
CJ ENM	1,035	16.20%
NAVER	365	14.49%
카카오	1,191	12.98%
스튜디오드래곤	1,058	10.66%
위지윅스튜디오	2,062	7.65%
제이콘텐트리	884	5.81%
덱스터	1,837	5.24%
자이언트스텝	730	4.28%
초록뱀미디어	13,568	4.24%
NEW	1,631	2.64%

KODEX Fn 웹툰&드라마 ETF　　삼성자산운용이 운용하는 KODEX Fn 웹툰&드라마 ETF도 주목할 만합니다. 이 상품은 웹툰과 드라마를 만드는 회사에 주로 투자하는 것을 운용 철학으로 삼은 ETF입니다. 유명세를 떨친 웹툰이 드라마로 제작되어 흥행하는 사례가 많이 나오고 있습니다. 그래서 이 둘을 동시에 투자 대상으로 삼은 것입니다. NAVER, 카카오를 비롯한 웹툰 플랫폼 기업과 스튜디오드래곤, CJ, ENM, 덱스터 등을 비중 있게 편입하고 있습니다.

이들 ETF 포트폴리오에는 '초록뱀미디어'라는 회사 이름도 자주 등장합니다. 인기 드라마 〈펜트하우스〉를 만든 드라마제작사로 유명한 곳입니다. 〈올인〉, 〈주몽〉, 〈불새〉, 〈추노〉, 〈프로듀사〉, 〈또 오해영〉 등도 모두 초록뱀미디어의 작품이었습니다.

그런데 초록뱀미디어는 2021년 총 1100억 원에 달하는 유상증자를 받아 콘텐츠 NFT 사업과 메타버스 사업 등에 적극 뛰어든다고 밝힌 바 있습니다. 인기 드라마나 인기 연예인을 보유한 기업은 고유의 IP를 기반으로 사업 다각화를 할 여지가 많습니다. 연예인 IP로 NFT를 발행하면 바로 주목을 끌고 인기 캐릭터를 활용해 가상공간을 꾸미면 메타버스 플랫폼 자산이 됩니다.

그래서 메타버스나 NFT, 드라마, 콘텐츠 기업들 활동반경이 하나로 수렴되는 경향을 찾아볼 수 있습니다. 앞으로 관련 ETF 포트폴리오를 분석할 때 참고하시면 많은 도움이 될 것입니다.

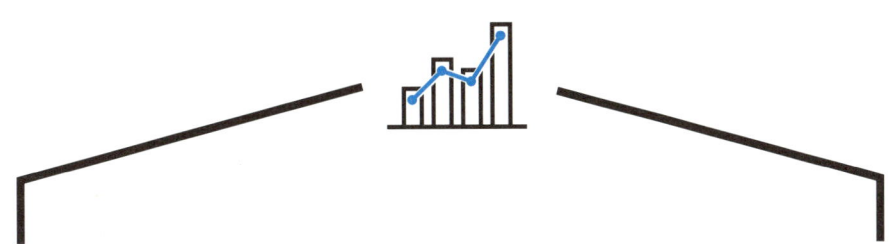

한국 주력 산업 반도체에 투자하는 ETF

더욱 확대되는 반도체 시장에의 투자

2021년 11월 한국의 수출액은 604억 4000만 달러를 기록해 월간 기준으로 처음 600억 달러를 넘는 신기록을 썼습니다. 일등공신은 반도체였습니다. 반도체는 전년 동기보다 무려 40.1%나 증가해 120억 4000만 달러 수출로 전체 19.92%를 차지했죠.

반도체는 단연 한국의 주력 산업입니다. 메모리반도체 낸드플래시 시장에서 1위는 삼성, 3위는 SK하이닉스입니다. 2021년 3분기 기준 삼성이 34.5%의 점유율을, SK하이닉스가 13.5%를 기록하고 있지요. 두 회사를 합친 점유율이 거의 과반에 달합니다. D램 시장만 보면 두 회사 점유율은 70%가 넘습니다.

비록 팹리스(반도체 설계)와 파운드리(위탁생산) 위주의 비메모리 시장으로 넘어가면 얘기가 달라지지만, 삼성전자와 SK하이닉스는 이 시장에서도 성장하기 위해 갖은 노력을 다하고 있습니다. 2021년 기준 파운드리 사업에서 차지하는 삼성전자 점유율은 17% 정도이지만 2030년까지 130조 원을 투자하겠다는 전략으로 절대강자인 TSMC(54%)를 잡겠다는 복안입니다.

2021년 말에는 이재용 삼성전자 부회장이 미국에 출장을 가서 미국에 건설하는 제2파운드리 공장 부지로 텍사스주 테일러시를 확정하기도 했죠. 건설과 설비 등 예상 투자 규모는 170억 달러(약 20조 원)에 달하는데 이는 삼성전자의 미국 투자 중 역대 최대 규모였습니다.

빅데이터·AI·메타버스 세상이 되면서 반도체에 대한 중요성은 더욱 강조되고 있습니다. 확장현실(XR), 가상현실(VR), 증강현실(AR) 등을 구현하기 위해선 더 많은 반도체가 쓰일 수밖에 없습니다. 한국 반도체의 수익성과 성장성에 베팅하고 싶다면 반도체 ETF에 투자하면 됩니다. 삼성전자, SK하이닉스 등 코스피 대형주는 물론 반도체 경기가 상승하면 주가가 따라 오르는 다양한 반도체 관련 중견기업으로 포트폴리오를 짠 상품이 많습니다.

KODEX 반도체 ETF 예를 들어 KODEX 반도체 ETF를 보겠습니다. 2022년 초 기준 이 ETF에는 SK하이닉스, DB하이텍, 리노공업, 원익IPS, LX세미콘 등 주식이 담겨 있습니다. 반도체 주식 공부를 하지 않은 일반인이 삼성전자와 SK하이닉스 외에 반도체 관련 주식에 뭐가 있는지 알기란 쉽지 않죠. 하지만 삼성자산운용 전문가가 만들어놓은 KODEX 반도체 ETF에 투자하면 따로 공부할 필요 없이 핵심주를 골라 쉽게 투자할 수 있는 것입니다.

DB하이텍은 파운드리와 비메모리반도체를 조립해 판매하는 종합반도체 기업입니다. 글로벌 팹리스(공장이 없는) 고객사가 설계한 마이크로컨트롤러유닛(MCU), 디스플레이구동칩(DDI), 이미지센서(CIS) 등 반도체를 위탁생

• KODEX 반도체 ETF 주식 비중　　　　　　　　　　　기준: 2022.01.14

구성종목(구성자산)	주식수(계약수)	구성비중
SK하이닉스	3,062	20.19%
DB하이텍	1,955	8.48%
리노공업	552	5.29%
LX세미콘	607	4.55%
원익IPS	1,833	3.73%
고영	3,062	3.28%
이오테크닉스	467	2.85%
심텍	1,172	2.73%
티씨케이	364	2.59%
주성엔지니어링	1,963	2.38%

산합니다. 최근에는 전기차, 5G 이동통신, 인공지능(AI) 등에서 수요가 크게 늘고 있는 전력반도체 시장 진출을 선언했습니다. 반도체 호황기에 이익이 크게 늘 수 있는 회사 체질을 갖추고 있습니다.

　　리노공업은 반도체 검사용 핀과 소켓을 생산하는 업체입니다. 이 분야에서 독보적인 기술력을 갖춘 것으로 평가됩니다. 비메모리 분야 고객사가 신제품을 개발할 때 아예 처음부터 리노공업과 협업에 나설 정도입니다. 최근 반도체 시장은 AR, VR 등 새로운 수요에 대응하는 새로운 반도체 제품 개발이 한창입니다. 특히 비메모리 부분은 다품종 소량생산 체제입니다.

　　새로운 칩에 대한 수요가 늘어 새 제품이 출시되면 이것을 테스트하기 위한 소켓과 핀 수요도 늘어납니다. 그래서 리노공업의 비즈니스 모델이 주목받는 것입니다.

원익IPS는 반도체와 장비를 생산하는 업체입니다. 반도체를 만드는 업체들이 생산능력을 늘리려면 장비를 추가로 사야겠지요. 그것을 원익IPS 같은 장비회사에 주문하는 구조입니다. 주요 거래처인 삼성전자는 반도체 분야 주도권을 놓치지 않기 위해 막대한 투자를 집행하고 있습니다. 그 투자금의 일부가 원익IPS에 흘러가는 것으로 볼 수 있습니다.

LX세미콘은 디스플레이 패널이 돌아가게 하는 핵심 부품을 설계하는 전문(팹리스) 회사입니다. 반도체 설계업체 중에서는 대한민국 매출 1위, 영업이익 1위를 달리고 있습니다. TIGER 반도체 ETF도 KODEX 반도체 ETF와 같은 구조로 설계되어 있으니 참고하시기 바랍니다.

TIGER Fn반도체TOP10 ETF TIGER Fn반도체TOP10 ETF는 삼성전자, SK하이닉스 등 코스피 대형주 비중을 좀 더 늘린 ETF로 보시면 됩니다. 이 상품은 'FnGuide 반도체 TOP10 지수'에 따라 운용합니다. 반도체 업종에 속하는 시가총액 상위 10종목을 찍어 상위 2개 종목은 25%의 비중으로 가져가고 나머지 8개 종목은 나머지 50% 비중을 시총 비중에 따라 나눠서 투자하는 구조입니다.

이런 구도라면 상위 2개 종목은 볼 것도 없이 삼성전자와 SK하이닉스가 됩니다. 2022년 초 기준 나머지 종목 중에 DB하이텍, 리노공업, 원익IPS, LX세미콘 등의 비중이 높습니다.

HANARO Fn K-반도체 ETF HANARO Fn K-반도체 ETF도 대형주 투자 비중이 높습니다. 삼성전자와 SK하이닉스 비중이 각각 20%가 넘고 삼성전기 비중도 10% 중반대에 달합니다. 그 외 LG이노텍, SKC, 한솔케미칼,

DB하이텍 등을 담고 있습니다.

반도체 중에서 시스템반도체에 주로 투자하는 상품도 있습니다. D램이나 낸드플래시 등 메모리반도체는 정보 저장이 목적이죠. 대규모 설비투자에 의존해 소품종 대량생산이 기본 논리입니다. 삼성전자와 SK하이닉스가 글로벌 시장을 장악하고 있다고 말씀드렸지요. 반면 비메모리인 시스템반도체는 정보 처리가 주목적으로 CPU나 AP가 여기에 해당합니다. 다품종 소량생산 체제로 설계 인력 중심 기술집약적인 상품이고, 메모리반도체가 수요 변화에 민감한 것과 달리 비교적 꾸준한 수요가 큰 변동 없이 이어진다는 특성이 있습니다. 게다가 AI, 메타버스 시대에는 메모리반도체보다 시스템반도체가 더 각광받게 될 것이란 분석이 나옵니다.

KODEX Fn시스템반도체 ETF KODEX Fn시스템반도체 ETF는 한국에 상장된 반도체 종목 중 시스템반도체 분야에 주로 투자하는 상품이라 볼 수 있습니다.

2022년 초 기준 삼성전자 비중이 20%가 넘고 한솔케미칼, DB하이텍, 리노공업, 원익IPS, LX세미콘, 솔브레인 등 비중이 높습니다. 한국 반도체의 대표 주자 중 하나인 SK하이닉스 이름이 빠져 있는 것을 확인할 수 있는데요. SK하이닉스는 메모리반도체의 강자이지만 비메모리 분야에서는 경쟁력이 약합니다. 삼성전자도 메모리반도체에서 수익의 다수를 내고 있지만 앞서 설명해드린 대로 시스템반도체 분야에서 성과를 내기 위해 애쓰고 있지요. 이 같은 잠재력을 인정받아 KODEX Fn시스템반도체 ETF에서 삼성전자는 높은 비중으로 편입했지만 SK하이닉스는 그렇게 하지 않은 것으로 보입니다.

한솔케미칼은 2차전지 ETF를 설명할 때도 나오는데요. 매출을 크게 반도체 소재, 디스플레이 소재, 2차전지 소재 세 부문으로 나눌 수 있습니다.

• KODEX Fn시스템반도체 ETF 주식 비중   기준: 2022.01.14

구성종목(구성자산)	주식수(계약수)	구성비중
삼성전자	3,231	24.69%
DB하이텍	1,335	11.15%
한솔케미칼	332	8.66%
리노공업	372	6.87%
LX세미콘	410	5.93%
동진쎄미켐	1,256	5.05%
원익IPS	1,199	4.70%
솔브레인	158	3.96%
이오테크닉스	315	3.71%
한미반도체	818	3.00%

반도체 분야에서는 반도체용 과산화수소를 주로 만듭니다. 솔브레인은 식각액, 세정액 등 반도체 핵심 공정에 들어가는 화학 재료를 만드는 회사입니다.

KBSTAR 비메모리반도체액티브 ETF KBSTAR 비메모리반도체액티브 ETF도 비메모리반도체 분야에 주로 투자하는 상품입니다. 2022년 초 기준 DB하이텍, 삼성전자, 리노공업, LX세미콘, 이오테크닉스 등 기업이 포트폴리오에 들어 있습니다.

이오테크닉스는 대표적인 비메모리 분야 반도체 장비기업으로 꼽힙니다. 반도체용 레이저 마킹 장비가 캐시카우인데 이 분야 국내 시장점유율은 90%를 웃돕니다. '레이저 마킹'이라 하면 어려워 보이지만 쉽게 설명하자면 반도체 제품에 고성능 레이저를 통해 회사명, 제품번호와 같은 정보를 적는 기술입니다. 반도체 같은 미세한 제품에 글씨를 새겨야 하니 레이저를 다루는 솜씨가 매우 정밀해야겠죠. 이오테크닉스는 이 같은 기술력을 기반으로 반도체 웨이퍼 절단 등 신기술을 개발하고 있습니다.

ETF를 통해 미국 반도체 시장에도 투자할 수 있습니다. 삼성자산운용의 KODEX 미국반도체MV ETF와 미래에셋자산운용의 TIGER 미국필라델피아반도체나스닥 ETF를 사면 됩니다.

KODEX 미국반도체MV ETF KODEX 미국반도체MV ETF는 미국 증시에 상장한 글로벌 반도체 대표 기업 25개를 골라 투자하는 상품입니다. 반

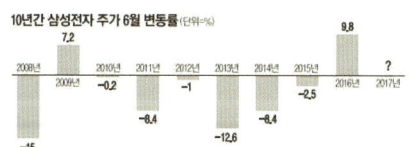
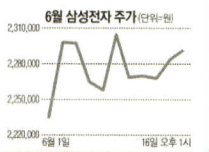

자료: 매일경제신문

도체 관련 매출 비중이 50% 이상인 글로벌 반도체 기업 가운데 산업 내 시가총액과 유동성 상위 25개 종목을 골라서 담는 특성을 가지고 있습니다. 반도체 파운드리 분야 글로벌 1위 업체인 TSMC와 종합반도체 회사 인텔, 메타버스·AI 시대를 맞아 각광받는 회사가 된 엔비디아는 물론 ASML 등 반도체 장비회사까지 골고루 들어 있습니다.

TIGER 미국필라델피아반도체나스닥 ETF TIGER 미국필라델피아반도체나스닥 ETF는 반도체 분야에서 가장 유명한 지수인 '필라델피아 반도체지수'를 기초지수로 하는 상품입니다. 신문 기사를 보시면 국내 삼성전자와 SK하이닉스 등 주가를 설명할 때 약방의 감초처럼 빠지지 않고 나오는 게 전일 미국장의 필라델피아 반도체지수입니다.

미국 반도체 투심을 그대로 반영하는 지수이기 때문에 이 지수가 오르면 SK하이닉스 등 한국 반도체 기업 주가는 그날 통상 오르게 되죠. 그리고 코스피에서 삼성전자와 SK하이닉스가 차지하는 비중이 워낙 높기 때문에 필라델피아 반도체지수가 크게 오르면 그날 코스피는 웬만하면 상승으로 장을 마감합니다.

필라델피아 반도체지수는 미국 증시에 상장된 종목 가운데 반도체 설계와 제조, 판매 사업을 벌이는 시가총액 상위 30종목으로 구성됩니다. 인텔, TSMC, 엔비디아, ASML, 퀄컴 등이 골고루 담겨 있습니다.

TIGER 차이나반도체FACTSET ETF 중국 반도체 시장에 투자하는 상품도 있습니다. TIGER 차이나반도체FACTSET ETF가 주인공입니다. 소재지가 중국 혹은 홍콩인 기업 중 반도체, 반도체 장비, 반도체 생산 및 조립 등 업무를 하는 중국계 기업 중 시가총액이 높은 상위 종목들을 담았습니다.

중국의 시진핑 주석은 반도체 자립에 목을 매고 있습니다. 반도체가 '산업의 쌀'로 불리는 데는 이유가 있습니다. 스마트폰, 자동차는 물론 무기, 우주 산업에 이르기까지 반도체가 없이 육성할 수 있는 산업은 없습니다. 미국과 무역분쟁을 벌이는 중국 입장에서 '반도체의 국산화'는 포기할 수 없는 과제입니다. 그래서 시진핑 주석은 반도체 자급률을 2025년까지 70%로 높인다는 계획 하에 2015년 이후 170조 원에 달하는 어마어마한 자금을 반도체 산업 육성에 쓰고 있습니다.

TIGER 차이나반도체FACTSET ETF는 이 같은 중국 정부 차원의 지원에 힘입어 수익률이 올라갈 수 있는 회사입니다. 하지만 미국에 맞서 중국이 야심 차게 육성하던 칭화유니가 2021년 디폴트를 선언하고 2020년 11월엔 중국 우한훙신(HSMC)이 자금난에 빠져 완전 국유화되는 등 시행착오를 겪고 있는 것도 현실입니다. 2015년 13%였던 중국의 반도체 자급률은 2020년 말에도 15.9% 수준에 불과하죠.

하지만 중국 반도체 시장 자체는 커질 수밖에 없는 만큼 ETF의 장점이 분산투자를 통해 중국 반도체 시장 전체에 투자하는 전략은 여전히 유효합니다. 이 ETF에는 화훙(HUA HONG)반도체, 항저우실란전자(HANGZHOU SILAN), 몬티지테크놀로지 등 기업이 담겨 있습니다.

항저우실란은 전력반도체 부문에서 중국 시장을 선도하고 있습니다. 전력반도체에 사용되는 6인치 이하 소형 웨이퍼 생산 규모는 세계 2위에 달합니다. 또 중국에서 몇 안 되는 종합반도체 기업이기도 합니다. 삼성전자나 SK하이닉스처럼 자체 기술로 반도체 설계부터 생산까지 모두 할 수 있는 회사죠. 몬티지테크놀로지는 2013년 나스닥에 상장한 후 2014년 중국 업체에 7억 달러에 인수된 업체입니다.

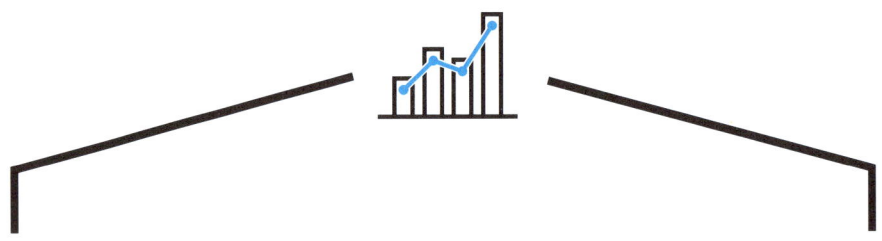

게임 ETF

게임 산업의 주가 상승을 이끄는 스토리와 P2E

2021년 이전 게임 산업은 비교적 산업을 분류하는 잣대가 단조로웠습니다. 새로 나온 신작이 얼마나 히트할 수 있느냐, 얼마나 많은 다운로드를 발생시키고 이를 통해 얼마나 많은 '현질'을 유도할 수 있느냐에 따라 주가의 향배가 결정되었습니다. 게임사가 보유한 IP에 대한 충성심이 얼마나 되느냐, 구글플레이·앱스토어 등을 통해 얼마나 많은 국가에 진출했느냐, 그 국가에서 게임 다운로드 순위가 어떻게 되느냐도 중요한 지표였습니다.

게임 산업이 전통의 굴뚝 산업과 차별화되는 것은 분명했지만 그래도 게임 산업만의 주가를 판별할 수 있는 잣대는 있었습니다. 하지만 2021년 이후 게임 산업을 바라보는 시선 자체가 달라지기 시작했습니다. 그러면서 게임 산업 주가 상승 상단이 열렸습니다. 어떤 스토리를 붙였느냐에 따라 게임사 주가 상승 스토리가 정당화되는 사례가 빈번해지기 시작했습니다. 심지어 게임을 하면서 아이템을 사느라 돈을 쓰는 게 아니라, 게임을 하면서 얻는 아이템으로 돈을 버는 일이 나오기 시작했습니다. 이른바 플레이투언(P2E)이란 개념입니다. 여기서 E는 '(돈을) 벌다'라는 뜻을 가진 'Earn'의 약자입니다. 시작은 베트남의 한 게임회사였습니다.

2018년 베트남에서 나온 스타트업 스카이마비스가 주인공인데요. 이 회사가 출시한 게임 '엑시 인피니티'가 P2E를 접목해 대박을 친 대표 사례입니다. 게이머는 게임을 하면서 캐릭터(엑시)를 수집하고, 전투 등을 통해 토큰(AXS, SLP)을 가질 수 있습니다. 획득한 캐릭터와 토큰은 온라인 시장(엑시 인피니티 마켓 플레이스)을 통해 공개적으로 판매할 수 있죠. 쉽게 말해 게임 머니를 진짜 돈으로 바꿀 수 있는 겁니다.

스카이마비스는 거래 투명성을 담보하기 위해 'NFT(대체 불가 토큰)'라는 개념을 게임에 접목했습니다. NFT를 쉽게 설명하면 온라인 그림의 '등기

자료: 스카이마비스

부등본'이라 볼 수 있습니다. 등기부등본을 떼보면 부동산 소유권이 어디에서 어디로 어떻게 넘어갔는지 세세하게 알 수 있죠. 게임 안에서의 아이템 거래를 NFT를 통해 하면 이와 유사한 상태를 만들 수 있습니다. 예를 들어 NFT가 적용이 안 된 게임에서 아이템을 거래한다고 해볼게요. A캐릭터가 B캐릭터를 죽여서 얻은 아이템을 들고 도망간 이후 이것을 현실세계의 C에게 현금을 받고 판다면 B캐릭터는 이 아이템이 원래 자기 것이었다고 주장하기는 쉽지 않겠죠.

하지만 NFT가 적용되면 사진·영상 등의 디지털 파일 형태가 블록체인상 기록돼 소유자가 확실히 명시되기 때문에 원소유자를 쉽게 찾을 수 있게 되는 겁니다. 이 책이 메타버스와 NFT, 블록체인에 대해 자세히 알아보는 책은 아니기 때문에 여기에 대한 설명은 이것으로 마치겠습니다.

여러분이 알아야 할 사실은 이런 개념을 탑재한 게임이 대박을 치며 게임을 만든 회사의 기업가치가 수직상승하고 있다는 점입니다. 앞서 예로 든 스카이마비스의 게임 '엑시 인피니티'는 베트남보다 필리핀에서 엄청난 히트를 쳤습니다. 코로나19로 일자리를 잃어버린 필리핀 사람들이 엑시 인피니티로 한 달에 수십만 원 넘게 돈을 벌며 그것으로 생계를 유지하는 믿기 힘든 일이 실제 벌어졌습니다.

게임을 개발한 스카이마비스는 지난 10월 기준 글로벌 벤처캐피털(VC)에서 30억 달러(약 3조 5700억 원) 가치를 인정받고 1억 5200만 달러(약 1800억 원) 규모의 투자를 유치했습니다. 2018년 생긴 신생기업인데 새로운 물결에 제대로 올라탔죠.

한국에서는 위메이드가 '미르4'를 NFT 기반 P2E 게임으로 만들어 대박을 쳤습니다. 2021년 한 해만 주가가 10배 오르며 시세를 분출했죠. 이를 본 엔씨소프트도 NFT 진출 선언을 하고 얼마 되지 않아 주가가 상한가를 쳤고, 액션스퀘어란 게임회사는 위메이드, 인피니툼파트너스 등으로부터 300억 원을 유치하며 NFT 기반 P2E 게임 개발에 나서겠다고 발표했습니다. 한국의 거의 모든 게임회사가 NFT, P2E를 테마로 들고 나왔다고 볼 수 있습니다.

메타버스, NFT 열풍이 지속되는 한 한국 게임사의 주가 레벨은 지속 상승할 수 있습니다. 하지만 일반인 입장에서 어떤 게임사가 대비를 잘했는지, 어떤 업체의 게임이 더 매력적인지를 합리적으로 파악하고 미래까지 예측하기란 쉽지 않겠죠. ETF를 통해 한국 게임 산업 자체에 투자를 한다면 산업이 크는 만큼의 수익을 투자자가 돌려받을 수 있을 것입니다.

● **TIGER KRX게임K-뉴딜 ETF 주식 비중** 기준: 2022.01.14

구성종목(구성자산)	주식수(계약수)	구성비중
엔씨소프트	232	25.54%
넷마블	1,156	24.12%
크래프톤	298	19.33%
펄어비스	514	11.05%
카카오게임즈	593	7.93%
컴투스	145	3.55%
NHN	330	2.52%
데브시스터즈	121	2.01%
웹젠	362	1.73%
더블유게임즈	149	1.53%

TIGER KRX게임K-뉴딜 ETF TIGER KRX게임K-뉴딜 ETF는 코스피와 코스닥 시장에 있는 게임 산업군 내 대표 기업 10개를 포트폴리오에 편입하는 상품입니다. 2022년 초 기준 엔씨소프트와 넷마블 비중이 각각 20%를 넘고 크래프톤, 펄어비스, 카카오게임즈, 컴투스 등 회사가 담겨 있습니다. 크래프톤은 인기 서바이벌 게임 '배틀그라운드'로 유명한 게임회사죠. 엔씨소프트는 '리니지'로 유명한 회사입니다. 넷마블은 '모두의 마블', '제2의 나라' 등으로 유명합니다.

HANARO Fn K-게임 ETF HANARO Fn K-게임 ETF 역시 2022년 초 기준 크래프톤, 펄어비스, 엔씨소프트, 카카오게임즈, 넷마블을 많이 들고

● KBSTAR 게임테마 ETF 주식 비중   기준: 2022.01.14

구성종목(구성자산)	주식수(계약수)	구성비중
넷마블	776	9.16%
펄어비스	748	9.09%
위메이드	590	8.64%
엔씨소프트	129	8.03%
카카오게임즈	1,024	7.75%
크래프톤	189	6.94%
컴투스	473	6.54%
NHN	1,028	4.45%
데브시스터즈	441	4.15%
컴투스홀딩스	239	4.09%

있어 TIGER KRX게임K-뉴딜 ETF와 비중 차이가 있을 뿐 포트폴리오에 담긴 종목은 유사합니다.

KBSTAR 게임테마 ETF 반면 KBSTAR 게임테마 ETF는 2022년 초 기준 위메이드와 펄어비스 넷마블을 많이 들고 있고, KODEX 게임 산업 ETF는 엔씨소프트, 펄어비스, 위메이드 비중이 높아 차별화됩니다.

TIGER K게임 ETF TIGER K게임 ETF 역시 같은 시기 위메이드, 카카오게임즈, 펄어비스 비중이 높아 비슷합니다.

● KODEX 게임산업 ETF 주식 비중   기준: 2022.01.14

구성종목(구성자산)	주식수(계약수)	구성비중
엔씨소프트	599	24.26%
크래프톤	737	17.59%
펄어비스	1,318	10.42%
넷마블	1,262	9.69%
위메이드	851	8.10%
카카오게임즈	1,579	7.77%
컴투스	385	3.46%
데브시스터즈	358	2.19%
컴투스홀딩스	194	2.16%
웹젠	971	1.71%

다만 게임 산업이 NFT 열풍으로 주가 등락이 심해져 ETF에 담긴 종목 비중이 그때그때 달라질 수 있다는 점은 유의해야 합니다. 성장 산업에 속한 ETF가 필연적으로 겪는 일이기도 합니다.

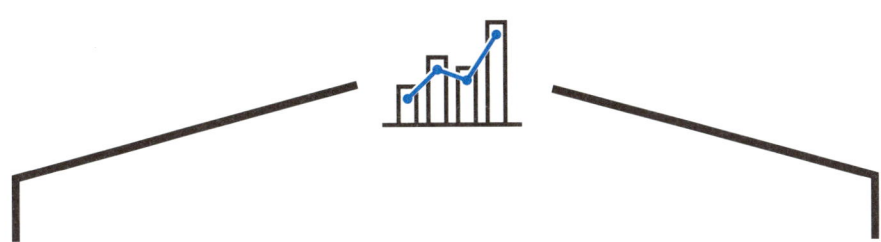

경기가 살아나면 나도 뜬다, 중후장대 ETF

경기가 살아나면 뜨는 기업들

경기가 살아나는 지표를 우리는 무엇을 통해 관측할 수 있을까요? 경기가 회복세로 접어들면 국가 간 교역이 늘죠. 살림에 여유가 있으니 소비가 늘고 원하는 상품을 다른 국가에서 찾는 수요가 늘어납니다. 공장을 활발하게 돌리려면 석유가 많이 필요합니다. 그래서 유가가 뛰고 원자재를 수입하려는 수요도 늡니다. 그러면서 원유운반선(VLCC), 액화천연가스(LNG) 몸값이 뛰면서 해운사가 돈을 쓸어 담기 시작합니다. 이렇게 되면 부족한 운반선을 더 만들기 위해 활발하게 배를 만

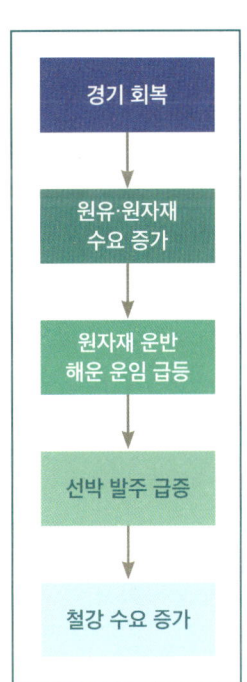

들어달라는 발주를 하겠지요. 조선소마다 일감이 몰려 배를 만들기 시작하면 철강이 많이 필요합니다. 그래서 철을 가공하는 철강사 수입이 늘어납니다.

복잡한 경제현상을 극도로 단순화했기 때문에 다소 논리의 비약이 있지만 투자 포인트는 간단합니다. 경기가 살아나면 흔히 중후장대주로 불리는 조선, 철강 등 기업 주식 주가가 뜬다는 것입니다. 그렇다면 이런 주식을 모아놓은 ETF에 투자하면 수익을 낼 수 있겠지요. 한국 증시에도 여기에 특화된 상품이 있습니다.

TIGER 200 중공업 ETF TIGER 200 중공업 ETF를 예로 들어보겠습니다. 이 상품은 한국을 대표하는 중공업 회사에 골고루 투자하는 상품입니

● TIGER 200 중공업 ETF 주식 비중   기준: 2022.01.14

구성종목(구성자산)	주식수(계약수)	구성비중
두산중공업	634	20.07%
한국조선해양	105	16.05%
삼성중공업	1,365	12.16%
현대중공업지주	101	8.51%
현대미포조선	51	6.47%
두산밥캣	101	6.46%
현대로템	164	5.79%
씨에스윈드	54	5.27%
현대엘리베이터	69	4.33%
대우조선해양	104	4.13%

다. 2022년 초 기준 두산중공업, 한국조선해양, 삼성중공업, 현대중공업지주, 두산밥캣, 현대미포조선 등에 주로 투자하고 있습니다.

두산중공업은 두산그룹 재무위기에 휘말리며 여러 차례 회사에 위기가 찾아온 바 있습니다. 하지만 최근 들어서는 회사 체질을 친환경 포트폴리오로 재편하고 여러 가지 의미 있는 시도를 하고 있습니다. 예를 들어 2021년 11월 무려 1조 5000억 원 규모의 유상증자를 실시하기로 결장해 장중 주가가 10% 넘게 빠진 바 있는데, 수소터빈과 해상풍력, 소형모듈원전(SMR) 등에 투자할 목적이라고 밝혀 주가가 상승세로 돌아선 바 있습니다. 두산중공업은 오는 2026년까지 수소터빈 분야에 3000억여 원을, 해상풍력 분야에 약 2000억여 원을 투자하는 등 SMR과 청정수소 생산 분야에 다각도로 투자할 계획입니다.

TIGER 200 중공업 ETF TIGER 200 중공업 ETF에 높은 비중으로 담겨 있는 한국조선해양, 삼성중공업, 현대중공업지주, 현대미포조선 등은 한국을 대표하는 조선사입니다. 조선 산업 글로벌 패권이 일본에서 한국을 거쳐 중국으로 완전히 넘어갔다는 분석이 나왔지만 값이 비싸고 수익이 많이 남는 고부가가치 배는 한국이 여전히 경쟁력을 가지고 있습니다.

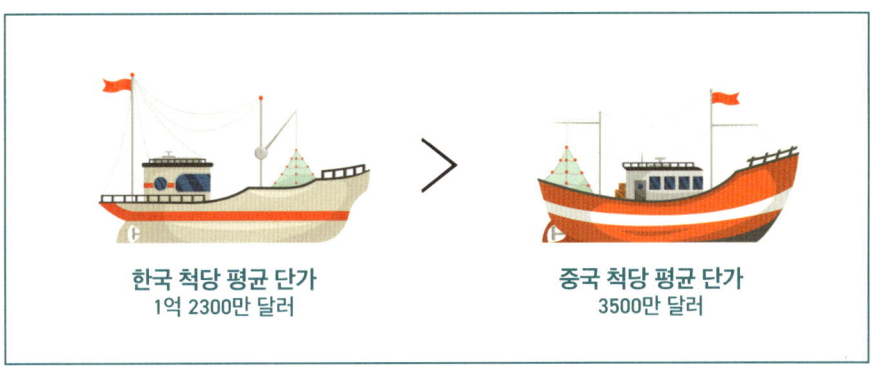

예를 들어 2021년 11월 나온 통계를 인용하면 이렇습니다. 영국의 조선·해운 시황 분석업체 클락슨리서치에 따르면 한국은 2021년 11월 한 달간 전 세계 선박 발주량 132만 CGT 중 77만 CGT(58%)를 수주하며 중국(46만 CGT, 35%)을 큰 포인트 차이로 제치고 1위를 찍었습니다.

이달 기준 한국의 척당 평균 선가는 1억 2300만 달러로 중국의 같은 달 척당 평균 선가(3500만 달러)의 3.5배에 달했습니다. 쉽게 말해 한국은 중국 대비 더 적은 척의 배를 수주하고도 값싼 컨테이너선 대신 LNG선과 액화석유가스(LPG)선 등 고부가가치 선박을 선별적으로 수주해 높은 매출을 올렸다는 얘기입니다. 한국 조선 산업의 경쟁력이 여전하다는 방증이 될 수 있습니다. TIGER 200 중공업 ETF 외에 KB자산운용이 내놓은 KBSTAR

● **KODEX 기계장비 ETF 주식 비중**   기준: 2022.01.14

구성종목(구성자산)	주식수(계약수)	구성비중
두산중공업	868	15.74%
에코프로비엠	27	10.52%
한국조선해양	118	10.33%
삼성중공업	1,531	7.81%
현대중공업지주	114	5.50%
두산밥캣	114	4.17%
현대미포조선	57	4.14%
두산퓨얼셀	101	3.73%
현대로템	184	3.72%
씨에스윈드	61	3.41%

200중공업 ETF도 있는데 둘은 운용사만 다를 뿐 실질적으로 같은 상품이라고 보시면 됩니다.

KODEX 기계장비 ETF 이름은 좀 다르지만 KODEX 기계장비 ETF 상품 구조도 비슷합니다. 2022년 초 기준 두산중공업, 에코프로비엠, 한국조선해양, 삼성중공업, 현대중공업지주 비중이 높게 담겨 있는데요. 2차전지 기업으로 분류되는 에코프로비엠을 많이 투자해놓은 것만 빼면 포트폴리오 구성이 중공업 ETF와 비슷하죠.

방금 전 경기가 회복하면 전 세계 물동량이 증가한다고 말씀드렸는데, 그럼 상품을 운반하는 기업에 투자하면 돈을 벌 수 있지 않을까요? 네, 그런

● **KODEX 운송 ETF 주식 비중**　　　　　　　　　　　　　　　기준: 2022.01.14

구성종목(구성자산)	주식수(계약수)	구성비중
대한항공	4,487	22.98%
현대글로비스	626	19.25%
한진칼	1,456	14.76%
HMM	3,074	13.73%
CJ대한통운	373	8.23%
팬오션	7,654	7.31%
아시아나항공	1,700	5.83%
대한해운	5,114	2.23%
제주항공	679	2.12%
진에어	676	2.02%

ETF도 찾을 수 있습니다.

KODEX 운송 ETF   KODEX 운송 ETF는 2022년 초 기준 대한항공, 현대글로비스, 한진칼, HMM 등에 투자하고 있습니다.

코로나19 사태로 대한항공은 여객 부문 매출이 급전직하하며 위기를 겪었지만 빈 자리를 화물 분야로 메꾸며 잘 버텨왔습니다. 2021년 3분기 대한항공의 화물 사업 매출은 1조 6500억 원으로 전체 매출(2조 250억 원)의 81%를 화물이 차지하기도 했었죠. HMM은 부도 위기에 몰렸던 현대상선이 부활한 회사인데 2021년 기록적인 매출과 영업이익을 내며 화려하게 날아올랐습니다.

TIGER 200 산업재 ETF   TIGER 200 산업재 ETF도 이름은 좀 다르지만 포트폴리오가 비슷합니다. 삼성물산과 HMM 대한항공 현대글로비스 한진칼 등이 주로 담겨 있죠.

KODEX 철강 ETF   앞서 경기가 회복되면 철강 수요가 늘어난다고 말씀드렸는데, 그러면 철강 관련 ETF도 살펴볼까요. 우선 KODEX 철강 ETF를 거론할 수 있겠네요. 2022년 초 기준으로 고려아연, 포스코, 현대제철, 동국제강이 높은 비중으로 담겨 있습니다. 고려아연은 한국을 대표하는 비철금속 회사라고 볼 수 있습니다. 이름에서 알 수 있듯이 아연을 비롯한 몇몇 비철금속을 제련하는 사업을 하고 있습니다. 함께 포트폴리오에 담겨 있는 포스코와 현대제철은 철강을 만드는 회사죠. 고려아연은 포스코, 현대제철과 함께 비철 분야에서 금속을 만들어내는 일을 합니다. 또 동박, 황산니켈 등 2차전지 소재 사업에 진출하겠다는 의지도 피력하며 주가 상승 모멘텀이 되

자료: 삼성전자

고 있지요.

TIGER 200철강소재 ETF와 KBSTAR 200철강소재 ETF TIGER 200철강소재 ETF와 KBSTAR 200철강소재 ETF 역시 큰 차이는 없습니다. 2022년 초 기준 고려아연, 현대제철, 동국제강 등을 주로 담고 있습니다.

동국제강은 국내 철강업계 3위 회사입니다. 동국제강 주력 제품은 단연 컬러강판이죠. 2021년 말 기준 연간 생산량 85만 t 수준인 컬러강판 생산 규모를 10년 안에 100만 t으로 확충하겠다는 전략을 세우고 있습니다.

요새 냉장고 등 가전을 보면 알록달록 예쁜 색깔이 눈에 들어오지 않으세요? 그걸 만드는 게 동국제강입니다. 프리미엄 사전에 대한 수요가 올라가면 올라갈수록 동국제강 이익도 늘어나는 구조입니다. 동국제강 국내 컬러강판 시장점유율은 약 35%로 1위입니다. 보통 컬러강판 가격은 일반 강철보다 t당 마진이 두세 배 높습니다.

바이오 ETF의 파워

코로나19 팬데믹으로 바이오 산업 성장세 더욱 강화 전망

바이오 산업에 대한 관심은 어제오늘 일이 아닙니다. 특히 한국에서 탄생한 셀트리온이란 기업은 기업의 가치를 믿고 장기투자하는 주주가 '씽크풀'이란 플랫폼을 통해 모여 목소리를 내면서 유명해지기도 했지요. 삼성에서 만든 기업 삼성바이오로직스는 드라마틱한 주가 상승을 이뤄낸 바 있고 SK그룹 소속의 SK바이오사이언스, SK바이오팜 등도 잇달아 증시에 데뷔했습니다.

2020년 전 세계를 뒤흔든 코로나19 팬데믹은 바이오 산업을 바라보는 눈을 기존과는 완전히 다르게 만들었습니다. 백신 확보 여부, 치료제 개발 여부가 국가 존망을 뒤흔드는 핵심 변수로 자리 잡으면서 바이오 산업에 대한 가치가 이전보다 훨씬 커진 것입니다. 코로나19를 계기로 전염병을 바라보는 시선도 이전과 훨씬 달라졌기 때문에 앞으로도 바이오 산업에 대한 성장세는 여전히 이어질 것 같습니다.

제약회사들도 속속 바이오 산업 동참에 앞장서고 있는데요. 예를 들어 동아쏘시오홀딩스 자회사 에스티팜은 차세대 핵산 치료제의 원료인 올리고핵산 치료제 원료 공장을 신축하고 생산설비를 증설하고 있습니다. 올리고핵산은 화학 합성의약품이나 항체치료제와 다르게 단백질을 만들어내는 특정 유전자인 DNA·RNA에 직접 작용하는 게 특징입니다. 마치 화이자나 모더나의 코로나 백신처럼 말입니다. 차바이오텍, 이연제약, 지놈앤컴퍼니 등도 잇달아 위탁개발생산(CDMO)에 나서고 있습니다.

이미 삼성바이오로직스는 모더나 백신을 위탁생산하고 있고 SK바이오사이언스는 아스트라제네카가 의뢰한 백신 위탁물량을 생산하고 자체 백신까지 개발하고 있죠. 코로나19 변수를 제외하더라도 한국의 바이오 회사들은 다양한 방면에서 사업을 펼치며 갖가지 치료제를 만들고 있습니다.

그런데 바이오 기업 사업 내용은 일반인들이 보기에 지나치게 어려운 측면이 있습니다. 반도체나 철강 산업을 제대로 이해하는 것 역시 어렵지만, 바이오 산업은 가끔 외계어처럼 들릴 때가 있습니다. 전 세계에서 가장 똑똑한 사람들이 모여 눈에 보이지 않는 바이러스, 병균과 싸우는 치료제와 백신을 만드는 게 바이오 산업의 본질입니다. 비전문가 입장에서 웬만한 공부를 하지 않으면 특정 기업이 어떤 산업에 얼마만큼의 진정한 경쟁력을 가지고 있는지 판단하기 힘듭니다. 세상에 있는 다양한 병의 숫자만큼 이것을 치료하기 위한 신약이 개발되고 있습니다. 공부를 통해 특정 분야 바이오 산업에 해박한 지식을 가지고 있더라도 다른 분야 산업에 대한 이해를 높이려면 또 그만큼의 공부를 해야 합니다. 위암 표적항암제를 개발하는 A기업과 에이즈 치료제를 개발하는 B기업을 같은 잣대로 이해할 수 없다는 뜻입니다.

또 바이오 산업은 크게 세 차례에 걸쳐 임상실험을 하는데, 연구실에서 입증된 백신이나 치료제의 효능이 실제 상황에서 얼마나 효과가 있는지를 검증하는 단계입니다. 임상이 두 번째(2상), 세 번째(3상)로 넘어갈수록 치료제·백신 개발 가능성은 높아지고 이에 따라 주가도 상승합니다.

TIGER KRX바이오K-뉴딜 ETF 하지만 최종 단계까지 올라가고도 치료제 효능이 충분하지 않아 프로젝트가 엎어지는 사례가 비일비재합니다. 통상 신약이 개발되어 1상, 2상을 거쳐 임상 3상까지 통과하는 비율은 10%를 밑도는 것으로 알려져 있습니다. 여기서 끝이 아닙니다. 임상 3상을 통과하

● TIGER KRX바이오K-뉴딜 ETF 주식 비중   기준: 2022.01.14

구성종목(구성자산)	주식수(계약수)	구성비중
삼성바이오로직스	143	31.21%
SK바이오사이언스	439	22.55%
셀트리온	497	21.82%
셀트리온헬스케어	500	9.08%
유한양행	281	4.40%
SK바이오팜	140	3.30%
한미약품	37	2.51%
셀트리온제약	87	2.11%
한미사이언스	112	1.43%
녹십자	27	1.41%

고도 시판 후 조사(임상 4상)에서 부작용이 나와 퇴출되는 사례도 빈번합니다. 따라서 특정 바이오 기업에 투자하는 것은 '하이 리스크, 하이 리턴'이란 결론이 나옵니다.

하지만 ETF를 통해 분산투자를 하면 바이오 산업 성장성에 투자하면서도 개별 기업 리스크는 최소화할 수 있습니다. 국내 증시에는 다양한 형태의 바이오 ETF가 있습니다. 국내 바이오 대기업 위주로 투자하고 싶은 분은 TIGER KRX바이오K-뉴딜 ETF가 제격입니다. 2022년 초 기준 삼성바이오로직스, SK바이오사이언스, 셀트리온을 합친 비중이 80%에 육박합니다.

코스피와 코스닥 상장종목 중 바이오 산업군 내 10종목을 골라 투자하는 방식인데, 앞서 거론한 3개 기업 비중이 워낙 크기 때문에 수익률은

● KODEX 바이오 ETF 주식 비중   기준: 2022.01.14

구성종목(구성자산)	주식수(계약수)	구성비중
안트로젠	333	2.29%
유한양행	337	2.24%
서린바이오	1,010	2.24%
대원제약	1,273	2.20%
에스티팜	157	2.18%
한국비엔씨	911	2.18%
파미셀	1,588	2.17%
에이비온	1,507	2.15%
동화약품	1,413	2.13%

이들 대형주 주가에 좌지우지됩니다. 또 무수히 많은 한국 바이오 기업 중 10개만 골라 투자하기 때문에 추후 종목이 교체되더라도 바이오 우량주 위주로 투자할 가능성이 높습니다.

KODEX 바이오 ETF 반면 KODEX 바이오 ETF는 전혀 다른 철학을 가지고 있습니다. 바이오 관련 50여 개 종목에 고른 비중으로 분산투자하는 전략을 씁니다.

시가총액이 큰 대형주든 시총이 작은 소형주든 간에 투자 바구니 안에 들어 있으면 큰 차별을 하지 않습니다. 그러니 개별 종목 중에 비중 3%가 넘는 종목을 찾아볼 수 없습니다. 2022년 초 기준 안트로젠, 유한양행 등 순으로 비중이 높은데 가장 높은 종목 비중이 2%대 초반에 그칩니다.

50여 개의 다양한 종목을 모아놨기 때문에 포트폴리오에 담긴 개별 종목 중 어쩌면 몇 개는 진행하던 임상이 중단되든지 하는 큰 악재를 만날 수 있습니다. 하지만 워낙 다양한 종목을 작은 비중으로 편입했기 때문에 개별 기업 리스크가 포트폴리오 전체에 미치는 영향은 제한적입니다. 요약하자면 TIGER KRX바이오K-뉴딜 ETF는 대형주 위주로 투자하는 원칙으로 리스크를 줄였고 KODEX 바이오 ETF는 다양한 종목을 두루 편입하고 개별 기업 비중을 확 줄이는 방식으로 리스크를 줄였다고 볼 수 있습니다.

TIGER 코스닥150바이오테크 ETF TIGER 코스닥150바이오테크 ETF는 코스닥에 상장된 바이오 기업에 투자하는 상품입니다. 바이오처럼 성장 산업군 안에 속한 기업은 특히 코스닥에 기업공개(IPO)된 경우가 많죠. 바이오 중소형주 위주로 투자하고 싶다면 이 상품이 적격입니다. 다만 이 상품은 신약 개발 같은 협의의 바이오 산업뿐 아니라 임플란트, 진단키트 등 광의의

• TIGER 200 헬스케어 ETF 주식 비중   기준: 2022.01.14

구성종목(구성자산)	주식수(계약수)	구성비중
삼성바이오로직스	109	22.59%
셀트리온	417	17.39%
SK바이오사이언스	261	12.73%
유한양행	671	9.98%
SK바이오팜	334	7.48%
한미약품	89	5.73%
녹십자	66	3.28%
한미사이언스	267	3.25%
신풍제약	420	2.75%
종근당	90	2.21%

바이오 산업에 투자한다고 볼 수 있는데요.

예를 들어 2022년 초 기준 이 상품에는 셀트리온헬스케어, 알테오젠, 씨젠, 셀트리온제약 등 비중이 높습니다. 씨젠은 한국, 미국, 유럽 등 세계적으로 200건 이상의 특허를 등록할 정도로 기술력을 인정받은 업체입니다. 코로나19 진단키트를 보름 만에 개발해 눈길을 끌기도 했죠.

KODEX 헬스케어 ETF '헬스케어'라는 이름이 붙은 ETF도 바이오 ETF라고 볼 수 있는데요. 전통의 제약·바이오 우량주 위주로 주로 투자하는 특성을 보입니다. 예를 들어 TIGER 200 헬스케어 ETF는 삼성바이오로직스, 셀트리온, SK바이오사이언스, 유한양행, SK바이오팜 순으로 투자 비중이 높은데, 상위 3개 종목 비중을 합치면 2022년 초 기준 50%가 넘습니다.

KODEX 헬스케어 ETF　KODEX 헬스케어 ETF 역시 셀트리온 삼성바이오로직스 셀트리온헬스케어 SK바이오사이언스, 유한양행 등 이름만 들으면 알 만한 기업 위주로 투자 비중을 높였습니다.

KBSTAR 헬스케어 ETF　KBSTAR 헬스케어 ETF 역시 2022년 초 기준 셀트리온, 셀트리온헬스케어, 삼성바이오로직스, SK바이오사이언스 등 기업의 투자 비중이 높습니다.

바이오 ETF에도 국내 주식이 아닌 해외 주식에 투자하는 상품이 다수 있다는 점도 흥미로운 대목입니다. 글로벌 전역에 있는 혁신적인 바이오 기업에 손쉽게 분산투자할 수 있다는 뜻입니다.

TIGER 미국나스닥바이오 ETF　TIGER 미국나스닥바이오 ETF는 '나스닥 바이오테크놀로지 지수(NASDAQ Biotechnology Index)'라는 검증된 대표 지수를 추종하는 상품입니다. 코로나 치료제로 나온 렘데시비르를 개발한 길리어드 사이언스와 암젠, 바이오젠, 모더나 등에 분산투자할 수 있습니다.

KODEX 미국S&P바이오(합성) ETF　KODEX 미국S&P바이오(합성) ETF는 'S&P 바이오테크놀러지 셀렉트 인더스트리 지수(S&P Biotechnology Select Industry Index)'를 기초지수로 미국 바이오 업종에 골고루 투자합니다.

TIGER S&P글로벌헬스케어(합성) ETF　TIGER S&P글로벌헬스케어(합성)

ETF는 미국을 비롯해 전 세계 바이오 기업에 분산투자하는 걸 원칙으로 합니다. 존슨앤존슨, 노바티스, 화이자와 함께 독일의 머크, 바이엘 등이 투자 바구니에 담겨 있습니다.

TIGER 차이나바이오테크SOLACTIVE ETF 중국 바이오 기업에 투자하는 TIGER 차이나바이오테크SOLACTIVE ETF도 흥미롭습니다. 면역 항암제 기업 베이진, 중국의 삼성바이오로직스라 볼 수 있는 우시바이오로직스, 백신 기업 강태바이오, 중국 내 1위 제약사인 항서제약 등을 담고 있습니다. 중국, 홍콩, 미국 거래소에 상장된 중국 생명공학 기업들을 최대 30종목까지 편입하는 구조인데, 중국의 바이오 의약품 연평균 성장률(2018~2023년)은 19.4%에 달할 것으로 예측돼 글로벌 평균(11.2%)을 크게 뛰어넘을 것으로 전망됩니다.

중국의 가장 큰 문제 중 하나가 '고령화'일 정도로 인구 대국 중국도 늙어가고 있기 때문에 바이오 산업이 성장할 수밖에 없는 구조입니다.

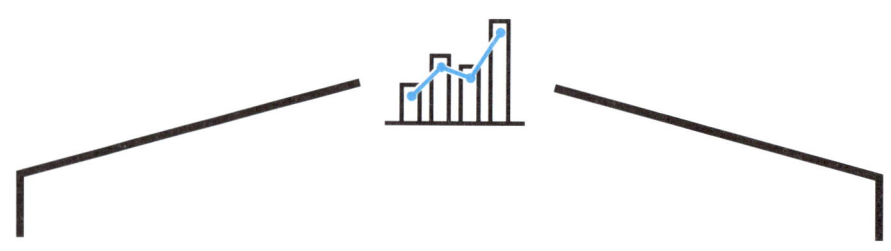

시클리컬에 투자하는 ETF

경기순환에 따라 수익률이 달라지는 '시클리컬'

앞서 조선 ETF, 철강 ETF 등을 예로 들어 경기가 뜨면 수익률이 올라가는 상품이라고 말씀드렸습니다. 그러면서 그 원리에 대해 짧게 설명해드렸고요. 사실 이렇게 경기에 민감한 주식을 우리는 흔히 묶어 '시클리컬(cyclical)'이라고 부릅니다. 시클리컬의 사전적 의미는 '순환하는', '주기적인'이란 뜻입니다. 그럼 주식시장에서 어떤 기업이길래 뭐가 순환하고 뭐가 주기적이라는 얘기일까요? 경기나 제품 가격이 돌고 돌아 주기적이라는 얘기입니다. 이에 따라 실적이 왔다 갔다 하니 경기가 올라오는 기간에는 실적이 좋다가 빠지는 기간에는 마법처럼 수익이 망가집니다. 업종에 따라 몇 년 벌고 몇 년 까먹는 업종도 있습니다. 철강·조선·해운 외에 반도체는 물론 흔히 차화정이라 불리는 자동차·화학·정유, 그리고 건설·기계 등 업종도 시클리컬로 통상 분류됩니다. 그리고 증시에는 이들 업종에 투자하는 ETF도 다수 존재합니다.

화학과 정유 분야

먼저 장세에 따라 수익이 큰 폭으로 왔다 갔다 하는 화학과 정유 업종을 보겠습니다. 사실 2010년만 하더라도 화학과 정유는 전형적인 시클리컬 업종이었습니다. 예를 들어 화학 업종의 경우 원료인 나프타 가격과 나프타를 기초로 만드는 화학제품의 가격에 따라 수익이 들쭉날쭉한 구조였습니다.

나프타는 '석유화학의 쌀'이라고 불리는 기초 원료인데요, 원료 가격이 급등하는 국면에서 제품 가격이 따라 오르지 못하면 꼼짝없이 적자를 볼 수밖에 없었습니다. 나프타 가격은 원자재 시장에 연동되고 제품 가격은 경기가 얼마나 뜨거운지에 좌우되기 때문에 둘 간 시차가 존재했기 때문입니다.

정유회사 수익도 석유 제품 가격에서 원가와 수송비 등을 뺀 마진을 의미하는 '정제마진'에 따라 좌우되는 경향이 컸습니다. 하지만 최근 들어 화학 회사들이 잇달아 2차전지 분야로 사업을 확장하고 정유사들도 다양한 사업에 뛰어들면서 화학·에너지 업종을 예전처럼 시클리컬에 국한해서 바라봐야 하느냐를 놓고는 고민이 커집니다.

TIGER 200에너지화학 ETF 예를 들어 TIGER 200에너지화학 ETF의 경우 2022년 초 기준 LG화학, SK이노베이션, 한화솔루션, SK아이이테크놀로지 등 비중이 높은데 다수의 회사가 2차전지 산업에서 이미 성과를 내고

• KODEX 에너지화학 ETF 주식 비중   기준: 2022.01.14

구성종목(구성자산)	주식수(계약수)	구성비중
LG화학	105	19.40%
SK이노베이션	244	16.59%
SK	171	10.77%
한화솔루션	568	5.73%
S-Oil	197	4.81%
SK아이이테크놀로지	121	4.70%
롯데케미칼	76	4.25%
SKC	93	3.77%
금호석유	83	3.73%
한솔케미칼	42	2.86%

있습니다. 주가 흐름이 전통적인 화학 산업 영역보다 신사업 쪽의 영향을 더 많이 받을 수 있다는 얘기지요.

KODEX 에너지화학 ETF도 LG화학, SK이노베이션 비중이 높고 이외에 SK, 한화솔루션, 롯데케미칼, S-Oil 등에 투자하고 있습니다. 롯데케미칼과 S-Oil 등은 그나마 시클리컬에 충실한 사업구조를 지닌 회사라고 볼 수 있습니다. 롯데케미칼 역시 수소 사업 진출을 선언하며 이를 신성장동력으로 삼을 채비를 하고 있지만 아직 돈을 벌기에는 적잖은 시간이 남아 있는 게 현실입니다. S-Oil은 전통의 정유회사로 보면 됩니다.

• KODEX 건설 ETF 주식 비중   기준: 2022.01.14

구성종목(구성자산)	주식수(계약수)	구성비중
포스코케미칼	367	13.93%
삼성엔지니어링	1,991	13.69%
현대건설	996	13.04%
GS건설	869	10.91%
DL이앤씨	202	7.52%
대우건설	2,702	4.70%
한전기술	176	3.96%
넥스트사이언스	519	3.58%
쌍용C&E	1,433	3.36%
HDC현대산업개발	554	3.06%

KODEX 건설 ETF 다음으로 KODEX 건설 ETF를 비롯한 상품을 살펴보겠습니다. KODEX 건설 ETF는 'KRX Constructions 지수'를 추종하는데 종합건설업, 건축기술 및 엔지니어링 서비스업에 종사하는 10개 종목으로 이뤄집니다.

2022년 초 기준 포스코케미칼, 현대건설, 삼성엔지니어링, GS건설, DL이앤씨, 대우건설 등 비중이 높습니다. 포스코케미칼은 2차전지 부품주로 분류될 수 있는 화학회사인데요, 건설사 ETF에 높은 비중으로 담겨 있는 점이 다소 의아합니다. TIGER 200건설 ETF, KBSTAR 200건설 ETF도 유사한 상품 구조를 가지고 있습니다.

자동차 분야

자동차 ETF는 크게 두 가지 성격을 가지고 있다고 볼 수 있는데요. 이는 자동차 시장을 전통 산업으로 분류하느냐, 자율주행 등과 결합한 신산업으로 구분하느냐에 따라 갈립니다. 하지만 현대차·기아차를 필두로 국내 자동차 산업 전반이 첨단기술을 적극적으로 받아들이고 혁신하려는 모습을 보여주고 있으므로 두부 자르듯이 딱 나눠지는 것은 아닙니다. 예를 들어 현대차 주식을 매수하려고 할 때 현대차가 그동안 쌓아놓은 탄탄한 제품 라인업, 내연기관 엔진의 성능, 수출길을 개척하는 제네시스 브랜드 파워 등에 매료

● KODEX 자동차 ETF 주식 비중   기준: 2022.01.14

구성종목(구성자산)	주식수(계약수)	구성비중
기아	2,679	21.43%
현대차	1,019	20.33%
현대모비스	831	20.27%
한온시스템	7,437	8.80%
한국타이어앤테크놀로지	2,002	7.58%
만도	903	5.02%
현대위아	432	3.11%
명신산업	760	2.06%
금호타이어	4,402	1.83%
세방전지	222	1.47%

될 수 있겠지요. 하지만 현대차가 만들어가는 수소 생태계 그리고 전기차 잠재력이 주식을 사는 이유일 수도 있는 것입니다. 국내 주식을 기반으로 만들어진 자동차 ETF에 현대차가 빠지지 않고 들어가는 이유입니다.

KODEX 자동차 ETF　　KODEX 자동차 ETF는 전통적인 관점에서 자동차 산업을 바라보고 만들어진 대표 ETF라 볼 수 있습니다. 2022년 초 기준 기아·현대차, 현대모비스, 한온시스템, 한국타이어앤테크놀로지, 만도 등이 높은 비중으로 담겨 있습니다.

특히 현대기아차 그룹에 속한 기아와 현대차, 현대모비스 주식 비중을 합하면 60%가량을 차지합니다. 압도적인 비중으로 담겨 있습니다. 네 번째로 비중이 높은 한온시스템은 이컴프레서(E-compressor), 히트펌프 등을 활용해 자동차 통합 열관리 시스템을 주력으로 생산하는 강소기업입니다. 이 분야에서 일본 덴소(28%)에 이어 시장점유율 13%가량을 차지해 세계 2위 업체입니다.

기존 내연기관 차량에서 공조의 역할은 크지 않습니다. 추울 때 히터가 잘 나오고, 더울 때 에어컨이 잘 나오게 하는 역할 정도랄까요. 하지만 전기차 시대의 공조는 전혀 다릅니다. 냉매를 활용해 실내 냉난방을 하고, 배터리가 과열되지 않도록 냉방을 제공해 효율을 높여 주행거리를 늘리며, 전장부품 발열을 억제해 AI가 효과적으로 기능하도록 하는 핵심 역할입니다.

KODEX K-미래차액티브 ETF　　KODEX K-미래차액티브 ETF는 아예 미래자동산 산업을 타깃으로 만들어진 상품이라 볼 수 있습니다. 또 액티브 ETF여서 지수를 따라가면서도 삼성자산운용의 펀드매니저 재량에 따라 추종하는 지수보다 수익률을 더 낼 목적으로 탄생한 상품이죠.

• KODEX K-미래차액티브 ETF 주식 비중   기준: 2022.01.14

구성종목(구성자산)	주식수(계약수)	구성비중
LG이노텍	112	7.50%
삼성전기	216	7.07%
현대차	162	5.90%
기아	350	5.11%
SK이노베이션	97	4.45%
심텍	539	4.26%
삼성전자	309	4.16%
SK하이닉스	169	3.78%
엠씨넥스	375	3.68%
해성디에스	378	3.59%

2022년 초 기준으로 LG이노텍, 삼성전기, 현대차, 기아, SK이노베이션 등이 주로 담겨 있는데요. 기아·현대차를 비롯한 전통의 자동차 업체에 분산투자하면서도 삼성전기, LG이노텍 등 2차전지 업체에 상당한 비중을 실어놓은 것을 볼 수 있습니다. 또 차세대 자동차를 만드는 데 필수 요소인 반도체 산업에 투자하기 위해 삼성전자와 SK하이닉스에도 투자를 해놓았습니다.

TIGER 퓨처모빌리티액티브 ETF   TIGER 퓨처모빌리티액티브 ETF도 비슷한 철학에 입각한 상품이라 볼 수 있습니다. 이 역시 액티브 ETF라 비교지수인 'FnGuide 퓨처모빌리티 지수' 변화를 초과하도록 자금을 운용하는 게 목적입니다.

여기서 퓨처모빌리티란 AI, 에너지, 통신, 인터넷, 유틸리티, 기계 인프라, 우주항공 등의 복합기술이 융합된 이동수단을 의미한다고 합니다. 향후 우주비행선, 사람이 타고 다닐 수 있는 드론 등이 상용화될 수 있겠지만 당분간 이동수단의 대다수는 자동차가 차지하겠지요.

2022년 초 기준 기아 LG이노텍, 삼성전기, LG전자, 현대차, 에코프로비엠 등이 담겨 있는데요. 가장 많이 담겨 있는 기아 비중이 10% 이하입니다. 자동차 관련 전장 산업으로 성장동력을 찾고 있는 LG전자가 높은 비중으로 담겨 있어 눈길을 끕니다.

LG전자는 2020년 말 세계 3위 자동차 부품업체인 캐나다의 마그나 인터내셔널과 합작법인을 설립한다고 발표했습니다. 2021년 7월 설립된 LG마그나 이파워트레인은 자동차 모터와 인버터 등 전기차 파워트레인 관련 사업 점유율을 높이고 전기차와 자율주행차 등 미래차 시장을 주도한다는 비전을 선포했습니다. 2018년 LG전자는 차량용 프리미엄 헤드램프 기업인 오스트리아의 ZKW를 인수하기도 했습니다.

HANARO Fn전기&수소차 ETF HANARO Fn전기&수소차 ETF도 미래 산업인 전기차와 수소차에 비중을 둔 상품입니다. 2022년 초 기준 현대차, 현대모비스, 기아 비중을 약 10%로 운용 중이고 SK이노베이션, POSCO, 롯데케미칼, 포스코케미칼 등을 5~9%로 분산투자했습니다.

내비게이터 친환경자동차밸류체인액티브 ETF 역시 같은 종류의 상품입니다. 2022년 초 기준으로 기아·현대차, 천보, 에코프로비엠에 높은 비중으로 분산투자하고 있습니다.

• HANARO Fn전기&수소차 ETF 주식 비중   기준: 2022.01.14

구성종목(구성자산)	주식수(계약수)	구성비중
현대모비스	195	10.36%
현대차	231	10.03%
기아	561	9.77%
SK이노베이션	178	9.75%
POSCO	134	8.33%
LG화학	39	5.80%
롯데케미칼	128	5.76%
삼성SDI	41	5.51%
포스코케미칼	200	5.40%
에코프로비엠	56	5.04%

KODEX 기계장비 ETF   KODEX 기계장비 ETF는 한국의 대표 기계기업에 분산투자합니다. 2022년 초 기준으로 두산중공업, 에코프로비엠, 한국조선해양 비중이 10%를 넘고 삼성중공업, 현대중공업지주, 두산퓨얼셀 비중이 큽니다. 조선주 ETF와도 겹치는 측면이 많이 있습니다.

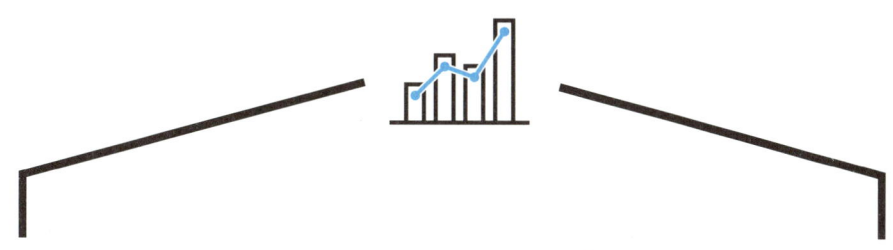

경기방어주에 투자하는 ETF

경기 변화에 관계없이 꾸준하게 우상향하는 기업들

투자의 한 축이 시클리컬(경기민감주)이라면 다른 한 축은 경기방어주라고 할 수 있습니다. 경기가 안 좋아서 씀씀이를 줄여도 쌀을 사거나 라면을 사는 기본적인 소비를 확 줄이지는 못하죠. 하지만 경기가 좋다고 라면을 하루에 두 개 먹거나, 매일 피우던 담배를 두 갑으로 늘리진 않을 겁니다. 일주일에 두세 번 가는 마트를 매일 가지도 않을 거고요.

그래서 경기방어주는 한국 수출이 잘되고 일자리가 늘고 시중에 돈이 잘 돌 때 주가 상승률이 시클리컬에 비해 더딘 측면이 있습니다. 하지만 경기 변화에 크게 구애받지 않고 꾸준히 고정적인 우상향 실적을 내는 기업들은 경기가 좋지 않을 때 오히려 주가가 큰 폭으로 뛰기도 합니다. 왜냐하면 경기 상승기 때 투자 심리가 시클리컬 쪽으로 쏠려서 소외받다가 경기가 눌

● TIGER 경기방어 ETF 주식 비중　　　　　　　　　　　　기준: 2022.01.14

구성종목(구성자산)	주식수(계약수)	구성비중
셀트리온	180	15.23%
삼성바이오로직스	24	10.09%
LG생활건강	16	7.71%
SK텔레콤	249	6.94%
KT&G	173	6.74%
한국전력	519	5.50%
KT	336	5.19%
아모레퍼시픽	51	3.84%
SK바이오사이언스	36	3.56%
LG유플러스	461	3.07%

리고 '저평가된 종목이 어디 없나'라며 찾는 투심이 버려졌던 경기방어주 한두 종목에 꽂혀 주가를 밀어 올리기도 하거든요. 그동안 눌려 있던 주가가 한 번에 제값을 찾는 과정에서 주가 '퀀텀 점프'가 이뤄진다는 얘기입니다.

TIGER 경기방어 ETF　TIGER 경기방어 ETF라는 상품이 우리 증시에 있는데요. 역설적으로 이 상품은 경기방어주를 정확히 대표한다고 볼 수 없습니다. 구성종목을 보면 이런 결론이 나오는데요.

2022년 초 기준 셀트리온, 삼성바이오로직스, LG생활건강, SK텔레콤, KT&G, 한국전력 등이 담겨 있습니다. 다른 종목들은 경기방어주에 적합하게 담겨 있지만 10% 넘는 비중으로 담긴 셀트리온과 삼성바이오로직스를 전형적인 경기방어주라고 보긴 힘들 것 같습니다. 경기방어주 ETF에 바이오를 결합한 성격의 상품으로 보는 게 정확합니다.

KODEX 필수소비재 ETF 이런 점에서 KODEX 필수소비재 ETF가 대표적인 경기방어주 ETF라 볼 수 있습니다. KT&G, LG생활건강, 아모레퍼시픽, CJ제일제당, 이마트, 오리온 등 주식을 담고 있기 때문입니다. KT&G는 글로벌 5위 담배회사입니다. 중동을 비롯한 다수 국가에 담배를 수출하고 있습니다. 주력 수출라인인 미국 수출이 감소 추세이지만 콩고, 카메룬, 멕시코 등 다양한 국가에 신규로 진출하며 매출 공백을 극복하고 있습니다. TIGER 200생활소비재 ETF도 비슷한 상품인데요. LG생활건강, KT&G, 한국전력 등에 주로 투자하고 있습니다.

KBSTAR 내수주플러스 ETF KBSTAR 내수주플러스 ETF도 경기방어 ETF로 분류할 수 있습니다. 이 상품은 LG전자, LG생활건강, KT&G, SK텔레콤, 한국전력 등 내수 밀접한 종목에 두루 투자하는 특성이 있습니다.

한 꼭지 더!

전 세계적으로 성장하는 명품시장

☑ 명품에 소비자 욕구 몰려

코로나19 사태 이후 대형백화점 앞에 노숙 행렬이 생겨나고 있다는 사실을 아시나요? 백화점 오픈 시간에 맞춰 명품을 구매하고자 하는 사람들이 밤을 새우고 있습니다. 이들은 돗자리나 담요, 배게까지 들고 중무장한 채 샤넬이나 루이비통 같은 명품숍 문이 열리기만을 기다립니다. 어떤 백화점 앞에는 주말이면 텐트가 등판하기도 합니다.

코로나19 사태를 겪으면서 해외여행에 쓰지 못한 돈 상당수가 명품 소비로 몰렸습니다. 주머니가 얇은 MZ세대에게도 명품 구매는 남의 일이 아닙니다. 수백만 원짜리 시계를 사서 한 달을 쓰고 정가와 거의 다름없는 가격에 되팔곤 하기 때문이지요. 심지어 물건을 구매하자마자 바로 웃돈을 받고 되파는 기민한 모습을 보이기도 합니다. 공급이 수요를 따라가지 못해 '프리미엄'이 붙었기 때문입니다.

● 글로벌 명품시장 규모(2016-2027)

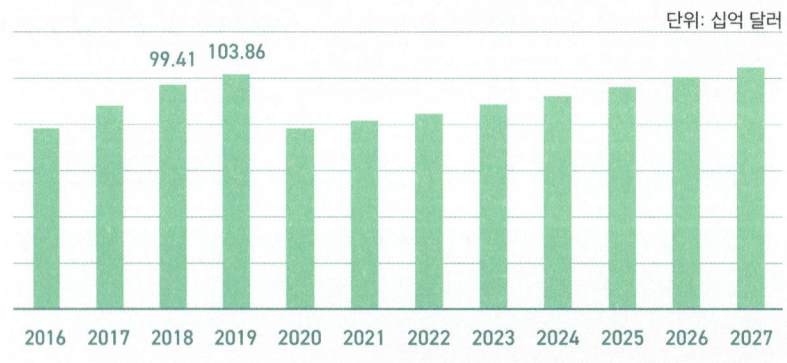

자료: Fortune Business Insights

☑ 백화점 앞 노숙 대신 명품 ETF에 투자한다

돈을 벌기 위해 백화점 앞에 노숙을 할 수는 없지만 HANARO 글로벌럭셔리S&P ETF를 산다면 같은 논리에 입각해 돈을 벌 수 있습니다. 이 상품은 'S&P Global Luxury' 지수를 추종하는데요. 이 지수에는 루이비통과 디올, 셀린느 등의 모회사인 루이비통모에헤네시와 피아제, 까르띠에, 몽블랑 등을 가진 리치몬드 그리고 구찌, 발렌시아가 등을 보유한 케링 등 기업을 담고 있습니다.

명품이 잘 팔려서 이들 회사 주가가 오르면 ETF 수익률이 올라가는 구조입니다. ETF의 세계는 이렇게 넓고도 신묘합니다.

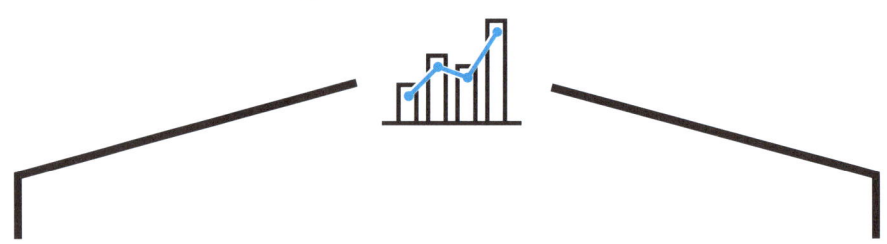

금리인상이 반갑다, 은행·보험 ETF

금리가 인상되면 수혜를 입는 기업들

여러분은 고금리인 시절이 있었다는 걸 기억하시나요? 2008년 글로벌 금융위기가 터지고 그 이후 무너지는 세계 경제를 살리기 위해 미국을 축으로 양적완화에 돌입했습니다. 2020년에는 코로나19라는 전무후무한 글로벌 패닉 상황이 펼쳐지면서 돈을 푸는 속도는 더 가속화됐죠. 경제가 멈추는 것을 지켜보며 공멸하기보다는 돈을 있는 대로 찍어내며 경제가 돌아가도록 하는 게 급선무였거든요. 이 과정에서 금리는 전례 없는 수준으로 떨어졌고 한국 기준금리 역시 역대 최저인 연 0.5%까지 떨어졌습니다.

하지만 경제가 차츰 회복되면서 초저금리 시대는 저물고 있습니다. 한국 역시 2021년 8월 한국은행이 기준금리를 연 0.5%에서 0.75%로 0.25%포인트 인상하면서 '초저금리 시대'의 종언을 선언했죠. 이후 금리는 지속적으로 오르는 추세입니다.

　　은행과 보험 등 금융주는 대표적인 금리인상 수혜주로 꼽힙니다. 금리가 오르면 은행은 대출금리와 예금금리의 차인 예대마진이 통상 올라갑니다. 보험사는 자산운용 수익률이 올라가는 구조라 수익이 늘어나게 됩니다. 보험사는 보험 가입자가 낸 보험료를 채권이나 주식에 투자해 자산을 운용합니다. 안정적인 수익을 내기 위해 채권 비중을 높게 가져가는데 금리가 오르면 수익성이 올라가죠. 다만 금리가 상승하면 채권값이 떨어지기 때문에 채권 평가 손실이 보험사 부담으로 돌아오는 측면이 있습니다. 여기서 보험사 재무구조에 대해 상세하게 전하는 데는 한계가 있지만 통상 이 모든 것을 감안했을 때 그래도 금리가 오르는 게 보험사엔 유리하다고 볼 수 있습니다.

　　KODEX 은행 ETF　KODEX 은행 ETF가 대표 상품이라 볼 수 있습니다. 2022년 초 기준으로 KB금융, 하나금융지주, 신한지주, 카카오뱅크, 우리금융지주 등이 비중 10% 넘게 담겨 있습니다. 은행 업종은 그동안 신규 플레이어 진입이 없는 '고인 물' 산업에 가까웠습니다. 하지만 카카오뱅크가 새로 들어오면서 은행 산업에도 혁신의 바람이 불게 됐죠. 그래서 앞으로 은행 산업은 IT와 결합해 파괴적인 서비스를 누가 내놓을 수 있느냐에 따라 주가 향배가 정해질 것입니다. 그런데 ETF로 산업 전체에 투자하면 은행 업종의 평균 주가 상승분만큼을 수익으로 따낼 수 있습니다. TIGER 은행 ETF도 같은 지수를 추종하기 때문에 같은 상품이라 볼 수 있습니다.

　　KODEX 보험 ETF　KODEX 보험 ETF는 삼성화재 삼성생명, 현대해상, 메리츠화재, 한화생명 비중이 높습니다. 생명보험사인 삼성생명, 한화생명과 손해보험사인 삼성화재, 현대해상, 메리츠화재 등이 골고루 섞여 있습니다. 삼

• TIGER 200 금융 ETF 주식 비중   기준: 2022.01.14

구성종목(구성자산)	주식수(계약수)	구성비중
KB금융	486	20.22%
신한지주	561	14.74%
하나금융지주	372	11.49%
우리금융지주	741	7.43%
삼성화재	43	6.25%
카카오뱅크	183	5.67%
삼성생명	116	5.16%
한국금융지주	56	2.98%
미래에셋증권	472	2.73%
DB손해보험	60	2.59%

성화재, 삼성생명 비중을 합하면 2022년 초 기준 45%에 달하는데요. 이것만 보더라도 손보사와 생보사 비중을 고루 가져가는 걸 알 수 있습니다.

TIGER 200 금융 ETF 은행과 보험사를 골고루 한 번에 투자하고 싶다면 TIGER 200 금융 ETF를 사면 됩니다.

2022년 초 기준 KB금융, 신한지주, 하나금융지주, 카카오뱅크, 우리금융지주, 삼성화재, 삼성생명 등이 담겨 있습니다. 그런데 가장 비중이 큰 KB금융과 신한지주 비중이 각각 10%를 넘고 삼성화재와 삼성생명 비중은 5~6%에 불과합니다. 그러므로 보험보다는 은행에 방점을 찍고 투자하는 상품이라 볼 수 있습니다.

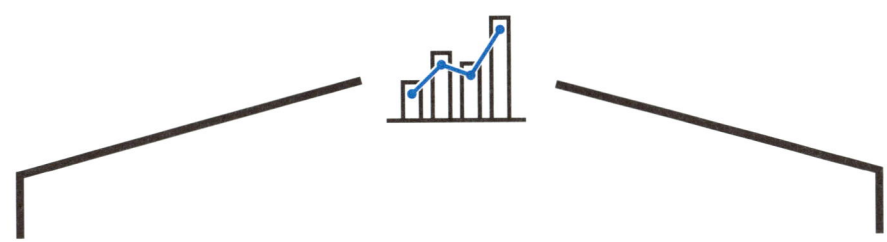

코스피가 뜨면 덩달아 뜨는 증권 ETF

증권사 영업이익 1조 원 시대

여러분 2020년을 강타한 '동학개미운동'이라는 키워드를 기억하시나요? 코로나19로 코스피가 지수 1400대까지 밀린 이후 개미 투자자들이 코스피의 빠른 회복에 베팅하며 주식을 사들였던 현상을 말합니다. 이후 주식 투자 열풍이 불면서 코스피는 지수 3000고지를 넘어섰고, 해외 주식에 주로 투자하는 '서학개미'라는 신조어도 나왔습니다. 그리고 주식시장이 뜨겁게 달아올랐던 2020년 미래에셋증권은 증권사 사상 처음으로 영업이익 1조 원을 기록했습니다.

주식시장이 뜨거우면 주식거래가 늘고 그러면 증권사는 거래 수수료 수익이 늡니다. 그런데 요새 증권사 수수료 무료 정책을 펴는 곳도 많지요. 증권사 수익 중에 브로커리지 수익이 줄고 있지만 그래도 코스피가 올라가

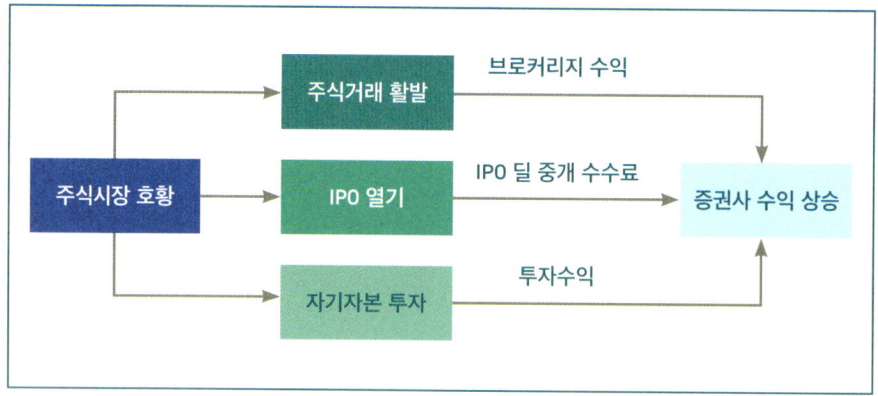

면 증권사는 돈을 벌 구석이 많이 있습니다. 시장이 뜨거우면 신규로 코스피나 코스닥에 상장하려는 시도가 많아지지요. 증권사들은 기업공개(IPO) 딜을 중개하면서 수수료를 받습니다. 코스피가 오르면 증권사에서 돈을 빌려 투자하는 시도도 늘어납니다. 그럼 증권사는 여기서 이자수익을 얻습니다. 증권사는 자기자본을 투자해 돈을 벌기도 합니다. 이 역시 호실적의 원동력이 되지요.

KODEX 증권 ETF KODEX 증권 ETF는 국내 상장된 증권주에 고루 분산투자할 수 있는 상품입니다. 삼성증권, 한국금융지주, NH투자증권, 키움증권, 메리츠증권, 한화투자증권 등을 골고루 담고 있습니다. 일반인 입장에서 어떤 증권사가 분기별로 실적 대박을 칠지 예측하는 것은 불가능에 가깝습니다. 하지만 증시가 뜨거울 때는 어느 종목 할 것 없이 증권주 주가는 다들 오르는 구조이니, 그때 증권 ETF에 투자하시면 짭짤한 수익을 낼 수 있을 것입니다.

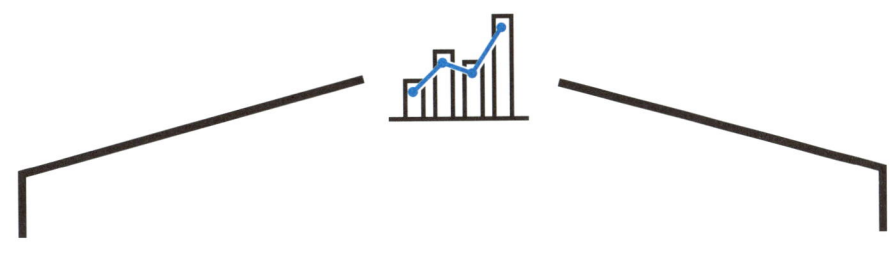

애프터 코로나 수혜 ETF

코로나가 사라지면 상승하게 될 기업들

코로나19라는 메가톤급 이슈는 글로벌 경제에 깊은 생채기를 냈습니다. 이후 이어진 가공할 속도의 돈 풀기와 언택트(비대면)라는 새로운 경제환경을 맞아 일부 종목은 코로나 이전보다 훨씬 높은 주가 상승을 이뤄내기도 했습니다.

하지만 피해를 본 사람들의 숫자가 더 많을 것입니다. 사회적 거리두기 때문에 친구를 만나지 못하고 밤에 술 한잔하기 힘들어지니 다수의 자영업자가 폐업 위기에 몰렸습니다. 휴가 때마다 가던 여행을 못 가니 여행사가 망했고, 항공사들도 존폐 위기에 몰렸습니다. 한국에 들어오는 해외관광객이 사라져 호텔에는 공실이 늘었습니다. 심야에도 북적이던 면세점에는 발길이 끊겼고, 외국인 관광객을 대상으로 하는 카지노는 손님이 대폭 줄었죠. 면세

• TIGER 여행레저 ETF 주식 비중   기준: 2022.01.14

구성종목(구성자산)	주식수(계약수)	구성비중
강원랜드	570	10.13%
호텔신라	185	10.02%
아시아나항공	732	9.91%
한진칼	243	9.73%
하나투어	167	8.92%
파라다이스	778	8.41%
롯데관광개발	584	7.17%
아난티	1,023	6.67%
GKL	539	5.19%
제주항공	368	4.53%

점 주력 상품이었던 한국 화장품 매출도 크게 깎였습니다.

    코로나가 사라진 후에 이 같은 기업 주가 상승폭이 큰 것은 자명합니다. 코로나 이후 바이러스를 바라보는 세계인의 관점은 완전히 달라질 것입니다. 코로나 이전 메르스 사태 때 바이러스에 대한 공포심이 극에 달했지만 전 국민이 마스크를 끼고 사회적 거리두기를 하는 일은 발생하지 않았습니다. 하지만 코로나 이후 새로운 바이러스가 나와 이게 유행이 된다면 사람들은 '자라 보고 놀란 가슴 솥뚜껑 보고 놀란 것'처럼 또 한 번 마스크를 찾으며 사회적 보폭을 줄일 것입니다. 이런 이벤트가 발생할 때마다 앞서 말씀드린 업종들의 주가는 크게 출렁일 수 있고, 또 극복 과정에서 주가가 탄력적으로 튀어 오르는 일을 반복할 것입니다.

TIGER 여행레저 ETF 그렇다면 이런 내수업종에 투자하는 ETF는 무엇이 있을까요? 대표적으로 TIGER 여행레저 ETF를 들 수 있습니다. 여행사와 항공사, 카지노, 호텔 업종이 조화롭게 배치된 상품입니다.

2022년 초 기준 이 ETF에는 한진칼, 강원랜드, 호텔신라, 아시아나항공, 하나투어, 파라다이스, 아난티, 롯데관광개발 등이 비중 있게 담겨 있습니다. 한진칼은 자회사로 대한항공을 거느린 지주사입니다. 호텔신라와 롯데관광개발은 호텔 산업을 영위하고 있는데요. 호텔신라는 면세점 사업을 비중 있게 하고 있고 롯데관광개발은 제주도에 특급 호텔 드림타워를 세우고 신규로 카지노 허가를 받은 것으로 유명합니다. 하나투어는 국내 1위 여행사입니다.

● **KBSTAR Fn컨택트대표 ETF 주식 비중** 기준: 2022.01.14

구성종목(구성자산)	주식수(계약수)	구성비중
대한항공	645	10.16%
강원랜드	662	9.17%
하이브	54	8.36%
이마트	105	8.27%
F&F	16	7.92%
호텔신라	161	6.79%
신세계	37	4.88%
에스엠	101	3.75%
GS리테일	223	3.53%
JYP Ent.	145	3.51%

TIGER 화장품 ETF　TIGER 화장품 ETF도 비슷한 관점에서 접근할 수 있습니다. 국내 면세점 매출에서 중국인 관광객이 차지하는 비중은 90% 이상입니다. 국내 면세 채널에서 중국인이 차지하는 화장품 판매 비중 역시 80%에 달하죠. 2022년 초 기준 TIGER 화장품 ETF에는 아모레퍼시픽, 콜마비앤에이치, 아모레G, 한국콜마, LG생활건강, 코스맥스 등이 골고루 담겨 있습니다. 한국콜마와 코스맥스는 국내를 대표하는 화장품 제조업자개발생산(ODM) 기업입니다. 이 회사와 제휴를 맺으면 연구개발 조직이나 제조 설비를 갖추지 않아도 화장품을 만들 수 있습니다.

KBSTAR Fn컨택트대표 ETF　KBSTAR Fn컨택트대표 ETF는 아예 컨택트 시대에 주목받을 종목을 엄선해 고르겠다는 목표를 두고 나온 상품입니다. 이 ETF가 추종하는 'FnGuide 컨택트대표 지수'는 코스피와 코스닥 상장 종목 중 기초 필터링을 거쳐 항공운수, 레저용품, 섬유 및 의복, 호텔 및 레저, 도소매, 백화점 미디어에 속하는 종목들을 시가총액 비중에 따라 투자하도록 설계되어 있습니다. 그 결과 2022년 기준 대한항공, 하이브, 이마트, 강원랜드, F&F, 호텔신라, 신세계 등이 포트폴리오에 담겨 있습니다. 하이브는 널리 알려진 대로 BTS의 소속사인데, 요새 여기저기 ETF에 단골로 등장합니다. 본업인 엔터테인먼트는 물론 메타버스 ETF 등에도 하이브의 이름은 빠지지 않고 등장합니다. BTS가 컨택트대표 ETF에도 담긴 이유는 오프라인 공연이 활성화되어 BTS가 무대에 오르면 얻을 수 있는 수익이 무궁무진하기 때문입니다.

　F&F는 중국 시장에서 인기가 높은 브랜드 'MLB'를 보유한 기업입니다. 2021년에는 골프 브랜드 테일러메이드를 인수해 화제를 끌기도 했습니다.

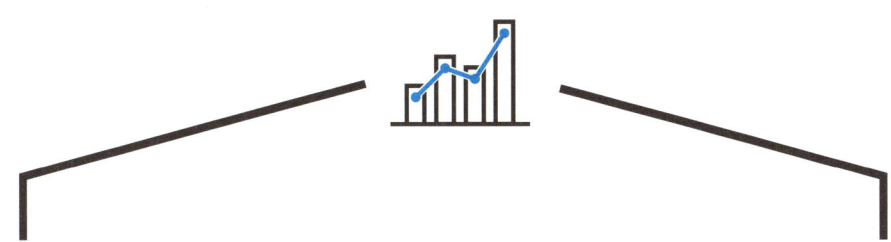

인터넷 생태계 전반에 투자하는 ETF

메타버스와 게임은 인터넷 생태계의 일부분일 뿐

앞서 메타버스 ETF와 게임 ETF 등에 대해 설명해드린 바 있습니다. 하지만 방대한 인터넷의 세계가 메타버스와 게임으로 압축되지는 못하겠죠. 메타버스와 게임은 발달한 인터넷을 매개체로 한 하나의 하위 산업입니다. 메타버스나 게임에 국한하지 않고 인터넷 전반에 투자하고 싶은 분들도 다양한 상품 집합을 만나실 수 있습니다.

TIGER KRX인터넷K-뉴딜 ETF TIGER KRX인터넷K-뉴딜 ETF를 예로 들어보겠습니다. 기본적으로 이 상품은 한국 인터넷 생태계를 양분하는 NAVER와 카카오에 가장 많은 투자를 합니다. 2022년 초 기준으로 두 기업 주식이 전체 포트폴리오에서 차지하는 비중은 50%에 달합니다.

● KBSTAR Fn컨택트대표 ETF 주식 비중   기준: 2022.01.14

구성종목(구성자산)	주식수(계약수)	구성비중
NAVER	381	26.81%
카카오	1,184	22.88%
더존비즈온	1,550	20.28%
아프리카TV	258	8.03%
케이엠더블유	794	6.10%
안랩	184	3.95%
NHN한국사이버결제	692	3.74%
서진시스템	386	3.35%
에이스테크	981	2.64%
KG이니시스	487	1.75%

　나머지 기업 중에서는 더존비즈온, 아프리카TV, 케이엠더블유, NHN한국사이버결제 등이 눈에 띕니다. 특히 더존비즈온에 20% 넘는 비중을 실으면서 카카오와 NAVER 못지않은 주식을 편입한 것으로 나타나 있습니다.

　더존비즈온은 국내 전사적자원관리(ERP) 시장 1위 기업으로 유명합니다. ERP란 기업 안에서 벌어지는 생산, 물류, 회계, 구매, 재고 등 다양한 경영 활동 프로세스를 통합적으로 관리하는 기업의 핵심 솔루션을 말합니다. 더존비즈온은 복잡한 경영 활동을 직관적으로 보여줄 수 있는 쉬운 프로세스를 제공하는 것으로 널리 알려져 있는데요. 그래서 국내 200만 중소기업과 개인사업자를 이용자로 확보하고 있습니다. 2021년에는 신한은행이 더존비즈온 자사주 1.97%를 매입하는 지분투자를 감행하기도 했죠. 더존비즈온이 보유한 ERP 데이터를 잘 주무르면 새로운 금융 서비스를 만들어낼 수 있다는 판단을 내렸기 때문입니다. 기업 내 데이터를 효과적으로 관리하는 게 중요해지면서 더존비즈온 몸값도 올라가는 추세입니다.

아프리카TV는 한국을 대표하는 개인화된 실시간 방송 플랫폼입니다. 최근 들어서는 플랫폼 비즈니스로 외형을 확장하며 잠재력을 높이고 있습니다. 코로나 시대를 맞아 라이브 커머스 방송도 각광을 받고 있죠.

HANARO e커머스 ETF HANARO e커머스 ETF는 코로나19가 더욱 크게 만든 한국 온라인 마켓에 투자하는 상품입니다. 비대면 시장의 급성장과 함께 택배와 배달은 한국인의 삶을 좌지우지하는 변수로 떠올랐죠. 쿠팡 로켓배송으로 주문하면 전날 클릭 한 번에 다음 날 새벽에 문 앞에서 물건을 받아볼 수 있는 세상이 되었습니다. 한국 모든 온라인 기업들은 기하급수적으로 커지는 온라인 시장에서 밀려나지 않기 위해 혁신에 혁신을 거듭하고 있습니다.

이 ETF도 한국 인터넷 생태계 투톱인 NAVER와 카카오를 20% 가까이 깔고 갑니다. 나머지 종목에서 어떻게 차별화하는지가 핵심인데 2022년 초 기준으로 SK텔레콤, 코웨이, 이마트 등에 베팅한 것으로 볼 수 있습니다. 이중 SK텔레콤 비중은 10%가 넘습니다.

SK텔레콤은 11번가 지분을 80.26% 보유한 최대주주입니다. 그리고 11번가는 글로벌 온라인 유통 공룡 아마존과 제휴를 맺었죠. 11번가 내에서 아마존 상품을 직접 구매할 수 있는 서비스를 개시하며 업계 판도를 흔들려 하고 있습니다. 이런 관점에서 NAVER와 카카오 다음으로 SK텔레콤 비중을 높게 가져간 것으로 보입니다.

● HANARO e커머스 ETF 주식 비중　　　　　　　　　　　기준: 2022.01.14

구성종목(구성자산)	주식수(계약수)	구성비중
NAVER	457	19.31%
카카오	1,486	17.24%
SK텔레콤	1,734	12.06%
코웨이	689	6.24%
이마트	253	4.52%
호텔신라	386	3.69%
신세계	89	2.66%
CJ ENM	146	2.43%
제일기획	867	2.42%
휠라홀딩스	598	2.39%

　　NAVER와 카카오를 기본으로 깔고 가면서 다른 종목으로 차별화하는 상품 중에 TIGER 소프트웨어 ETF도 주목할 만합니다. 이 상품 역시 2022년 초 기준으로 NAVER와 카카오를 합쳐 약 50% 비중을 실어놓고 엔씨소프트를 20%에 육박하는 비중으로 편입했습니다. 이외에 삼성SDS, 펄어비스 등의 이름이 눈에 띕니다.

　　'소프트웨어 ETF'를 표방하는 만큼 NFT, 메타버스 등으로 영역을 확장하는 엔씨소프트와 펄어비스를 의미 있는 비중으로 담아놓은 것이 인상적입니다.

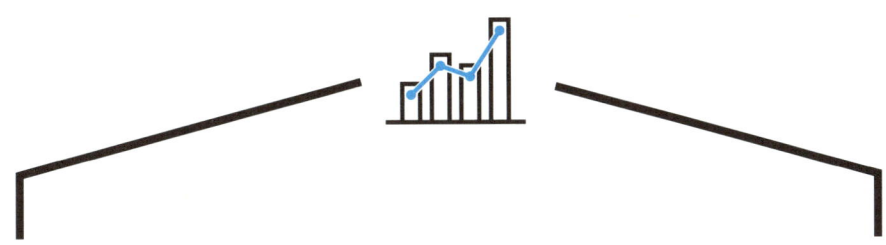

한국 IT를 통째로 사고 싶다면

한국 IT 생태계의 무한한 가능성

흔히 한국을 'IT 강국'이라 부릅니다. IT라는 개념이 포괄적이라서 벌어지는 일인데요. IT는 스마트폰, 반도체 등을 만드는 기술력만 의미하는 게 아니라 소프트웨어 제조 능력, 보안 수준, 통신 속도 등이 다 들어갑니다.

한국은 반도체 기술력을 보유한 나라고 세계에서 통신 속도가 빠르기로 유명한 나라이기도 하지요. 불같은 국민성 때문에 속도가 느린 걸 참아주지 않습니다. 지하철에서도 와이파이가 빵빵 터지고 글로벌 시장에서 통하는 게임도 만들어내면서 하드웨어가 아닌 소프트웨어 측면에서도 진일보한 모습을 보이고 있습니다.

물론 '액티브액스(ActiveX)' 사례처럼 촘촘한 규제 기반의 마인드가 서비스 발전 속도를 억누르는 사례도 관측되어왔지만, 앞으로 이런 사례는 점차

줄어들 것으로 예측합니다. IT 생태계를 다루는 책이 아니므로 이 정도로 한국 IT 경쟁력에 대한 언급은 마무리하려 합니다.

이 책에서 중요한 것은 한국 IT 생태계의 가능성을 믿고 여기에 투자하는 상품이 무엇인지일 것입니다. 반도체와 게임, 소프트웨어 전반에 투자하는 상품은 별도로 설명을 해드렸으니 이런 종목이 모두 결합된 ETF에 대해 소개하려 합니다.

TIGER 200 IT ETF   이름만 보면 알 수 있듯이 한국 IT 전반에 고루 투자하는 ETF라 볼 수 있지요. 'TIGER 200'은 이름에 왜 들어갔을까요? 네,

● TIGER 200 IT ETF 주식 비중   기준: 2022.01.14

구성종목(구성자산)	주식수(계약수)	구성비중
SK하이닉스	1,329	22.97%
삼성전자	1,920	19.97%
삼성SDI	191	16.62%
LG전자	476	9.35%
삼성전기	244	6.17%
카카오페이	209	4.03%
LG	361	3.98%
SK스퀘어	430	3.41%
LG이노텍	63	3.26%
LG디스플레이	994	3.22%

맞습니다. '코스피200' 종목만 투자 대상으로 하는 상품이지요. 즉 대형 IT주 위주로 투자하는 상품입니다.

2022년 초 기준 SK하이닉스, 삼성전자, 삼성SDI, LG전자, 삼성전기, 카카오페이 등이 담겨 있습니다. SK하이닉스와 삼성전자 비중이 20% 정도로 높고 삼성SDI 비중도 10%를 훌쩍 넘습니다. 즉 시가총액이 큰 하드웨어주 위주로 투자하지만 카카오페이 등 소프트웨어 부문도 고루 투자하는 상품이라고 볼 수 있습니다.

KODEX IT ETF KODEX IT ETF도 비슷한 구조입니다. SK하이닉스, 삼성전자, 삼성SDI, 삼성전기, 카카오페이, 삼성SDS 순으로 담겨 있는데, 상위 '투톱' 종목인 SK하이닉스와 삼성전자 비중이 각각 20%를 넘지 않습니다. 즉 TIGER 200 IT ETF에 비해 반도체 종목 비중이 조금 작다고 보시면 되겠습니다. 그만큼 중소형주 비중이 늘어나게 되겠지요.

KBSTAR IT플러스 ETF KBSTAR IT플러스 ETF도 살펴볼까요. 이 ETF는 'FnGuide IT 플러스지수'를 추종하는데요. 이 지수는 코스피와 코스닥에 들어 있는 종목 중에 소프트웨어, 하드웨어, 반도체, 디스플레이에 속하는 종목들을 유동시총 가중방식으로 산출합니다. 즉 범 IT로 분류되는 종목을 시가총액이 큰 순서대로 편입하는 것이라 볼 수 있습니다.

이런 식으로 포트폴리오를 짜면 한국 증시에 상장된 범 IT 회사가 고루 담기는 구조가 됩니다. 2022년 초 기준으로 삼성전자가 25%를 넘고 그 뒤를 SK하이닉스, NAVER, 카카오, 삼성SDI, 엔씨소프트, 크래프톤이 차지합니다. 코스피, 코스닥에 상장된 IT 회사 시가총액과 같은 순위입니다.

• KBSTAR Fn5G테크 ETF 주식 비중   기준: 2022.01.14

구성종목(구성자산)	주식수(계약수)	구성비중
삼성전자	1,392	20.35%
리노공업	414	14.62%
케이엠더블유	1,048	7.40%
한미반도체	909	6.39%
RFHIC	690	4.33%
비에이치	985	4.20%
서진시스템	526	4.20%
파트론	1,539	3.55%
에이스테크	1,388	3.44%
ISC	422	2.85%

KBSTAR Fn5G테크 ETF KBSTAR Fn5G테크 ETF는 코스피와 코스닥 시장에 속한 종목 중에서 5G 밸류체인에 해당하는 종목을 모은 상품입니다. 삼성전자, 리노공업, 케이엠더블유, 한미반도체, 비에이치 등이 두루 담겨 있습니다.

이 중 케이엠더블유는 5G 관련 안테나, 시스템, 필터류 등 다양한 제품을 만드는 회사입니다. 5G 투자는 메타버스와도 긴밀한 연관을 가지고 있는데요. 가상현실(VR) 등 고용량 데이터를 주고받아야 하는 메타버스 시대에는 5G의 핵심 성능인 초연결, 초저지연, 대규모 데이터 전송 능력이 있어야 하기 때문입니다. 비에이치의 경우 세계 최대 부품업체인 일본 무라타가 독

● HANARO Fn5G산업 ETF 주식 비중　　　　　　　　　　기준: 2022.01.14

구성종목(구성자산)	주식수(계약수)	구성비중
SK텔레콤	1,181	9.73%
KT	2,127	9.71%
LG이노텍	169	9.51%
LG유플러스	4,726	9.30%
SK하이닉스	436	8.20%
삼성전기	292	8.03%
삼성전자	689	7.79%
삼성SDS	335	7.38%
삼성SDI	56	5.30%
심텍	437	2.90%

점하고 있던 5G 안테나 소재를 국산화한 부품을 비에이치가 삼성에 납품하는 구조입니다. 스마트폰과 기지국을 연결하는 5G용 중계기 부품도 양산을 시작했고요.

　5G 산업에 투자하는데 5G 서비스의 핵심인 통신사는 어디 갔느냐 찾는 분들도 계실 것입니다. 그런 분들은 HANARO Fn5G산업 ETF를 보면 됩니다. 국내 3대 통신사인 SK텔레콤, KT, LG유플러스를 각각 약 10%의 비중으로 골고루 담고 LG이노텍, 삼성전기, SK하이닉스, 삼성전자 등을 편입한 상품입니다.

　5G 통신, 더 나아가 6G 통신 등 망이 고도화되면 통신사 입장에선 무

선 가입자당 평균매출(ARPU)이 늘어나는 구조입니다. 또 새로운 망을 구축하는 데 어마어마한 돈이 드는 장비를 개발해 공급하는 회사들도 돈을 벌게 되지요. 즉 5G 관련 부품회사에 주목하는 KBSTAR Fn5G테크 ETF는 후자 스토리에 바탕을 둔 상품이고, HANARO Fn5G산업 ETF은 그보다는 전자 스토리에 방점을 찍은 투자상품이라고 볼 수 있습니다.

TIGER 코스닥150IT ETF   한국 코스피의 두 축인 삼성전자와 SK하이닉스가 코스피 시가총액에서 차지하는 비중이 워낙 높아서 IT ETF 수익률이 코스피와 비슷하게 흘러가는 게 불만인 분들도 있을 것입니다. 이런 분들은 TIGER 코스닥150IT ETF가 대안이 될 수 있습니다. 코스닥에 상장된 IT 회사만 골고루 담는 구조이기 때문에 삼성전자, SK하이닉스, 삼성SDI, LG전자 등 코스피 대형주가 모두 빠지게 됩니다.

엘앤에프, 리노공업, LX세미콘, 원익IPS, 고영, 대주전자재료 등 반도체 관련 업종, 2차전지 부품회사 중에 주목받는 기업들이 다수 들어가 있습니다.

TIGER 200IT 레버리지 ETF   한국 IT 종목에 몰빵 투자할 수 있는 상품도 있습니다. TIGER 200IT레버리지 ETF가 주인공입니다. 아까 설명해드린 TIGER 200 IT ETF 등락의 두 배를 추종하는 상품입니다. 오르면 두 배씩 오르고 내리면 두 배씩 내립니다. 아까 이 상품은 코스피에 상장된 대형 IT 종목에 주로 투자한다고 말씀드린 바 있습니다. 즉 반도체를 필두로 한국 대형 IT주가 강하게 반등할 것이 예상될 때 이 상품에 투자하시면 좋습니다.

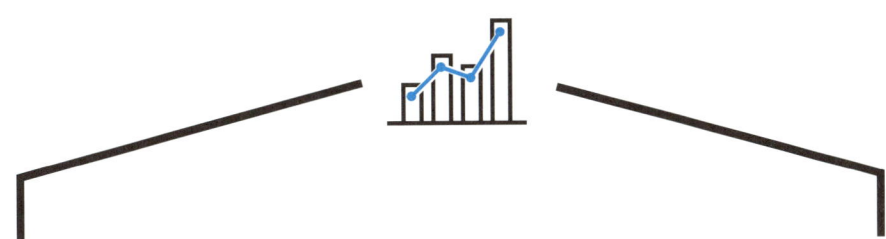

글로벌 IT에 투자하는 상품

거대 IT 공룡에 투자한다

한국 IT 말고 글로벌 IT 산업에 투자할 수 있는 상품도 여럿 있습니다.

KINDEX 미국IT인터넷S&P(합성 H) ETF KINDEX 미국IT인터넷S&P(합성 H) ETF를 예로 들어보겠습니다. 이 종목은 아마존, 페이팔, 알파벳(구글), 시스코, 트위터를 비롯한 미국의 대표 IT 기업에 투자하는 ETF입니다.

KODEX 미국FANG플러스(H) ETF 또 KODEX 미국FANG플러스(H) ETF를 빼놓을 수 없을 것 같습니다. 엔비디아와 테슬라, 넷플릭스와 애플을 10% 넘게 편입하고 그 외에 아마존, 알파벳(구글), 메타(페이스북)를 골고루 담은 상품입니다. 중국의 바이두를 2022년 초 기준 8% 넘게 편입하고 있는 점도 눈에 띄네요. 미국 대표 기술주에 분산투자하고 싶다면 이 종목이 적격일 것 같습니다. 이 종목은 고르고 고른 딱 10개의 종목에만 집중투자하는 상품입니다. 미국 대형 IT 종목 수익률이 앞으로도 좋을 것이라 예측한다면 이 종목에 올라타 시간을 보내면 불어난 계좌를 체감할 수 있을 것입니다.

TIGER 미국테크TOP10 INDXX ETF TIGER 미국테크TOP10 INDXX ETF도 비슷한 성격이라고 볼 수 있습니다. 이 ETF는 미국 기술주를 대표하는 나스닥 시장에서 시가총액 상위 10개 기업에 투자합니다. 명목상 나스닥을 대표하는 기업에 투자하는 ETF라 볼 수 있지만 나스닥 시총 상위 기업이 IT 기업이라서 IT에 집중투자하는 상품이라 봐도 무방합니다. 2022년 초 기준 애플, 마이크로소프트, 컴캐스트, 메타(페이스북), 엔비디아, 페이팔, 테슬라, 알파벳(구글), 어도비, 아마존이 들어 있습니다.

ARIRANG 미국나스닥테크 ETF 한국 IT 회사를 추려 ETF 상품을 만들면 삼성전자와 SK하이닉스 비중이 높아지는 것처럼 미국에서도 나스닥 상장종목으로 투자 바구니를 짜면 애플, 알파벳(구글), 테슬라 등 이름만 들어도 알 만한 대형주 비중이 높아질 수밖에 없습니다. 어떤 투자자들은 이런 쏠림현상을 싫어할 수도 있습니다. 글로벌 IT 기업 여러 개에 분산투자하는 방식을 선호할 수 있습니다. 이런 분들은 ARIRANG 미국나스닥테크 ETF가 제격입니다. 이 ETF는 글로벌 IT 40개 기업에 분산투자합니다. 미국 시장과 성장주 상승의 수혜를 동시에 누릴 수 있는 종목으로 장기 성장성이 있는 4차 산업혁명과 관련한 핵심 기업들에 집중투자해 수익을 창출하는 구조입니다.

이 상품은 40개의 편입 종목을 최대한 비슷한 비중으로 투자하는 게 특징입니다. 엔비디아, 퀄컴, 애플, 어도비, 바이두, 메타(페이스북) 등 글로벌 IT 기업을 2~3%씩 썰어서 분산투자하고 있습니다.

KODEX 한국대만IT프리미어 ETF 독특한 상품 중에 KODEX 한국대만 IT프리미어 ETF를 추가로 소개하고 싶습니다. 이 상품 하나로 TSMC와 삼성전자 등 한국과 대만의 대표 IT 기업에 분산투자할 수 있습니다. TSMC는 앞서 여러 번 설명해드렸지만 글로벌 파운드리 1위 업체죠. 이 상품은 TSMC와 삼성전자를 약 20% 비중으로 골고루 '투톱'으로 투자합니다. 이외에 SK하이닉스, 글로벌 1위 애플리케이션 프로세서 설계업체인 미디어텍과 폭스콘을 보유한 홍하이정밀공업, 글로벌 3위 파운드리사로 꼽히는 UMC 등 대만의 IT 업체들이 들어가 있습니다. 한국이 팹리스, 파운드리 분야에 조금 약한 게 사실인데요. 이 단점을 대만의 IT 회사에 투자해서 메꾸는 형태입니다.

3장 정리 문제

1. **탄소배출권 ETF와 관련한 설명 중 사실이 아닌 것은 무엇일까요?**
   ① 탄소배출권은 온실가스 감축 방식을 가급적 시장의 틀 안에서 해결하자는 국가적 합의의 결과이다.
   ② 예전에는 특정 플랫폼을 통해 기업과 기업이 거래하는 방식으로 이루어졌지만 이제는 탄소배출권 ETF를 통해 개인도 탄소배출권에 투자할 수 있다.
   ③ 글로벌 탄소배출권 시장에서 유럽은 50% 정도의 비중을 차지하고 있다.
   ④ 탄소배출권에 대한 수요는 중장기적으로 상승할 것이다.

2. **ESG ETF에 대한 설명으로 옳지 않은 것은 무엇일까요?**
   ① ESG는 기업의 비재무적 요소인 환경(Environment)·사회(Social)·지배구조(Governance)를 뜻한다.
   ② 글로벌 국부펀드들이 ESG에 입각한 투자를 확대하고 있다.
   ③ ESG의 'E' 요소는 친환경 산업을 영위하는 기업으로 해석할 수 있어 전기차·풍력·태양광 산업과 밀접한 관련이 있다.
   ④ KBSTAR ESG사회책임투자 ETF는 KRX ESG 사회책임경영지수를 따르며 2022년 초 기준으로 현대차그룹의 비중이 25%를 넘어섰다.

3. 경기가 살아나면 흔히 _____로 불리는 조선, 철강 등 기업 주식 주가가 뜨고, 이런 주식을 모아놓은 ETF에 투자하면 수익을 낼 수 있다.

4. 바이오 ETF와 관련한 다음 사항 중 사실과 다른 것은 무엇일까요?
① 코로나19를 계기로 전염병을 바라보는 시선이 이전과 크게 달라졌기 때문에 앞으로도 바이오 산업에 대한 성장세는 여전히 이어질 것이다.
② ETF를 통해 분산투자를 하면 바이오 산업 성장성에 투자하면서도 개별 기업의 리스크는 최소화할 수 있다.
③ 바이오 산업은 크게 세 차례에 걸쳐 임상실험을 하는데 두 번째(2상), 세 번째(3상)로 넘어갈수록 치료제·백신 개발 가능성은 높아지고 이에 따라 주가도 상승한다.
④ 중국은 아직 고령화 문제가 심각하지 않아 바이오 산업은 본격적인 성장세에 진입하지 않았다.

5. 조선 ETF, 철강 ETF 등 경기에 민감한 주식을 우리는 흔히 묶어 '순환하는', '주기적인'이란 뜻의 _____이라고 부른다.

정답: 1. ③   2. ④   3. 경기민감주   4. ④   5. 사이클리컬(cyclical)

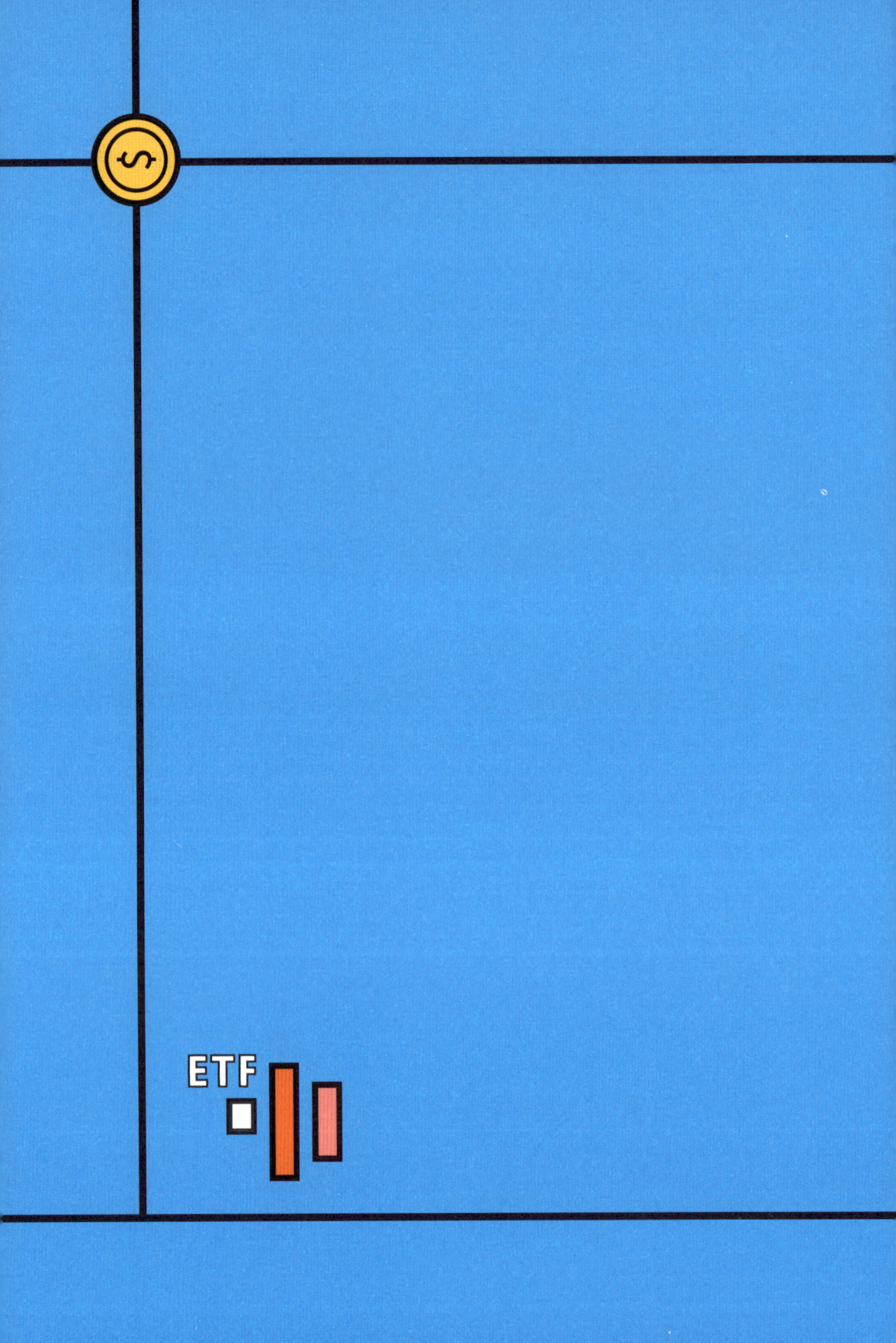

4장

증시가 내려도
내 수익률은 오르는
절대수익
ETF 투자

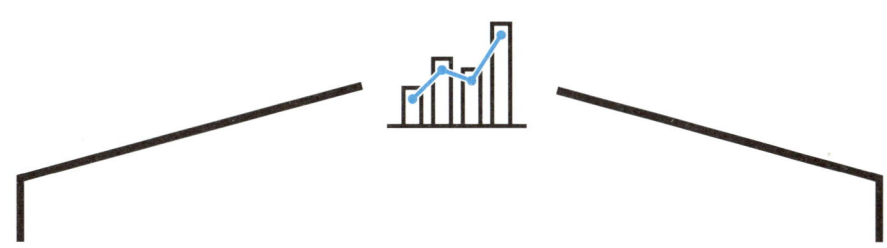

증시가 떨어지면 돈 버는 인버스 ETF

인버스 ETF는 공매도와 비슷한 원리

ETF의 세계에서는 증시가 올라야만 돈을 버는 게 아닙니다. 증시가 내려갈 때 돈을 버는 상품도 있습니다. 인버스 ETF를 사면 됩니다. 어떻게 주가가 빠지는데 돈을 버는 상품이 있을 수 있을까요? 이것은 공매도(空賣渡) 원리와 비슷합니다.

여러분도 공매도에 대해 들어보셨을 것입니다. 공매도란 쉽게 말해 없는 주식을 팔아 매도주문을 내는 것입니다. 한자로 '빌 공(空)'자가 들어가 있는 이유이지요. 개별 종목 단위에서 공매도란 '특정 종목의 주가가 하락할 것으로 예상되면 해당 주식을 보유하고 있지 않은 상태에서 주식을 빌려 매도하는 것'을 말합니다. 기술적으로 주식을 빌려서 이를 팔고, 추후 주가가 하락하면 그때 주식을 사서 이걸 갚으면 되는 거죠. A기업 주가가 주당 10만 원이라고 하겠습니다. 당신은 이 주식을 친구에게 빌려 장중에 매도하고 나중에 주가가 주당 8만 원으로 떨어졌을 때 이걸 다시 사서 친구에게 갚았다고 칩시다. 그럼 주가가 하락한 주당 2만 원만큼의 금액은 당신의 수익으로 돌아갑니다.

쉽게 말해 인버스 ETF는 증시를, 지수선물을 공매도하는 상품이라고 보면 됩니다. 그렇다면 무슨 지수선물을 ETF로 공매도할 수 있을까요? 일단 가장 대중적인 지수 코스피200 선물을 공매도할 수 있습니다. 코스피200 지수가 내리면 내린 만큼의 수익률을 낼 수 있는 상품입니다.

KODEX 인버스 ETF 대표 상품으로 삼성자산운용이 내놓은 KODEX 인버스 ETF가 있습니다. 연 0.64%의 수수료를 받는 이 상품은 코스피200 주가지수선물의 반대 방향으로 움직이도록 설계되어 있습니다. NH아문디자산운용이 출시한 HANARO 200선물인버스 ETF(수수료 연 0.45%)와 키움투자자산운용의 KOSEF 200선물인버스 ETF(연 0.46%), KB자산운용의 KBSTAR 200선물인버스 ETF(연 0.6%)도 같은 맥락의 상품입니다.

최근 들어 인버스 ETF에도 수수료 인하 바람이 불고 있습니다. 인버스 수수료 인하 경쟁은 미래에셋자산운용이 주도하고 있는데요. 미래에셋자산운용은 2021년 말 TIGER 인버스 ETF 보수를 세계 최저로 인하한다고 밝혔습니다. 이와 함께 보수 인하 대상을 TIGER 레버리지 ETF, TIGER 인버스 ETF, TIGER 200선물레버리지 ETF, TIGER 200선물인버스2X ETF 등 네 가지로 정했는데요. 언급된 ETF 4종의 총보수는 모두 연 0.09%에서 연 0.022%로 낮아졌습니다. 회사 측은 0.022% 보수는 국내는 물론 전 세계 지수 관련 ETF 중에 최저라고 밝혔습니다. 거듭 말씀드리지만 인버스 ETF도 지수를 추종하는 ETF이기 때문에 펀드를 운용하는 회사 측의 특별한 능력이 별반 필요가 없습니다. 시가총액이 일정 규모 이상 되어서 거래가 활발해 괴리율이 클 여지가 없고, LP들이 활발하게 호가를 제시해 NAV에 근접하게 실시간 거래되면 그것으로 족합니다. 그러니 수수료가 얼마인지가 ETF를 선택하는 중요 변수로 떠오르게 되지요.

KODEX 코스닥150선물인버스 ETF 코스피200 지수 반대로 움직이는 ETF가 있다면 코스닥150 지수에 역행하는 ETF도 있겠지요. KODEX 코스닥150선물인버스 ETF가 그런 상품입니다. 연 0.64% 수수료를 떼는 이 상품은 코스닥150 선물지수의 일별 수익률을 음의 1배수로 따라가기 위해 만들어진 ETF입니다.

TIGER 코스닥150선물인버스 ETF와 한화자산운용의 ARIRANG 코스닥150선물인버스 ETF 같은 목적으로 만들어진 TIGER 코스닥150선물인버스 ETF는 연 0.32%의 펀드 보수를 뗍니다. 한화자산운용의 ARIRANG 코스닥150선물인버스 ETF는 연 0.29%의 수수료가 책정되어 있습니다. 모두 같은 목적으로 만들어진 상품입니다.

앞서 레버리지 ETF를 소개해드린 것처럼 인버스 세계에서도 레버리지 ETF가 있습니다. 흔히 '곱버스'로 불리는 인버스 상품입니다. 곱버스란 '곱빼기'와 '인버스'를 합친 용어입니다. 지수가 내린 것의 두 배만큼 수익을 낼 수 있는 상품입니다. 지수 하락이 강하게 예견될 때 투자할 수 있는 인버스 상품입니다.

KODEX 200선물인버스2X ETF 예를 들어 단기간 지수가 급등했을 때 주가 하방에 베팅하고 싶은 투자자들이 곱버스 ETF를 사게 되지요. 시장에는 다양한 형태의 곱버스 ETF가 있습니다. 코스피200 선물지수가 떨어지면 그 두 배만큼 수익을 내는 ETF가 있습니다. 대표 상품은 KODEX 200선물인버스2X ETF입니다. 코스피200을 기초로 한 곱버스 ETF 중 가장 규모가 큰데요. 이 ETF는 연 0.64%의 보수를 떼갑니다. 한화자산운용의 ARIRANG 200선물인버스2X ETF는 수수료 측면에서 강점이 있습니다. 펀드 보수가 0.06%로 저렴하지요. 미래에셋자산운용의 TIGER 200선물인버스2X ETF 역시 보수가 연 0.09%로 쌉니다.

이외에도 KB자산운용의 TIGER 200선물인버스2X ETF, 키움투자자산운용의 KOSEF 200선물인버스2X ETF등이 있습니다. 다만 코스닥150 지수의 반대 두 배만큼 움직이는 ETF는 아직까지 없습니다. 코스닥150 지수 변동폭이 크다 보니 아직까지 관련 상품 출시가 허용되지 않았습니다.

곱버스 투자에서 잊지 말아야 할 것

곱버스 투자에 관심이 있으시다면 꼭 이것 하나는 알고 가셔야 합니다. 곱버스는 '방망이를 짧게 쥐고', '단기로만!' 투자해야 하는 상품이라는 겁니다.

다음 그래프는 코스피 장기 추세 그래프입니다. 고비 고비마다 상당한 등락은 있었지만 결론은 우상향입니다.

한국 경제가 성장하고 덩치를 키워가는 한 코스피는 올라갈 수밖에 없습니다. 시대마다 주도주가 반도체, 바이오, 2차전지, 자동차, 화학 등으로 옷을 갈아입을 수는 있지만 나라가 망하지 않는 한 지수 자체가 장기 하락할 가능성은 없습니다.

• 코스피 장기 추세 그래프

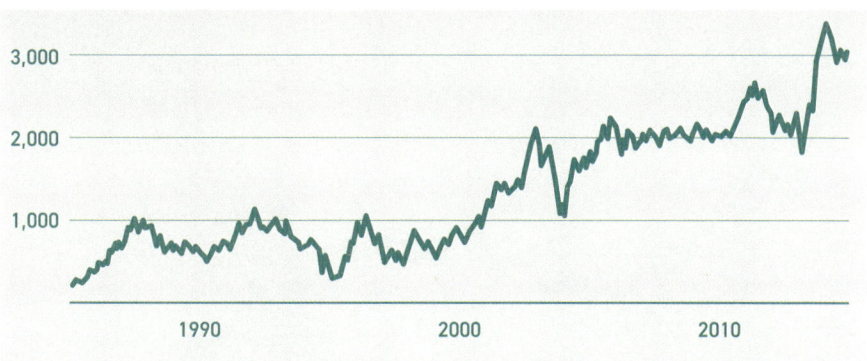

그런데 만약 곱버스 ETF 들고 몇 년간 투자를 한다면 결과는 어떻게 될까요? 만약 2016년 10월 1일에 KODEX 200선물인버스2X ETF에 투자해 5년을 묵혔다면 주가는 주당 9760원에서 2255원으로 떨어져 투자금의 80% 가까이 날렸을 것입니다.

그런데도 시장의 파도를 정확하게 읽어 곱버스로 수익을 내겠다는 개인 투자자들은 끊이지 않고 있습니다. 2020년 개인 투자자들은 코스피200 곱버스 대표 상품인 KODEX 선물인버스2X ETF만 3조 5826억 원 순매수했습니다. 코로나19로 1400선까지 내려갔던 코스피가 3000을 돌파하면서 국내 증시가 과열돼 있다고 판단해 지수가 하락할 것으로 기대한 것이죠. 그러나 코스피 지수는 급락하지 않고 3000선을 오르내리며 지지를 보였습니다. 이 때문에 곱버스에 투자한 투자자들은 상당한 손해를 봤을 것으로 추정됩니다.

• KODEX 200선물인버스2X ETF 추가 추이

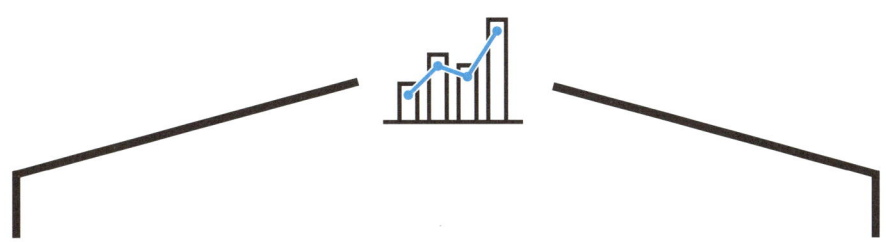

시장 공포심이 극에 달하면 수익이 올라가는 ETF

심리에 크게 좌우되는 주식 투자

여러분은 VIX 지수(Volatility Index)라는 것을 아시나요? 1993년 미국 듀크대학의 로버트 E. 웨일리 교수가 만든 지표입니다. 미국 주식시장의 변동성을 표시하기 위해 S&P500 지수옵션에 대한 향후 30일간의 변동성에 대한 투자기대 지수를 나타내는 지표입니다. 수치가 커지면 커질수록 앞으로 장의 변동이 심해질 것이라 예상하는 투자자가 많다는 뜻입니다.

주식 투자는 심리 게임이라고 하죠. 좋은 주식을 골라내는 것은 미인대회와 같다고 합니다. 오르는 주식은 좋은 주식이 아니라 다수의 사람이 오를 것으로 생각하는 주식이라는 거죠. 미인대회에 투표하는 것과 같은 이치라는 것입니다. 아무리 펀더멘털이 좋아도 다수의 시장참가자가 향후 증시가 떨어질 것으로 생각하면 주식은 떨어질 수밖에 없습니다.

VIX 지수는 이같이 시장 상황 정보, 수급과 함께 주가에 영향을 미치는 강력한 요소인 투자 심리를 수치로 나타낸 지수입니다. 구체적으로는 S&P500 지수옵션의 변동성을 의미하죠. 위아래로 장이 출렁거릴 것이란 기대가 커지면 VIX 지수는 올라갑니다. 장이 위아래로 움직일 것 같다는 기대가 크다는 것은 투자자 심리가 불안하다는 것을 의미하죠. 그래서 VIX 지수를 '공포지수(fear index)'라 부르기도 합니다. 예를 들어 VIX 지수가 30이라고 하면 향후 한 달간 주가가 30%의 등락을 보일 것으로 다수의 투자자가 보고 있다는 의미입니다.

통상 VIX는 20~30 정도에서 움직이고 40~50 정도로 올라갔다는 것은 주가가 많이 내려가 주가 반등이 임박하다는 것을 보여주기도 합니다.

구체적으로 1997년 아시아 외환위기 당시 VIX 지수는 48.64까지 올라갔고 2008년 10월 24일 리먼브러더스 사태 때는 89.53을 찍었습니다. 2015년 그리스 채무위기 때 53.29를 찍은 VIX 지수는 2020년 3월 코로나19 대유행 때 2008년 리먼브러더스 사태에 필적하는 85.47을 기록하기도 했죠.

주식시장과 반대 방향으로 움직이는 VIX 지수

통상 VIX 지수는 주식시장과 반대 방향으로 움직입니다. 지수가 높아지면 주식시장의 변동이 커질 것이라는 예측이 많다는 얘기죠. 그러면 불안한 심리가 시장에 팽배해 주식시장에서 빠져나가려는 투자자가 많아집니다. 그러다 VIX가 고점을 찍으면 공포 심리가 극에 달해 이미 팔 사람은 다 팔았다는 뜻이 되고, 이후 증시는 바닥을 치고 올라가는 그래프를 그리게 되죠.

VIX에 대한 설명은 이것으로 마무리하겠습니다. 그런데 우리 증시에는 VIX 지수에 투자해 돈을 버는 상품이 있습니다. 한마디로 증시에 대한 공포가 커지면 커질수록 돈을 벌게 되는 신기한 상품입니다. 신한 S&P500 VIX S/T 선물 ETN과 삼성 S&P500 VIX S/T 선물 ETN(H) 그리고 QV S&P500 VIX S/T 선물 ETN이 주인공입니다.

다만 VIX 지수에 투자하는 상품은 철저히 단기투자 관점에서 바라봐야 합니다. VIX 지수는 위기가 닥쳤을 때 용수철처럼 위로 치솟을 뿐 주가가 장기 상승하는 국면에는 20~30선을 맴돌며 잔잔한 모습을 보여줍니다. 또 VIX 지수가 고점에 달했을 때 투자했다가 증시가 안정세로 돌아서며 급격히 지수가 내려가는 특징도 있습니다. 따라서 위기가 임박한 징후가 포착됐을 때 재빨리 투자해서 공포가 극에 달한 시점에 얼른 차익을 실현하고 빠져나오는 게 좋습니다.

VIX 지수 장기 그래프를 보시면 중간중간 위기가 닥쳤을 때 그래프가

● 글로벌 공포지수(VIX) 추이

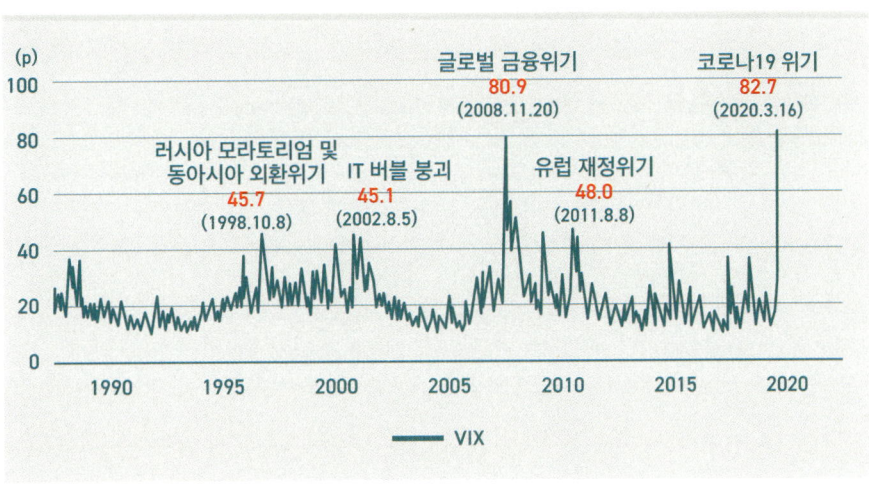

자료: Bloomberg

피뢰침처럼 뾰족한 그림을 그리지만 이내 하락세로 전환해 옆으로 기는 모습을 볼 수 있습니다.

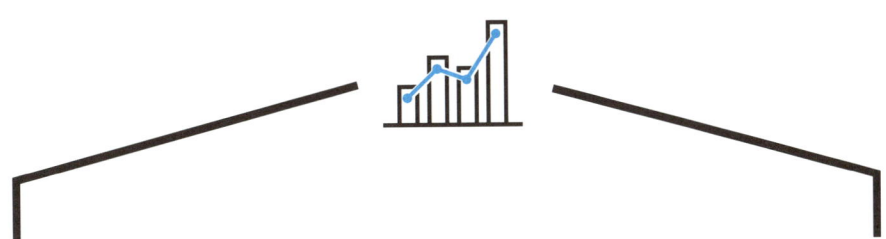

고배당 ETF의 매력

배당에 인색한 한국 기업들

한국 증시 대표 주자는 누가 뭐래도 삼성전자라고 볼 수 있습니다. 삼성전자는 2021년 대규모 배당정책을 발표한 바 있죠. 정확하게 말하자면 2021~2013년의 배당정책을 정한 것인데요. 당시 삼성전자는 향후 3년간 기존처럼 잉여현금흐름(FCF: Free Cash Flow)의 50%를 주주에게 환원한다는 정책을 유지하기로 했습니다. 기존 3년(2018~2020년)에는 매년 9조 6000억 원의 정규 배당금을 지급했는데 이걸 연간 9조 8000억 원으로 상향하기로 결정했죠. 정규 배당을 지급한 후 3년간의 잉여현금흐름 50% 내에서 잔여재원이 발생하면 이를 추가로 환원하는 정책도 유지하기로 했고, 2021년부터는 매년 연간 잉여현금흐름 실적을 공유해 잔여재원 규모를 명확히 하고, 의미 있는 규모의 잔여재원이 발생했을 경우 이 중 일부를 조기 환원하는 것을 적극적으로 검토하겠다고 했습니다. 글로벌 수준의 배당정책이라 볼 수 있습니다.

하지만 삼성전자의 분전과는 달리 한국 기업 전체의 배당성향은 그리 높은 편이 아닙니다. 2021년 기준 글로벌 기업이 평균 45%의 배당성향을 보여주는 데 반해 한국은 17%에 불과하다는 연구 결과가 있습니다. 중국(32%), 일본(35%), 미국(40%), 대만(58%) 등과 비교해 모두 뒤처지는 수준이죠.

기업 입장에서 주주환원정책은 크게 배당과 자사주 매입으로 구분할 수 있습니다. 자사주 매입까지 고려한 주주환원 성향은 글로벌 평균 73%의 5분의 1 수준에도 못 미치는 18%라고 합니다.

똘똘한 고배당주에 투자하는 ETF 상품들

배당에 있어서는 비교적 척박한 한국이지만 그래도 똘똘한 고배당주를 골라 투자해 수익을 낼 방법이 있습니다. 국내 주식에 투자하는 주요 고배당 ETF가 여럿 있는데요. ARIRANG 고배당주 ETF, KBSTAR 고배당 ETF, KODEX 고배당 ETF, HANARO 고배당 ETF, TIGER 코스피고배당 ETF를 등이 대표 상품입니다.

ARIRANG 고배당주 ETF 먼저 ARIRANG 고배당주 ETF를 살펴봅니다. 이 상품은 FnGuide 배당주지수를 추종하는데, 코스피 시가총액 상위 200종목 중에서 예상 배당수익률이 높은 상위 30종목을 선별하는 구조입니다. 하나금융지주, 포스코, 삼성증권, 우리금융지주, 신한지주 등이 들어 있는데, 2022년 기준 가장 비중이 높은 우리금융지주 비중이 5%를 갓 넘는 수

• ARIRANG 고배당주 ETF 주식 비중   기준: 2022.01.14

구성종목(구성자산)	주식수(계약수)	구성비중
우리금융지주	1,465	5.60%
POSCO	73	5.56%
하나금융지주	468	5.51%
신한지주	505	5.06%
KB금융	307	4.87%
삼성화재	86	4.77%
삼성증권	401	4.35%
기업은행	1,506	4.15%
현대중공업지주	295	4.03%
삼성생명	237	4.02%

준입니다. 최대한 분산투자 원칙을 지켰다는 의미입니다.

이 상품은 2021년 5월 주당 590원의 분배금을 지급했는데 당시 분배금 수익률은 4.59% 수준이었습니다. 2020년에는 5.21%, 2019년에는 주당 4.3% 정도 수익률을 기록했습니다. 2016년 이후 매년 최소 3.5% 이상 분배수익을 지급했다고 한화자산운용 측은 설명합니다.

KBSTAR 고배당 ETF KBSTAR 고배당 ETF는 전년도 결산 기준 현금배당에 나선 종목을 선별해 현금배당수익률 상위 80위 이내의 종목을 골라 바구니에 담는 'FnGuide 고배당포커스 지수'를 추종해 만들어진 상품입니

• **KBSTAR 고배당 ETF 주식 비중** 기준: 2022.01.14

구성종목(구성자산)	주식수(계약수)	구성비중
삼성전자	2,014	23.77%
KB금융	552	5.24%
신한지주	866	5.20%
한국전력	1,506	4.92%
KT&G	334	4.01%
하나금융지주	542	3.82%
POSCO	75	3.42%
SK텔레콤	304	2.61%
삼성화재	76	2.52%
삼성생명	244	2.48%

다. 2022년 초 기준 삼성전자, 신한지주, 한국전력, KB금융, KT&G, 하나금융지주 등을 주로 담고 있는데요. 앞서 말씀드린 '배당의 강자' 삼성전자 비중을 20% 넘게 편입한 것이 특징입니다. 배당주 ETF를 표방하면서도 삼성전자 비중을 전체 4분의 1가량 편입해 시장 수익률에 소외되지 않겠다는 의미도 가지고 있습니다. 2021년 기준으로는 2월과 5월, 8월과 11월 네 번에 걸쳐 분배금을 지급했습니다. 연간 기준으로는 약 3.4%의 분배금 지급을 한 것으로 나타나 있습니다.

KODEX 고배당 ETF   KODEX 고배당 ETF는 'FnGuide 고배당투자형지수'를 추종합니다. 배당수익률이 높은 종목을 1차로 걸러내고 그중에 변동

• **KODEX 고배당 ETF 주식 비중** 기준: 2022.01.14

구성종목(구성자산)	주식수(계약수)	구성비중
쌍용C&E	4,436	3.45%
NH투자증권우	2,903	3.18%
JB금융지주	3,351	2.82%
맥쿼리인프라	2,011	2.70%
동부건설	1,919	2.68%
진양홀딩스	6,936	2.64%
화성산업	1,844	2.50%
코리안리	2,549	2.43%
삼성화재우	151	2.37%
KT	780	2.36%

성이 낮은 안정적인 종목으로 약 50개의 종목을 지수에 편입하는 구조입니다. 이 ETF는 집중투자 없이 다양한 배당주를 기계적으로 분산투자하는 데 치중합니다.

NH투자증권우, 쌍용C&E, 동부건설, JB금융지주, 맥쿼리인프라 등 전통의 배당 강자를 기업당 2~3%씩 비중을 실어 투자 바구니를 짰습니다. 2021년 기준 440원의 분배금을 지급했는데 수익률로 환산하면 4.4% 정도 됩니다.

HANARO 고배당 ETF　HANARO 고배당 ETF는 국내 코스피와 코스닥 상장종목 중에 과거 3년 배당 성장률과 배당수익률이 높은 40종목에 배당금 총액 가중방식으로 투자하는 ETF입니다. 'FnGuide 고배당 알파지수'가 기초지수입니다. 2022년 초 기준으로 SK텔레콤, 삼성전자, 신한지주, 포스코, 하나금융지주 등 비중이 높습니다. 배당금 총액이 늘면 편입 비중이 높아지는 구조이기 때문에 특정 회사가 배당률을 특정 해에 높이게 되면 포트폴리오에서 차지하는 비중도 올라가는 구조로 보시면 됩니다.

TIGER 코스피고배당 ETF TIGER 코스피고배당 ETF는 한국거래소의 코스피 고배당 50 지수를 추종합니다. 코스피 종목 중 배당수익률이 높은 50종목으로 투자 포트폴리오를 짜는 구조입니다. 2022년 초 기준 메리츠금

● **TIGER 배당성장 ETF 주식 비중**　　　　　　　　　　　　　기준: 2022.01.14

구성종목(구성자산)	주식수(계약수)	구성비중
메리츠화재	924	7.37%
휴켐스	1,200	4.85%
고려아연	51	4.82%
현대차증권	2,187	4.47%
NH투자증권	2,126	4.43%
SK가스	203	4.39%
삼성증권	578	4.26%
삼성전자	291	3.89%
오리온홀딩스	1,421	3.71%
유니드	162	2.83%

융지주, 메리츠화재, 동부건설, 메리츠증권, 대신증권 등을 편입했습니다. 특정 종목 쏠림현상 없이 각 종목당 2~3%의 비중으로 골고루 투자하는 철학을 가지고 있습니다.

TIGER 배당성장 ETF 반면 TIGER 배당성장 ETF의 경우 배당주 ETF를 표방하지만 투자 철학이 조금 다른데요. 한마디로 성장성이 돋보이는 기업 중에서 배당을 잘 주는 기업 비중을 높이려는 전략입니다. 코스피 상장 종목 중에 주당순이익 성장률이 높은 50종목을 추려낸 뒤 여기서 배당수익률이 높은 순서대로 투자 비중을 높이는 것이죠.

모든 그런 것은 아니지만, 배당주로 불리는 일부 종목은 성장성은 거세된 채 마치 채권처럼 매년 꼬박꼬박 배당을 주는 것으로만 유명한 기업도 있습니다. 산업 자체의 파이가 커지지는 않지만, 그 산업에서 오래 버텨와 확실한 캐시카우를 지니고 있는 기업들이 보통 이렇게 분류됩니다. 하지만 주식시장은 근본적으로 성장하는 기업에 투자해 돈을 버는 게 철학이기에 주식투자를 채권처럼 하는 것을 싫어하는 사람도 많이 있습니다.

이 ETF는 주당순이익 성장률을 기준으로 1차 필터링을 거쳤기 때문에 채권이자처럼 배당수익만 주는 늙어버린 기업을 투자에서 배제할 수 있습니다. 구체적으로 7년 연속 배당을 실현하고, 5년 연속 순이익을 실현해야 한다는 조건 등을 충족해야 합니다.

2022년 초 기준으로 메리츠화재, 휴켐스, 고려아연, 삼성증권, NH투자증권, 현대차증권, 유니드 등이 담겨 있습니다. 2021년 증권사 순이익이 좋았던 데다 증권사는 배당을 많이 주는 업종이어서 다수의 증권사가 포트폴리오 상위 리스트에 올라간 것으로 보입니다.

해외 배당주 ETF는 이런 게 있다

국내 주식 외에 해외 배당주를 편입한 ETF

ARIRANG 미국다우존스고배당주(합성 H) ETF 필터링을 거쳐 미국 상장 기업 중 배당수익률 상위 100종목에 투자하는 ETF입니다. AT&T, 프루덴셜 금융그룹, 화이자, 필립모리스 등이 담겨 있습니다.

KBSTAR 미국고정배당우선증권 ICE TR ETF KBSTAR 미국고정배당우선증권 ICE TR ETF는 약 180종목으로 이뤄진 미국 고정배당우선주에 골고루 투자하는 상품입니다. 고정배당우선주란 용어가 어려운데 일반적인 우선주와 다르게 채권처럼 신용 등급을 부여받는 게 특징입니다. 그리고 발행 시점에 배당금이 고정되기 때문에 안정적인 배당을 확보할 수 있죠. 채권 같은 주식이라 보면 되겠습니다. 배당금 전액을 재투자하는 토털리턴(TR) 상품이기 때문에 복리 효과를 내는 데 좋습니다. 배당을 투자금에 합쳐가며 지속적으로 눈 굴리기를 하기 때문이죠.

KINDEX 미국고배당S&P ETF KINDEX 미국고배당S&P ETF도 미국 배당주에 투자할 때 좋은 대안이 될 수 있습니다. 이 상품은 뉴욕증권거래소와 나스닥에 상장한 종목 중 ① 최소 10년 이상 꾸준히 배당금을 지급했고, ② 유동시가총액, 현금흐름부채비율, 자기자본이익률(ROE) 등 펀더멘털이 우수하고, ③ 연 기준 배당수익률과 5년 배당성장률이 높은 상위 100개 종목을 선별해 시가총액에 따라 비중을 조절해 투자하는 상품입니다. 미국의 유명 반도체 기업인 텍사스 인스트루먼트, IT 컨설팅 그룹 회사인 IBM, 미국 최대 건축자재 기업 홈디포, 미국 최대 이동통신사 버라이즌 등 비중이 높습니다.

TIGER 유로스탁스배당30 ETF TIGER 유로스탁스배당30 ETF는 유럽 배당주에 투자하는 점에서 차별화됩니다. 유로존 12개국(오스트리아, 벨기에, 핀란드, 프랑스, 독일, 그리스, 아일랜드, 이탈리아, 룩셈부르크, 네덜란드, 포르투갈, 스페인)에 상장된 주식 중에 배당률이 높은 상위 30개 종목에 투자합니다. 프랑스 대표 이동통신사인 오렌지, 벨기에 통신사 프록시무스, 유명 보험회사 악사, 프랑스 최대 은행 BNP파리바 등이 투자 바구니에 담겨 있습니다.

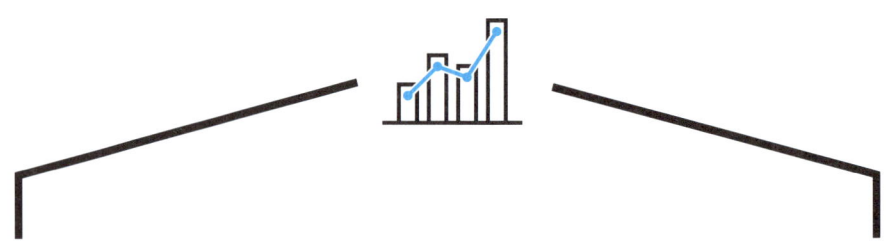

나를 펀드매니저로 변신시켜주는 롱숏 ETF

상승장에서도 하락장에서도 수익을 낼 수 있는 법

펀드매니저는 주식을 비롯한 투자자산을 전문으로 투자하는 사람들이죠. 쉽게 말해 투자의 고수라고 할 수 있습니다. 모든 펀드매니저가 모든 시기에 다 뛰어난 성과를 낸다는 보장은 없지만, 일반인보다 훨씬 고차원적인 투자지식을 보유해 제대로 성장할 수 있는 주식을 선택할 수 있는 역량을 갖춘 것만은 확실합니다.

그런데 펀드매니저는 주식이 오를 때만 돈을 버는 게 아닙니다. 공매도란 방법으로 주식이 떨어질 때도 돈을 버는 게 펀드매니저입니다. 여기에 전략 하나를 더 붙여 소위 '롱숏' 전략으로 수익을 극대화합니다. 롱숏이란 무엇일까요? 쉽게 말해 주가가 오를 종목은 매수(롱 포지션)하면서 동시에 떨어질 것 같은 종목에는 공매도(숏)를 택하는 것입니다. 상승을 예상한 매수 전략과 하락에 대비하는 매도 전략을 동시에 쓰는 것이죠. 자, 이렇게 하면 어떤 효과가 있을까요? 상승장이나 하락장이나 찍기만 잘한다면 안정적인 수익을 낼 수 있습니다. 쉽게 말해 '박스권' 증시에서도 수익을 낼 수 있다는 것이지요.

훈련받은 전문 펀드매니저만 할 수 있다고 생각이 들 수 있지만, ETF 하나로도 얼마든지 이런 전략을 구사할 수 있습니다. 차근차근 살펴보겠습니다.

KODEX 200롱코스닥150숏선물 ETF 먼저 KODEX 200롱코스닥150숏선물 ETF를 살펴보겠습니다. 이름이 길어서 어렵지만 뜯어보면 별것 아닙니다. 자, 일단 이름 앞부분에 'KODEX 200롱'이 들어 있죠. '롱'은 산다는 뜻입니다. 즉 코스피200 지수가 상승하면 수익률이 오르는 상품입니다. 그런데 뒤에는 '코스닥150숏'이라고 나와 있죠. 그럼 이건 뭘까요? 네, 맞습니다. 코스닥150 지수가 떨어지면 수익률이 오르는 구조입니다. 그럼 이 ETF 수익률 그래프가 올라가려면 어떻게 돼야 할까요? 코스피 지수는 오르고 코스닥 지수는 떨어지면 됩니다. 그러면 코스피200은 '롱 포지션'을 들고 있으니 돈을 벌고, 코스닥150에는 '숏 포지션'을 잡아놨으니 추가로 돈을 법니다.

하지만 내가 예상한 대로 시장이 흘러가란 법은 없죠. 만약 코스피도 오르고 코스닥도 오르면 어떻게 될까요? 이때는 코스피랑 코스닥 중에 누가 더 많이 올랐느냐가 중요해집니다. 코스피가 코스닥보다 더 많이 올랐다고 가정해보겠습니다. 그러면 코스피200에 롱을 쳤기 때문에 돈을 벌지만 코스닥150에는 숏을 쳤기 때문에 돈을 잃게 됩니다. 하지만 코스피가 코스닥보다 더 많이 올랐으면 딴 돈이 잃은 돈보다 크니까 결론적으로 ETF 수익률은 상승합니다. 하지만 반대로 코스피보다 코스닥이 더 많이 올랐으면 돈을 잃게 됩니다.

자, 그러면 코스피와 코스닥 지수 둘 다 내린 상황을 가정해보겠습니다. 이때도 상황이 두 개로 갈리게 되겠지요. 예를 들어 코스닥이 코스피보다 더 많이 내린 상황을 가정해보겠습니다. 이러면 이 ETF는 코스닥150에 숏을 쳐놓은 상황이기 때문에 코스닥이 내린 것으로는 돈을 벌게 됩니다. 하지만 코스피200에는 롱 포지션을 들고 있으니 돈을 잃게 되지요. 그런데 코스닥이 코스피보다 더 내렸으므로 결론적으로 ETF 수익률은 상승합니다.

반대로 코스피가 코스닥보다 더 내렸다면 돈을 잃는 구조입니다. 최악의 경우 코스피는 내리고 코스닥은 올랐다면 돈을 크게 잃게 된다고 보시면 되겠습니다.

KODEX 코스닥150롱코스피200숏선물 ETF 이 상품과 정반대 구조로 설계된 KODEX 코스닥150롱코스피200숏선물 ETF를 보겠습니다. 이 상품은 코스닥150을 롱 포지션으로 잡고 있고 코스피200에 숏을 쳤네요. 그렇다면 코스닥이 오르고 코스피가 내리면 수익률 그래프가 크게 점프한다고 볼 수 있겠습니다.

그렇다면 코스피도 오르고 코스닥도 오르면 어떻게 될까요? 네, 맞습니다. 여러분이 예상하시는 대로 누가 더 많이 올랐느냐에 따라 상황이 갈립니다. 만약 코스닥이 코스피보다 더 많이 올랐다면 코스닥150 롱을 잡은 것에서 돈을 벌고, 코스피200 숏을 친 것에서 돈을 잃지만 번 돈이 잃은 돈보다 많으니 둘을 상계한 수익은 플러스로 나게 됩니다. 하지만 코스피가 코스닥보다 더 오른다면 돈을 잃게 되겠지요.

코스피와 코스닥이 둘 다 내리면 어떻게 되죠? 만약 코스피가 코스닥보다 더 내렸다면 코스피가 내려서 번 돈이 코스닥이 올라서 잃은 돈보다 크니까 ETF 수익률은 상승합니다. 하지만 코스닥이 코스피보다 더 내렸다면 반대로 수익과 손실을 합산한 결과는 마이너스가 됩니다. 코스닥은 내리고 코스피는 상승한다면 최악의 결과를 맞이하게 되겠습니다.

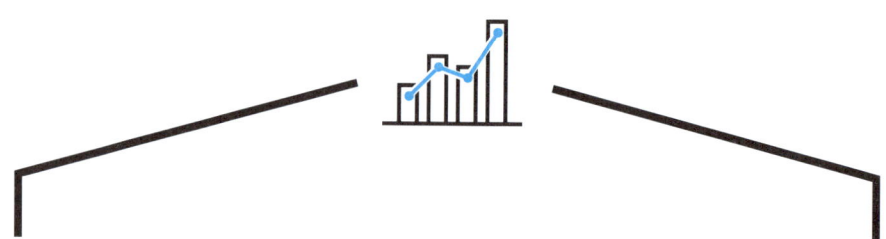

사모펀드가 굴리는 ETF

어떤 경우에도 절대수익을 노린다

아예 사모펀드(헷지펀드)가 굴려주는 ETF에 투자하는 것도 좋은 대안이 될 수 있습니다. 내가 헷지펀드 펀드매니저만큼 수익을 잘 낼 수 없다면 아예 전문가에게 맡기는 것도 방법이죠. 소액으로도 얼마든지 투자할 수 있는 공모펀드와는 달리 사모펀드가 운영하는 상품은 많게는 수억 원대의 '최소 가입금액'을 설정해놓은 경우가 많습니다. 펀드 하나를 굴리는데 품이 많이 들어 불특정 다수를 상대로 하는 펀드 운영은 제한이 많이 따른다는 게 당초 이유였습니다.

하지만 사모펀드 회사들이 안정적인 수익을 내고 덩치를 불리면서 이제는 ETF 시장까지 진출해 상품을 속속 내놓고 있습니다. 사모펀드는 '어떤 경우에도 절대수익을 내는 것'을 목표로 하는 경우가 많은데요. 실제 업계 1위

● 코스피를 상회하는 TIMEFOLIO Kstock액티브 ETF 수익률   기준: 2022.01

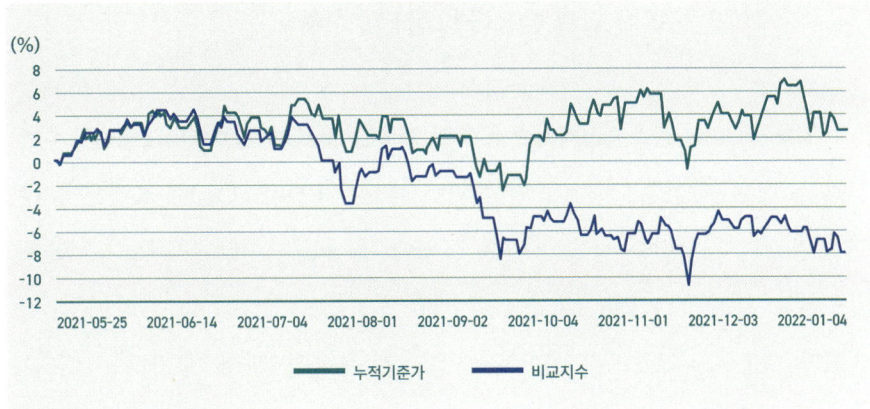

자료: 타임폴리오자산운용

인 타임폴리오자산운용의 경우 다수의 ETF 상품을 내놓고 인기몰이를 하고 있습니다.

TIMEFOLIO Kstock액티브 ETF 예를 들어 TIMEFOLIO Kstock액티브 ETF는 주도 섹터와 종목을 시의적절하게 발굴해 코스피 대비 나은 성과를 추구하는 액티브 ETF를 표방하고 있습니다. 비교지수가 코스피라서 일간 기준으로 보면 코스피와 흡사한 움직임을 보여주는데요. 누적 기준으로 보면 확실히 코스피 대비 차별화된 수익을 내고 있는 것을 확인할 수 있습니다.

TIMEFOLIO BBIG액티브 ETF 같은 회사가 만든 TIMEFOLIO BBIG액티브 ETF는 'KRX BBIG K-뉴딜 지수'를 비교지수로 비교지수 대비 초과 성과를 창출하는 것을 목표로 하는 액티브 ETF입니다. BBIG는 한국 증시 주도주로 자리매김하고 있는 '배터리·바이오·인터넷·게임'의 앞 글자를 따서 만든 조어입니다. TIMEFOLIO BBIG액티브 ETF는 기본적으로 KRX

BBIG K-뉴딜 지수를 따르되 회사만의 차별화된 운용 역량으로 지수 대비 더 높은 수익을 올리기 위해 만들어진 상품입니다.

TIMEFOLIO 탄소중립액티브 ETF와 TIMEFOLIO K컬처액티브 ETF 마찬가지로 TIMEFOLIO 탄소중립액티브 ETF와 TIMEFOLIO K컬처액티브 ETF는 각각 기후변화 산업과 한류 산업에 투자하는 액티브 펀드라고 볼 수 있습니다. 특히 TIMEFOLIO K컬처액티브 ETF는 '영화 및 드라마 등 콘텐츠와 미용 및 의료까지 아우르는 한국의 문화경쟁력에 투자하는 액티브 ETF'를 표방하고 있는데요. 2022년 초 기준으로 컴투스홀딩스, 에스엠, 펄어비스, 위메이드, 하이브 등 콘텐츠 분야 기업 등을 주로 담고 있습니다. 타임폴리오자산운용은 분기마다 2개의 액티브 ETF를 선보일 계획이어서 앞으로도 다양한 아이디어를 구현한 상품이 추가로 나옵니다.

에셋플러스 코리아플랫폼액티브 ETF 에셋플러스 코리아플랫폼액티브 ETF는 강방천 회장이 이끄는 에셋플러스자산운용이 책임지는 상품입니다. 강 회장은 '가치투자의 대가'로 불리는 국내 1세대 펀드매니저로 볼 수 있습니다. 에셋플러스 코리아플랫폼액티브 ETF는 'FnGuide 플랫폼 지수'를 비교지수로 에셋플러스가 정의하는 플랫폼 비즈니스 모델을 가진 종목을 선택해 비교지수보다 높은 수익을 내는 것을 지향하는 국내 주식형 ETF입니다. 2022년 초 기준 NAVER, 원티드랩, 카카오, 미래에셋증권 등을 주로 담고 있습니다. 독자 여러분이 다소 생소하게 느낄 수 있는 원티드랩은 인공지능(AI) 채용 매칭 플랫폼인 '원티드'를 운영하는 기업입니다. 이용자의 데이터와 기업의 데이터를 학습해 AI 기반으로 중매해주는 플랫폼입니다. 오프라인 시장의 '헤드헌터' 산업을 플랫폼화한 기업이라 볼 수 있습니다.

에셋플러스 글로벌플랫폼액티브 ETF 같은 회사가 만든 에셋플러스 글로벌플랫폼액티브 ETF는 글로벌 시장을 이끄는 플랫폼 기업에 투자하는 철학을 가지고 있습니다.

AI 기반 구인구직 플랫폼 집리크루터(ZipRecruiter), 미국 부동산 플랫폼인 질로우(ZILLOW), 미국 미용기기 플랫폼 인모드(InMode), 공유숙박 플랫폼 에어비앤비, 소프트웨어 업체 유니티 등에 높은 비중을 실었습니다.

KBSTAR V&S셀렉트밸류 ETF KBSTAR V&S셀렉트밸류 ETF도 비슷한 맥락의 상품으로 볼 수 있습니다. 이 상품은 가치주 위주로 자금을 운용하는 V&S자산운용의 자문을 받아 운용하는 ETF입니다. 이 상품은 저평가된 가치주와 특수 상황 주식에 투자하는 특징을 가지고 있습니다.

부동산에 투자하는 ETF

부동산 투자의 또 다른 방법, 리츠

코로나19를 극복하기 위해 전 세계가 쏟아부은 돈은 주식시장으로도 흘러갔지만 실물자산인 부동산 쪽으로도 어마어마하게 들어갔죠. 화폐가치는 하락하고 실물자산 가격은 올랐습니다. 식당마다 음식값도 천정부지 치솟고 있습니다. 바야흐로 인플레이션의 시대입니다.

인플레이션을 극복할 수 있는 가장 좋은 수단 중 하나도 부동산입니다. 하지만 고점 논란이 불거지고 있는 주택시장만 봐서는 뾰족한 답이 없습니다. 한국의 세제가 다주택자에게는 징벌적 세금을 물리는 추세입니다. 다주택자를 상대로는 종부세 세율도 점프하고 양도세와 취득세에서도 부담이 확 늘어납니다.

하지만 투자 대상이 오피스 빌딩이나 상가, 물류센터, 데이터센터 등이

● 리츠의 기본 구조

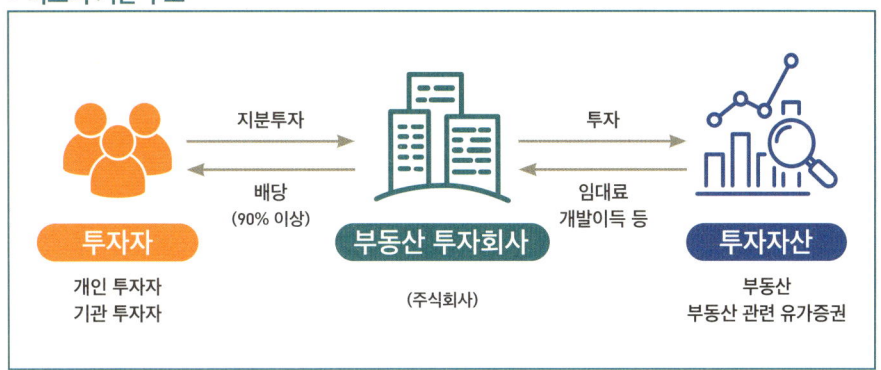

자료: 국토교통부

라면 얘기가 다르겠죠. 하지만 이런 상품에 투자하면 돈이 많이 듭니다. 하지만 여러 명이 십시일반 돈을 내어 전문가가 운영을 대신 맡아준다면 수익을 낼 수 있을 것입니다. 이런 것을 우리는 리츠(REITs)라고 부릅니다.

리츠란 다수의 투자자에게 모은 자금을 부동산에 투자해 임대수익과 시세차익을 거둔 뒤 이것을 투자자에게 돌려주는 상품을 말합니다. 한국에도 개별 종목 중에 리츠 상품이 많이 있습니다. 롯데그룹이 보유한 부동산을 유동화한 롯데리츠나 주로 쿠팡이 임차한 물류센터를 모아놓아 '쿠팡 리츠'란 별명이 붙은 ESR켄달스퀘어리츠 등이 대표 상품입니다.

그런데 리츠를 살 때도 한 리츠만 사지 않고 여러 리츠를 조금씩 분할 매수해 들고 있으면 위험을 분산할 수 있겠지요. 이것을 리츠 ETF 투자로 할 수 있습니다. 대표 상품으로 TIGER 부동산인프라고배당 ETF를 들 수 있지요. 이 상품은 롯데리츠, ESR켄달스퀘어리츠, 제이알글로벌리츠, SK리츠, 맥쿼리인프라 등 한국의 주요 리츠 주식을 골고루 편입한 것입니다.

TIGER미국MSCI리츠(합성 H) ETF 리츠 ETF를 통해 글로벌 부동산에도 두루 투자할 수 있습니다. TIGER 미국MSCI리츠(합성 H) ETF는 'MSCI US 리츠 지수'의 움직임을 추적하는 ETF입니다. 이 ETF가 미국의 부동산 실물에 직접 돈을 태우는 것은 아닙니다. 하지만 미국 부동산에 투자하는 리츠의 수익률 등락이 그리는 지수를 똑같이 추종하도록 설계되어 있기 때문에 결국 미국 부동산에 투자하는 효과를 얻을 수 있는 것입니다. 굳이 비유하자면 어떤 지수가 미국 나스닥 등락에 연동되어 설계돼 있어 나스닥이 1% 오를 때 지수도 1% 오른다고 해보겠습니다. 그러면 이 지수에 투자하면 나스닥에 상장된 애플, 마이크로소프트, 테슬라에 투자하지 않아도 나스닥에 투자한 것과 똑같은 효과를 낼 수 있겠지요.

KINDEX 미국다우존스리츠(합성 H) ETF KINDEX 미국다우존스리츠(합성 H) ETF도 비슷한 구조라고 볼 수 있습니다. 이 상품은 미국 리츠 부동산시장 대표 지수라 볼 수 있는 다우존스 US 부동산지수(Dow Jones U.S. Real Estate Index)를 추종합니다.

● 싱가포르 리츠 시장 특징

안정적인 배당수익률	최근 10년 연평균 '국고채 10년 금리+4% 수준'의 성과를 보이며 안정적 배당성향 보여
관리변동환율제 적용	싱가포르는 아시아 최대 환거래시장, 정부의 환율 안정성 확보 정책을 통해 낮은 변동성
정부주도형 투자	정부기관 및 기관 투자자가 대주주 형태로 참여하는 앵커(Anchor) 리츠 발달해 안정성 높아

KINDEX 싱가포르리츠 ETF KINDEX 싱가포르리츠 ETF도 대안이 될 수 있습니다. 싱가포르 리츠 시장은 국부펀드와 정부 산하 기관 투자자가 대주주로 참여합니다. 그런 만큼 안정성이 높고 또 높은 배당을 줍니다. 제3세계 자본시장의 경우 환율이 관건인데 싱가포르는 손꼽히는 부국인 데다 관리변동환율제를 도입해 환율 변동성도 낮습니다.

여러모로 리츠로 투자하기에 적당한 곳이라 할 수 있습니다.

KODEX TSE일본리츠(H) ETF KODEX TSE일본리츠(H) ETF는 전 세계 두 번째로 큰 규모의 리츠 시장인 일본 부동산에 투자하는 상품입니다. 도쿄, 오사카 등의 오피스와 주거용 부동산에 주로 투자합니다. 일본 리츠는 일본의 주요 연기금 등이 꾸준히 자금을 집행하면서 주가 하방을 막아주고 있다는 분석이 나옵니다.

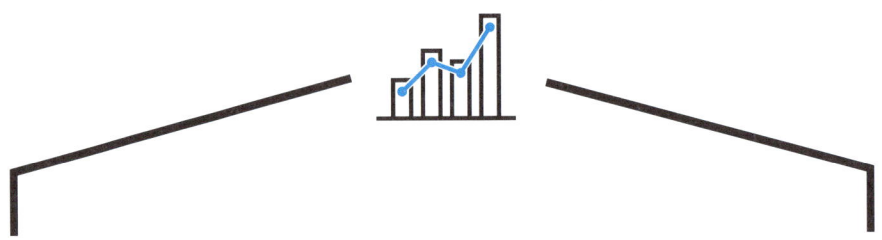

절대수익을 노린다, 커버드콜 ETF

지수가 횡보하면 절대수익을 올린다

이제부터 설명해드리는 커버드콜 ETF는 지수가 횡보할 때 절대수익을 낼 수 있는 상품입니다. 설명이 좀 어려울 수 있는데요. 대략적인 원리만 설명해드리겠습니다. 커버드콜 ETF는 주식 현물을 사면서 같은 주식을 특정 시기에 특정 가격에 살 수 있는 권리(콜옵션)를 매도하는 전략을 씁니다.

자, 예를 들어 5000원짜리 주식을 사면서 같은 주식을 6000원에 살 수 있는 권리를 판다고 해보겠습니다. 이것을 팔 때는 보통 '옵션 프리미엄'이라는 차익을 얻게 됩니다.

이제 특정 시기가 왔습니다. 그런데 주가가 6000원을 넘지 않았습니다. 그럼 나한테서 콜옵션을 산 사람은 어떻게 할까요? 그 권리를 행사하지 않고 그냥 버려버릴 것입니다. 예를 들어 주가가 5800원이라고 치면 그냥 시장에서 주식을 5800원에 사면 되는데 굳이 주당 200원이나 더 비싸게 콜옵션을 행사해 주식을 사면 더 손해잖아요. 만약 주가가 6000원을 넘었다고 쳐봐요. 그러면 주가가 오르면 오를수록 나는 손해를 보게 됩니다. 주가가 7000원을 찍었다고 하면 콜옵션을 산 사람은 옵션을 행사해 주식을 6000원에 사들일 겁니다. 그러면 나는 주당 1000원을 손해 보게 됩니다. 하지만 실제 손실은 주당 1000원을 하회하는데, 왜냐하면 애초에 옵션 프리미엄을 다소 얼마라도 받고 콜옵션을 팔았기 때문이죠. 그러나 주가가 급등하면 할수록 손실이 눈덩이처럼 커지는 것은 확실합니다.

자, 다시 처음으로 돌아가서 커버드콜 ETF는 '주식을 사면서, 콜옵션을 매도'하는 구조라고 설명해드렸습니다. 이런 구조에서는 주가가 어떻게 될 때 돈을 벌게 되는 것일까요. 예를 들어 커버드콜 ETF를 샀는데 주가가 빠졌다고 해봅시다. 이 경우 손해를 보지만 애초에 옵션 프리미엄은 먹은 상태이기 때문에 그냥 주식을 살 때보다 손실은 적게 봅니다. 주가가 5500원 정도까지만 올랐다고 해볼게요. 이 경우 5000원에선 주식이 주당 500원 올랐으니 여기서 한 번 벌었고, 옵션 프리미엄으로 한 번 더 벌었으니 그냥 주식을 살 때보다 더 짭짤한 수익을 낸 것이 됩니다.

그런데 주가가 7000원으로 급등했다고 해봅시다. 이 경우 주식을 그냥 샀다면 주당 2000원이라는 큰 수익을 냈겠지만 콜옵션을 팔았기 때문에 여기서 손실이 발생해 내 수익은 수익과 손실이 상계되는 구조가 됩니다. 이를 그래프로 그리면 이런 모양이 됩니다. 결론적으로 주식이 제한된 박스권 안에서 움직일 때 커버드콜 ETF가 시장 대비 높은 수익률을 올리게 되는 것입니다.

국내의 커버드콜 ETF 상품들 복잡한 옵션 구조를 설명해야 해서 내용이

● 커버드콜 ETF 주가 추이

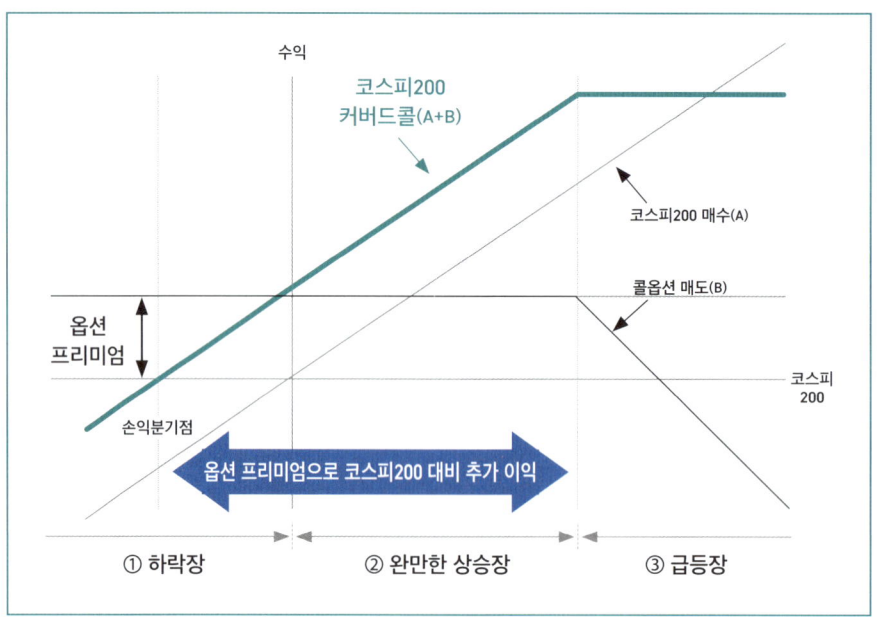

길어졌습니다. 국내 상장된 커버드콜 ETF에는 TIGER 200커버드콜5%OTM ETF, 마이다스 200커버드콜5%OTM ETF, TIGER 200커버드콜ATM ETF 등이 있습니다. 여기서 TIGER 200커버드콜5%OTM ETF, 마이다스 200커버드콜5%OTM ETF에는 5%란 단어와 OTM이란 단어가 들어가 있죠. 내용이 너무 어려워지니 요약해서 설명하자면, 이 상품은 코스피200 지수 상승률이 5%보다 넘지 않게 상승하면 이익을 극대화할 수 있는 상품이라 보시면 됩니다. 지수가 10% 상승해도 최대 수익은 약 5%로 제한됩니다.

TIGER 200커버드콜ATM ETF 반면 TIGER 200커버드콜ATM ETF는 저 5%란 숫자를 밑으로 확 내린 것이라 보시면 됩니다. 그 대신 앞서 설명해드린 콜옵션을 팔아 받는 수익인 '옵션 프리미엄'이 OTM보다 높습니다. 즉 지수가 소폭 하락할 때나 완만하게 상승할 때 높게 받은 옵션 프리미엄 덕분에 절대수익을 올리기는 더 쉽다는 얘기입니다. 요약하자면 'ATM(등가격)이 붙은 커버드콜 ETF는 OTM(외가격)이 붙은 ETF보다 최대 수익은 제한된다. 그러나 장이 횡보할 때 수익률을 높게 올릴 수 있다'로 정리할 수 있습니다.

KODEX 미국S&P고배당커버드콜(합성) ETF KODEX 미국S&P고배당커버드콜(합성) ETF처럼 미국 증시를 활용하는 상품도 있습니다. 이 상품은 'S&P500 Dividend Aristocrat Covered Call(7.2% Premium) Index'를 추종하는데 쉽게 설명해 현물주식으로 배당주에 투자하면서 콜옵션을 매도하는 전략을 동시에 쓰는 커버드콜 상품이라 볼 수 있습니다.

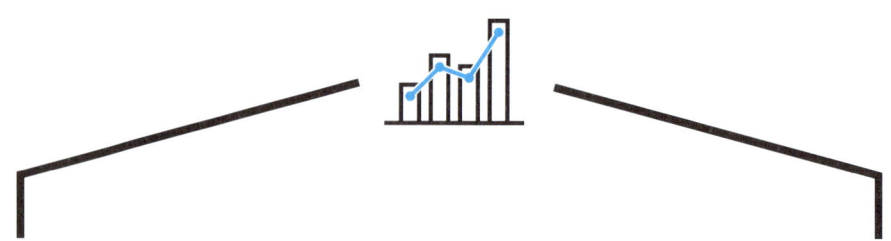

조금 내리거나 조금 오르면 돈 버는 ETN

콜옵션과 풋옵션을 동시에 파는 양매도 전략

ETN 시장을 찾아보면 '양매도'란 이름이 붙은 상품이 있습니다. 양매도니 양쪽으로 매도를 한다는 얘기겠지요. 그럼 뭘 매도를 한다는 것일까요? 아까 커버드콜 ETF에서 설명해드린 콜옵션과 이번에 처음 설명해드리는 풋옵션을 동시에 파는 것을 의미합니다. 콜옵션과 풋옵션을 팔아 얻는 '옵션 프리미엄'으로 수익을 내는 구조입니다. 기초자산으로 주식은 아예 담지 않습니다.

콜옵션 구조에 대해서는 아까 설명을 해드렸고 풋옵션은 시장가격에 관계없이 특정 상품을 특정 시점, 특정 가격에 팔 수 있는 권리를 말합니다. 풋옵션에서 정한 가격이 시장가격보다 낮을 경우에 풋옵션을 산 사람은 권리행사를 포기할 것입니다. 예를 들어 특정 주식을 주당 1000원에 팔 수 있

• 양매도 전략 수익 구조

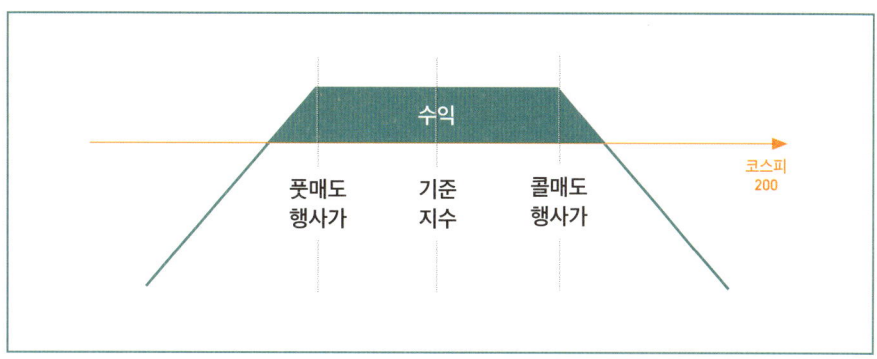

는 권리가 있는데 시장가격이 주당 1100원이라면 그냥 이걸 시장에 내다 팔면 되지 굳이 1000원에 더 싸게 팔진 않겠지요. 하지만 옵션행사 가격이 시장가격보다 높을 경우에는 풋옵션 권리를 행사해서 차액만큼의 이득을 얻을 수 있습니다. 그러므로 풋옵션을 매도한 사람 입장에서는 주가가 어느 선까지 빠지지 않으면 이득을 볼 수 있는 구조입니다. 반대로 콜옵션도 팔았으니 이번에는 주가가 어느 이상 오르지 않으면 이득을 볼 수 있겠네요. 그래서 이것을 합치면 이런 모양의 수익 그래프가 나옵니다. 즉 주가가 일정한 영역에서 횡보하는 동안에는 안정적으로 수익을 낼 수 있는 것입니다.

그럼 커버드콜 ETF와 양매도 ETN은 뭐가 같고 뭐가 다를까요? 일단 주가가 횡보하는 장에서 둘 다 절대수익을 낼 수 있는 점은 비슷합니다. 하지만 주가가 크게 올랐을 때 수익이 제한되지만 그래도 돈을 벌 수 있는 커버드콜 ETF와 달리 양매도 ETN은 오히려 손해를 볼 수 있는 구조입니다.

국내의 양매도 ETN 상품들 국내에는 삼성 코스피 양매도 5% OTM ETN, TRUE 코스피 양매도 3% OTM ETN, TRUE 코스피 양매도 5%

OTM ETN, QV 코스피 변동성 매칭형 양매도 ETN 등을 찾아볼 수 있습니다.

5%, 3% 등이 쓰여 있는 상품은 매월 지수 변동치가 5%, 3% 이내에서 꾸준히 움직이면 연 5~6%의 수익을 낼 수 있는 상품이라고 직관적으로 판단하시면 됩니다. '변동성 매칭형'이 들어간 상품은 상황에 따라 저지수가 유동적으로 변하는 구조입니다. 예를 들어 상승장이 예견될 때 하락 범주에서 2% 상승 범주에서 8%로 수익 구간을 설정하면 양쪽으로 5%씩 설정한 상품보다 수익을 내기 쉽게 되겠지요. 하지만 여기서도 함정이 있어 만약 이런 식으로 수익 구조를 바꿨다가 장이 예상치 못한 악재를 맞아 하락 끝단으로 설정한 2%를 넘어 4~5% 하락한다면 손실을 보게 되는 약점이 있습니다.

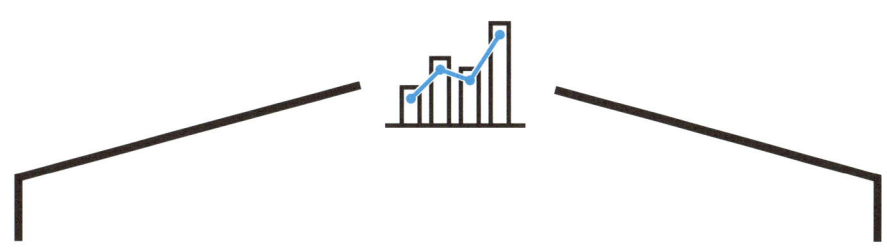

시장이 출렁거릴 때 피난처 ETF

위기 때 인기를 끄는 안전자산들

주식시장은 장기 우상향하지만 늘 출렁거림이 있습니다. 잘 닦여진 포장도로가 아니라 비포장도로에 가깝습니다. 거대한 웅덩이를 만나면 꼼짝없이 땅 밑으로 꺼졌다가 다시 올라와야 합니다. 마켓 타이밍을 정확하게 잴 수 있다면 누구나 재벌이 될 것입니다. 하지만 정확한 매수 시점과 정확한 매도 시점은 신만이 알 수 있는 법입니다.

■ 달러에 투자하는 ETF 상품들

단기 시장이 출렁거릴 때 도망갈 수 있는 피난처로 흔히 달러와 금이 거론됩니다. 글로벌에서 인정받는 안전자산입니다. 달러는 미국이란 나라가 쓰는 지역화폐이면서 전 세계가 인정하는 기축통화입니다. 금융위기 같은 메가톨급 이벤트가 닥쳤을 때 원화 가격은 달러 가격보다 훨씬 큰 폭으로 추락합니다. 그러니 달러에 돈을 묻어놓으면 원화를 들고 있는 것 대비 위기 때 수익을 낼 수 있는 것입니다.

KODEX 미국달러선물 ETF   대표적인 상품으로는 삼성자산운용의 KODEX 미국달러선물 ETF를 들 수 있습니다. KOSEF 미국달러선물 ETF도 같은 상품입니다.

KODEX 미국달러선물 레버리지의 ETF를 사면 환율이 상승할 때 큰 폭의 수익을 낼 수 있습니다. KODEX 미국달러선물 인버스 ETF는 반대로 환율 하락에 베팅하는 상품입니다.

■ 금에 투자하는 ETF 상품들

경제위기가 닥치면 금도 주목받습니다. 2021년 12월 《니혼게이자이신문》은 세계금협회(WGC) 자료를 인용해 지난 10년간 세계 중앙은행이 늘린 금 보유량은 총 4500t이 넘는다고 보도했습니다. 2021년 9월 현재 전체 금 보유량은 약 3만 6000t으로 10년 전과 비교해 15% 늘었고, 이 수치는 1990년 이후 31년 만의 최대 수준이 됐다는 얘기입니다.

구체적으로 폴란드의 중앙은행은 2019년 금을 100t 사들였고 2021년 들어서 9월까지 태국 중앙은행이 90t, 인도가 70t, 브라질이 60t가량의 금을 매입한 것으로 드러났습니다.

각국 중앙은행이 경쟁적으로 금을 사들인 것은 코로나19 이후 시작된 미국의 양적완화 정책으로 시중에 달러가 워낙 많이 풀려 다른 안전자산인 금에 대한 희소성이 부각되었기 때문입니다.

"금은 알을 낳지 않는다"라는 오랜 격언처럼 금은 배당도 없고 이자수익도 주지 않지만 글로벌 경제가 크게 흔들릴 때 혼란을 이겨내고 가치를 지켜내는 습성이 있습니다. 금의 가치는 특정한 국가가 보장해서 지켜지는 게 아니라 그 자체로 보장을 받는 특성도 있습니다. 특정 국가의 국채는 국가가 디폴트 위기에 빠지면 급속히 하락할 수 있지만 금은 그럴 염려가 없다는 뜻입니다.

KODEX 골드선물(H) ETF와 TIGER 골드선물(H) ETF KODEX 골드선물(H) ETF와 TIGER 골드선물(H) ETF를 통해 금을 간편하게 ETF로 살 수 있습니다. KINDEX 골드선물 레버리지(합성 H) ETF, KODEX 골드선물인버스(H) ETF 처럼 레버리지 상품과 인버스 상품도 있습니다.

KINDEX KRX금현물 ETF KINDEX KRX금현물 ETF는 국내 유일의 금현물 ETF라는 점에서 차별화됩니다. 이외의 국내 상장 금 ETF는 선물형 구조라서 퇴직연금에서는 투자가 불가능합니다. 상품 구조상 선물 롤오버 비용 등도 발생하죠. 하지만 KINDEX KRX금현물 ETF는 한국거래소 금시장의 금현물 가격을 반영하는 KRX금현물지수를 추종하기 때문에 이 같은 한계를 뛰어넘었습니다. 앞서 설명한 상품과 달리 환 노출형인 점도 특징입니다.

■ 미국 국채에 투자하는 ETF 상품들

미국 국채도 대표적인 안전자산으로 분류됩니다. 이론적으로 미국이 파산하거나 심각한 경제위기에 빠지면 본전을 못 찾을 수 있지만 가능성이 제로에 수렴합니다.

KODEX 미국채10년선물 ETF KODEX 미국채10년선물 ETF, KODEX

미국채울트라30년선물(H) ETF, TIGER 미국채10년선물 ETF 등이 대표 상품입니다.

다만 국채가격은 금리와 정반대 방향으로 움직이기 때문에 금리상승기에 국채 가격은 하락하는 경향이 있습니다. 이런 점은 유의하셔야 하겠습니다.

4장 정리 문제

1. 다음 인버스 ETF에 대한 설명 중 사실이 아닌 것은 무엇일까요?
   ① 곱버스는 '방망이를 길게 쥐고', '장기로만' 투자해야 하는 상품이다.
   ② 인버스 ETF의 기본적인 원리는 주식의 공매도(空賣渡)와 유사하다.
   ③ 단기간 지수가 급등했을 때 주가 하방에 베팅하고 싶은 투자자라면 곱버스 ETF를 사면 된다.
   ④ 삼성자산운용의 KODEX 인버스 ETF는 코스피200 주가지수선물의 반대 방향으로 움직이도록 설계된 인버스 ETF이다.

2. VIX 지수에 대한 다음 설명 중 틀린 것은 무엇일까요?
   ① VIX 지수(Volatility Index)란 미국 주식시장의 변동성을 표시하기 위해 S&P500 지수옵션에 대한 향후 30일간의 변동성에 대한 투자기대 지수를 나타내는 지표로, 수치가 커지면 커질수록 앞으로 시장의 변동이 심해질 것이라 예상하는 투자자가 많다는 뜻이다.
   ② VIX 지수는 구체적으로 S&P500 지수옵션의 변동성을 의미한다.
   ③ VIX 지수에 투자하는 상품은 철저히 단기투자 관점에서 바라봐야 한다.
   ④ VIX 지수 장기 그래프를 보면 중간중간 위기가 닥쳤을 때 원통형의 그림을 그리면서 이내 상승세로 전환하는 모습을 보인다.

3. 롱숏 ETF에 대한 다음 설명 중 사실이 아닌 것은 무엇일까요?

① 롱숏이란 주가가 오를 종목은 매수(롱 포지션)하면서 동시에 떨어질 것 같은 종목에는 공매도(숏)를 택하는 것이다.

② 롱숏 전략을 잘 활용하면 소위 '박스권' 증시에서도 수익을 낼 수 있다.

③ KODEX 200롱코스닥150숏선물 ETF은 코스피 지수가 오르고 코스닥 지수가 내리면 수익률이 오른다.

④ KODEX 코스닥150롱코스피200숏선물 ETF는 코스닥 지수가 내리고 코스피 지수가 오르면 수익률이 오른다.

4. _____란 다수의 투자자에게 모은 자금을 부동산에 투자해 임대수익과 시세차익을 거둔 뒤 이것을 투자자에게 돌려주는 상품을 말한다.

5. 커버드콜 ETF는 지수가 횡보할 때 절대수익을 낼 수 있는 상품으로, 주식 현물을 사면서 같은 주식을 특정 시기에 특정 가격에 살 수 있는 권리(_____)를 매도하는 전략을 사용한다.

6. 다음 중 사실과 다른 것은 무엇일까요?
① 양매도란 콜옵션과 풋옵션을 동시에 파는 것을 의미한다.
② 풋옵션은 시장가격과 밀접한 연관성을 지니면서 특정 상품을 특정 시점, 특정 가격에 팔 수 있는 권리를 말한다.
③ 양매도 ETN은 주가가 크게 올랐을 때 제한적으로나마 돈을 벌 수 있는 커버드콜 ETF와 달리 오히려 손해를 볼 수 있다.
④ 대표적인 국내의 양매도 ETN 상품들로는 삼성 코스피 양매도 5% OTM ETN, TRUE 코스피 양매도 3% OTM ETN가 있다.

정답: 1. ① 2. ④ 3. ④ 4. 리츠(REITs) 5. 콜옵션 6. ②

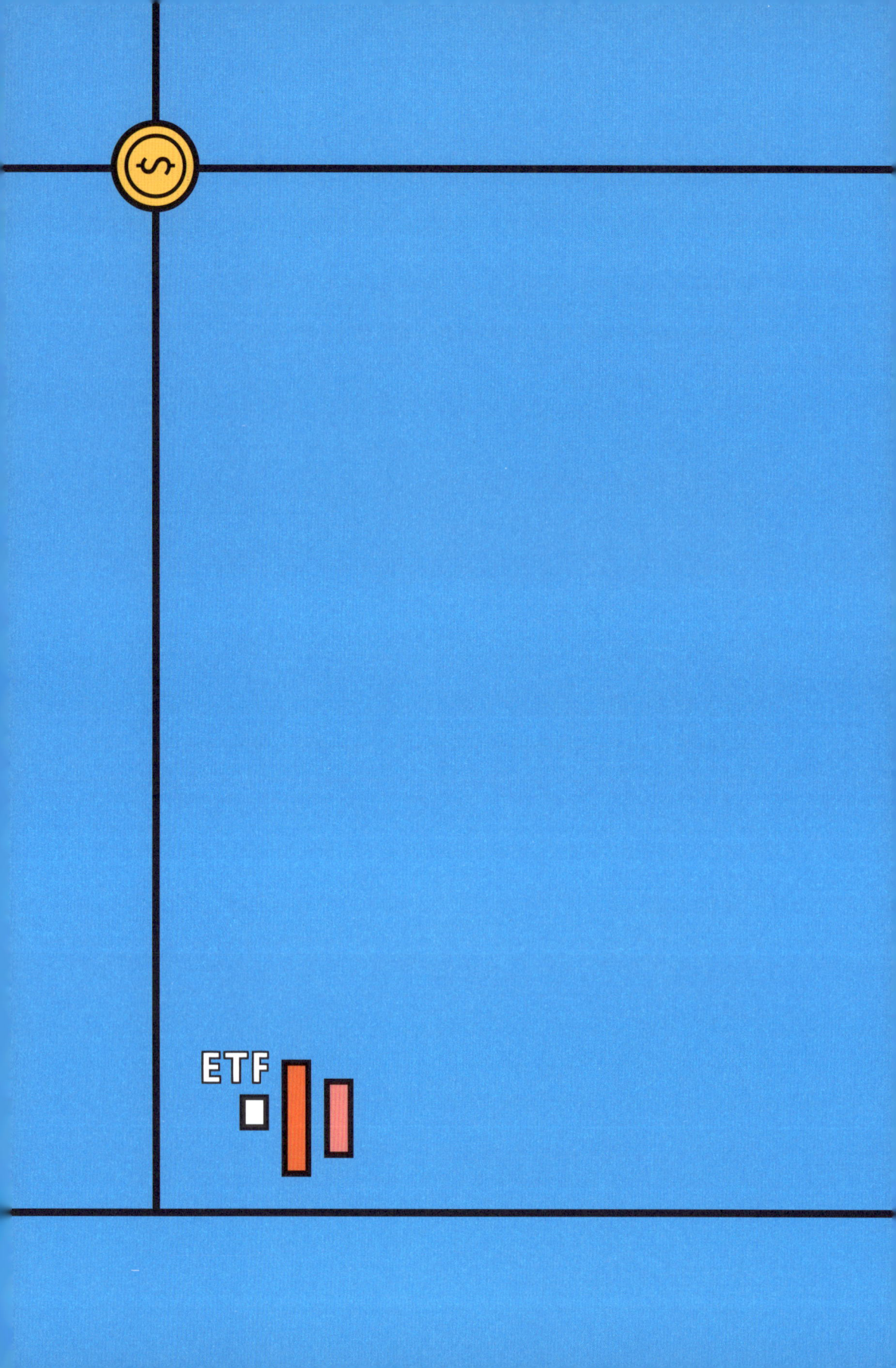

5장

서학개미들의 효자, 미국 ETF

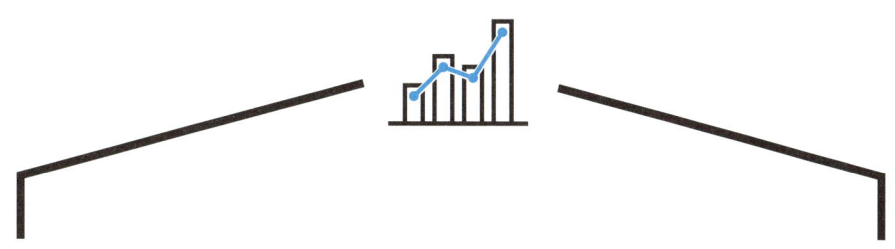

ETF로 손쉽게 서학개미 되기

역사가 증명하는 미국 주식의 힘

투자자 중에서 한국 증시보다 미국 등 해외 주식에 관심을 가지는 사람이 늘고 있습니다. 정기적으로 박스권에 갇히는 한국 증시보다 성장성만 인정받으면 위로 탄력 있게 오르는 미국 증시에 매력을 더 느끼는 사람들이 많아졌지요.

ETF로 해외 주식에 투자할 수 있는 방법은 앞서 개별 업종별 ETF를 소개하면서 자주 설명해드렸습니다. 그런데 특정 업종이 아니고 아예 미국 시장 혹은 일본 시장 자체를 사는 것에 관심 있는 투자자분도 많을 것입니다. 당연히 ETF를 통해 해외 지수에 베팅하는 투자를 할 수 있습니다. 이번 절에서는 이런 ETF만 골라 설명해드리고자 합니다. 개별 업종 ETF는 해당 절을 참고해주시면 감사하겠습니다.

TIGER 미국나스닥100 ETF　대표 상품으로 TIGER 미국나스닥100 ETF를 들 수 있습니다. 미국 나스닥100 지수를 추종하는 상품입니다. 장기적으로 혁신기업이 몰려 있는 나스닥이 우상향하면 그 수혜를 고스란히 볼 수 있는 상품입니다. 나스닥100 지수는 3000개 가까운 나스닥 상장기업 중 금융주를 제외하고 시가총액 기준 상위 100여 개 기업으로 이뤄집니다. 대표 종목은 마이크로소프트, 애플, 아마존, 테슬라, 엔비디아, 알파벳(구글), 어도비, 넷플릭스 등 한국에도 널리 알려진 회사들입니다. 테크 기업이 절반 이상을 차지하는 구조이지요. KINDEX 미국나스닥100 ETF 역시 돈을 굴리는 운용사만 다를 뿐 같은 상품으로 보시면 되겠습니다. KBSTAR 미국나스닥100 ETF도 마찬가지 관점에서 투자하시면 됩니다.

KODEX 미국나스닥100TR ETF　다만 이름은 비슷하지만 뒤에 토털리턴(TR)이 달린 KODEX 미국나스닥100TR ETF는 큰 틀에서는 같지만 조금 다른 상품이라 볼 수 있는데요. 앞서 TR에 대해 설명해드렸지만 TR이 붙은

● **배당 ETF의 특징**

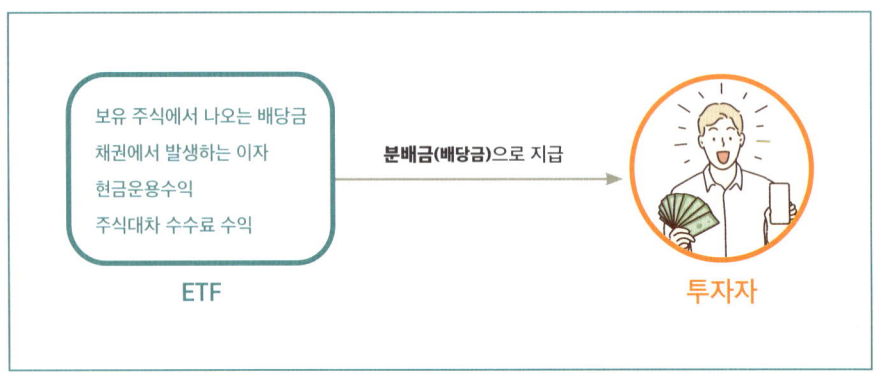

자료: 전국투자자협의회

• **일반 ETF와 TR ETF의 차이**

일반 ETF	TR ETF
분배금에 배당소득세 15.4% 매매차익에 비과세	분배금에 재투자로 세금 발생 X 매도시 보유기간 과세×15.4%

자료: 전국투자자협의회

ETF는 'ETF의 배당'이라 할 수 있는 분배금을 돌려주지 않고 그 돈으로 자동으로 해당 ETF를 더 사는 데 쓰게 됩니다. 복리 효과를 극대화할 수 있는 상품이라 볼 수 있지요.

만약 분배금을 현금으로 받게 된다면 배당소득세 15.4%를 내야 합니다. TR이 붙은 ETF는 현금이 유출되지 않았으니 배당소득세를 안 내고 그 돈만큼 ETF 주식 수를 불리는 것이라 이해하시면 되겠습니다.

KODEX 미국나스닥100선물(H) ETF KODEX 미국나스닥100선물(H) ETF도 있는데요. 이것은 나스닥100 선물지수에 투자하는 상품입니다. 그런데 여기서는 (H)란 단어에 더 집중해야 할 것 같습니다. H는 헷지(Hedge)의 약자이지요. 무엇을 헷지하느냐? 환율을 헷지합니다. 해외 ETF에 투자할 때 의외로 환율이 투자수익을 결정하는 핵심 변수가 되는 경우가 많습니다. 예를 들어 지수가 투자 시점 대비 10% 올랐더라도 그동안 원화 값이 10% 올라 1000원이던 원/달러 환율이 900원이 된다면 지수가 올라 번 돈을 환율로 다 까먹는 구조가 됩니다. 왜냐하면 미국 지수에 투자했다는 것은 달러로 표시된 자산을 산 것이기 때문에 달러 값이 뛰어야 나한테 더 유리한 것이거든요.

그런데 H가 붙은 헷지 상품을 선택하면 이런 환율변동 위험을 제거한 채 지수 자체의 움직임만 볼 수 있다는 장점이 있습니다. 하지만 이 경우 환율이 나한테 유리하게 바뀌어 올릴 수 있었던 수익을 못 올리는 경우도 생길 수 있다는 걸 유념해야 합니다. 즉 헷지 상품을 택할 것이냐, 언헷지(UH) 상품을 택할 것이냐 여부도 투자 판단의 하나라는 얘기입니다.

<u>KODEX 미국나스닥100레버리지(합성 H) ETF</u> KODEX 미국나스닥100레버리지(합성 H) ETF는 나스닥100 지수 변동치를 두 배로 추종하는 상품입니다. 지수가 1% 오르면 수익률도 2배가 나고, 지수가 1% 내리면 손실도 2배로 나죠. 다만 레버리지 ETF는 방망이를 짧게 쥐고 단기에 투자하는 상품이라고 코스피 편에서 설명을 해드렸습니다. 특히 지수가 횡보장일 때 지수는 오르락내리락하며 제자리인데 레버리지 ETF 수익률은 큰 폭으로 떨어질 수 있으니 주의하셔야 합니다.

<u>KODEX 미국나스닥100선물인버스(H) ETF</u> KODEX 미국나스닥100선물인버스(H) ETF는 나스닥100 지수를 거꾸로 추종하는 상품이죠. 지수가 내리면 돈을 벌고, 지수가 오르면 돈을 잃습니다. 인버스 상품 역시 장기로 가져가는 상품이 아니라고 코스피 편에서 말씀드렸습니다. 역사적으로 증시는 부침을 겪으면서도 꾸준히 우상향했기 때문입니다. 지수가 단기 고점을 찍고 확실하게 하락이 예상될 때만 짧게 들어가야 하는 상품입니다.

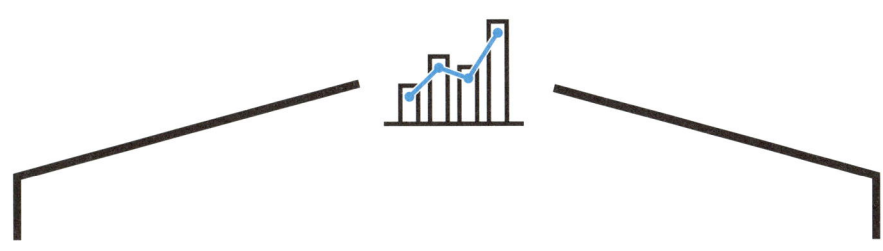

미국 S&P500에 투자하는 ETF

미국 증시를 대표하는 지수

이 상품은 미국의 대표 지수인 'S&P500 지수'에 투자하는 상품입니다. 먼저 S&P500이 무엇인지 간단히 살펴볼까요? 이 지수는 국제 신용평가기관인 미국의 스탠다드앤드푸어스(Standard and Poors, S&P)가 만든 주가지수입니다. 다우존스 지수와 같이 뉴욕증권거래소에 상장된 기업의 주가지수인데요. 다우지수가 고르고 고른 30개 종목으로 지수를 만드는 반면 S&P는 들어가는 종목이 이보다 훨씬 많은 500개입니다. 공업주(400종목), 운수주(20종목), 공공주(40종목), 금융주(40종목)의 그룹별 지수가 있습니다. 사실상 미국 증시를 대표하는 지수라고 볼 수 있는데요. 전설적인 투자자 워런 버핏이 아내를 상대로 남긴 유언장에 "내가 죽은 뒤 남겨진 돈의 90%는 S&P500 지수에 투자해라"라는 글을 남긴 것만 봐도 알 수 있지요.

TIGER 미국S&P500 ETF 대표 상품으로 TIGER 미국S&P500 ETF를 들 수 있습니다. KINDEX 미국S&P500 ETF, KBSTAR 미국S&P500 ETF도 모두 사실상 같은 상품으로 보셔도 됩니다.

TIGER 미국S&P500선물(H) ETF S&P500 지수에 투자하는 ETF 역시 다양한 라인업으로 구성되어 있습니다. TIGER 미국S&P500선물(H) ETF의 경우 환율 헷지를 하는 상품입니다. 장단점은 나스닥100 ETF를 설명하면서 상세하게 전달해드렸으니 참고하시면 되겠습니다.

KODEX 미국S&P500TR ETF KODEX 미국S&P500TR ETF는 토털리턴(TR) 상품인데, 이게 무얼 뜻하는지는 이제 아시겠죠. 분배금을 현금 형태로 돌려주지 않고 재투자하는 상품입니다. 15.4%에 달하는 세금을 내지 않는다는 장점이 있습니다.

TIGER 미국S&P500레버리지(합성 H) ETF 상품 소개는 건너뛰어도 될 것 같습니다. S&P500 지수 변동을 2배로 추종하는 상품입니다.

미국 증시가 떨어지면 큰돈 버는 ETN

하락에 크게 베팅하는 ETN

ETF 사촌인 ETN 시장으로 넘어가면 미국 증시가 떨어지는 것에 크게 베팅하는 상품도 찾아볼 수 있습니다.

TRUE 인버스 2X 나스닥100 ETN 대표 상품이 TRUE 인버스 2X 나스닥100 ETN이라 볼 수 있는데요. 나스닥100 지수 역의 움직임 두 배를 추종하기 때문에 지수가 1% 떨어지면 수익률이 2%가 나는 상품입니다. 대신 반대로 지수가 오르면 오른 것의 두 배만큼의 손실을 각오해야 합니다. KB 인버스 2X 나스닥100 ETN도 유사한 상품입니다.

신한 인버스 2X 다우존스지수 선물 ETN(H) 신한 인버스 2X 다우존스지수 선물 ETN(H)의 경우에는 다우존스지수가 떨어진 것의 두 배만큼의 수익을 낼 수 있는 상품입니다. 신한 인버스 2X S&P500 선물 ETN은 따로 설명해드리지 않아도 잘 아시겠죠? S&P500 지수에 역베팅하는 상품입니다. TRUE 인버스 2X S&P500 선물 ETN(H)도 같은 구조입니다. 다만 신한 인버스 2X S&P500 선물 ETN은 환율 헷지를 하지 않았고, TRUE 인버스 2X S&P500 선물 ETN(H)는 헷지를 했다는 차이가 있겠습니다.

중국 시장에 투자하는 ETF

중국 주식시장 이해하기

미국과 함께 G2 시장을 형성하고 있는 중국 시장에 대한 관심도 언제나 큽니다. 그런데 중국은 워낙 지수가 다양해 초보자분들은 이해하기 어려운 측면이 있죠. 그래서 이번 절에서는 중국 증시 전반에 대해 살펴보고 관련 ETF를 정리하는 시간을 가져보도록 하겠습니다.

■ 중국의 4대 증권거래소

먼저 중국에는 4개의 거래소가 있다는 것을 아셔야 하겠습니다. 상하이증권거래소와 선전증권거래소, 홍콩증권거래소 삼두마차였는데 2021년 말 베이징증권거래소가 추가로 개장했습니다. 후발주자인 베이징증권거래소는 혁신적인 중소기업에 지원하겠다는 목표로 출범했습니다. 후발주자이기 때

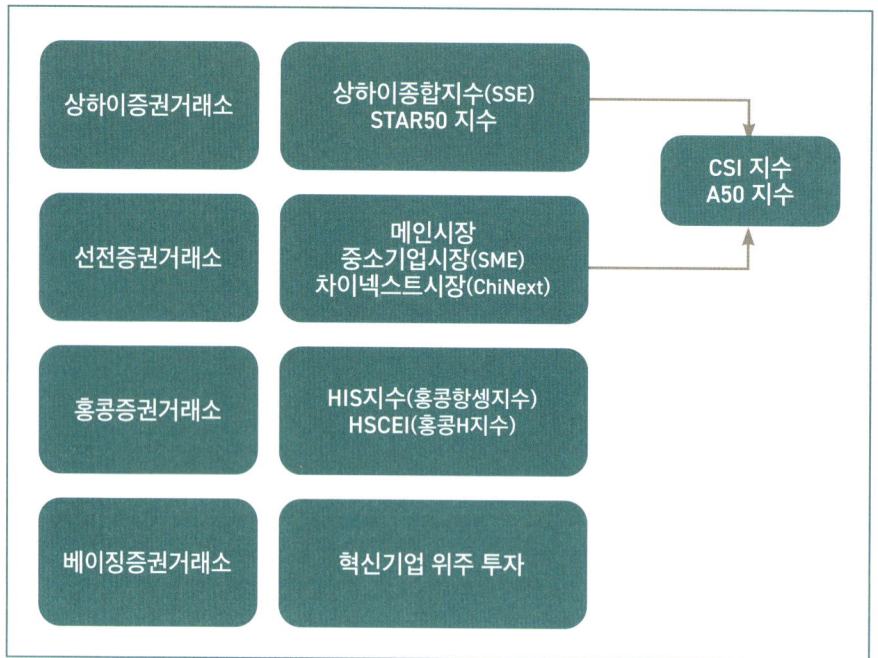

문에 중국 관련 ETF는 상하이와 선전, 홍콩을 주로 기반으로 합니다.

상하이증권거래소 먼저 상하이증권거래소는 중국을 대표하는 증권거래소로 볼 수 있습니다. 경제는 상하이, 정치는 베이징에 몰려 있는 중국 상황을 짐작하게 합니다. 중국의 주요 기업들은 상하이거래소에 주로 상장되어 있습니다. CCB(중국건설은행), 평안보험, 중국농업은행, 페트로차이나 등 시총 상위권의 금융기업들을 상하이증권거래소에서 찾아볼 수 있습니다.

선전증권거래소 선전증권거래소는 테크와 IT 관련 기업들이 많은 편입니다. 선전 일대는 중국을 대표하는 벤처밸리이기도 하지요. 상하이증권거래소는 한국의 코스피라고 본다면 선전증권거래소는 코스닥에 비유할 수 있습니다.

선전증권거래소와 상하이증권거래소를 중국 본토 시장이라고 부릅니다. 그리고 여기에는 내국인 전용의 A주와 외국인 전용의 B주가 있습니다. 원래 A주는 외국인은 투자할 수 없었는데 상하이증권거래소의 경우 2014년 시작된 '후강퉁'이란 제도를 통해 외국인도 투자할 수 있는 길이 열렸습니다.

선전증권거래소의 경우 2016년 도입한 선강퉁 제도를 통해 외국인도 선전A주에 투자할 수 있게 되었습니다. 아마도 머지않은 시기에 A주와 B주는 통합될 것으로 예측됩니다.

홍콩증권거래소 이번에는 홍콩증권거래소입니다. 여기에는 텐센트, 알리바바, 샤오미, 차이나모바일 등 친숙한 이름이 많이 보이고 있습니다. 홍콩이 중국에 돌아가기 훨씬 전인 1891년 개장했습니다.

■ 거래소별 파생 지수

상하이종합지수(SSE) 자, 그럼 각각의 거래소에서 파생되는 지수는 무엇이 있을까요? 먼저 상하이증권거래소에는 상하이종합지수(SSE)라고 불리는 대표 지수가 있습니다. 한국의 코스피라고 보시면 됩니다. 몇 개의 종목을 추렸느냐에 따라서 SSE 50, SSE 150, SSE 180, SSE 380 등 다양한 하위 카테고리로 분류할 수 있습니다.

STAR50 지수 또 하나 STAR 50 지수란 걸 살펴봐야 하는데요. 이 지수는 상하이증권거래소 안에 과학혁신판에 투자하는 '과창판'이란 곳에 상장된 기업 중 50개를 골라 담은 지수입니다. 나스닥 시장과 비슷합니다. 앞에서 상하이증권거래소는 코스피, 선전증권거래소는 코스닥과 비슷하다고 설명했습니다. 그런데 왜 상하이증권거래소를 거론하면서 나스닥이 나올까요? 이건 어떻게 달리 설명할 방법이 없습니다. 중국 시장이 워낙 넓고 방대해 그냥 받아들이셔야 합니다. 중국 정부는 중국 내 혁신기업 자본 조달을 위해 2019년 7월 22일 상하이증권거래소 안에 독립적인 개념의 과창판 증권시장을 만들었습니다. IT와 바이오 등 혁신기업의 자본시장 진출 물꼬를 트려는 이유였습니다.

중국 기업들이 자꾸 미국 나스닥을 기웃거리는 상황에서 미국에 못 가고 중국에 묶어두려는 정부의 심리가 한몫했습니다. 전술했지만 베이징증권거래소도 비슷한 용도로 만들어졌습니다. 한마디로 미국의 나스닥, 한국의 코스닥 같은 시장이 곳곳에 중복적으로 있다고 보시면 됩니다.

선전종합지수(SZSE)와 차이넥스트지수 선전증권거래소는 메인시장, 중소기업시장(SME), 차이넥스트시장(ChiNext)으로 나뉘는데요. 대표 지수는 선전종합지수(SZSE)와 차이넥스트지수라 할 것입니다. 선전종합지수는 선전에서 거래되는 500개 종목을 모아 만든 지수입니다. 반면 차이넥스트지수는 이 중에서 IT 중심의 성장성 높은 기업들로 이뤄진 지수라 볼 수 있습니다. 아까 상하이증권거래소를 코스피, 선전증권거래소를 코스닥에 비유한 적이 있었는데, 차이넥스트지수는 코스닥 중에서도 더 성장성이 돋보이는 기업을 모아 만든 지수라 할 수 있습니다. 중국 시장이 워낙 크기 때문에 선전증권거래소를 한국의 코스닥과 완전히 유사할 것으로 보면 안 됩니다. 선전증권거래소 하나만 떼어놓고 봐도 코스피 같은 기업과 코스닥스러운 기업으로 분리할 수 있습니다. 그 중 더 코스닥스러운 기업만 분리해 만든 지수가 차이넥스트지수라 보면 됩니다.

HSI지수(홍콩항셍지수)와 HSCEI(홍콩H지수)가 대표 지수   여기까지도 복잡하고 어렵지만 아직 홍콩증권거래소가 남아 있습니다. 홍콩증권거래소는 HSI지수(홍콩항셍지수)와 HSCEI(홍콩H지수)가 대표 지수라고 볼 수 있습니다. 홍콩항셍지수는 홍콩증권거래소에 상장된 종목 중에 상위 50개 종목을 시가총액 가중평균으로 산출한 지수입니다. 한마디로 시가총액이 큰 종목 위주로 비중을 많이 담은 지수라고 볼 수 있지요. 홍콩H지수는 홍콩증권거래소에 상장된 중국 본토 주식 중 40개 기업으로 구성된 주가지수입니다.

CSI300 지수와 FTSE 차이나 A50 지수   자, 그런데 지수 얘기가 이것으로 끝이 아닙니다. 왜냐하면 중국 시장이 워낙 다양하기 때문에 위험을 분산하기 위해 여러 증권거래소 지수를 혼합하려는 수요가 있기 때문인데요. 예를 들어 CSI300 지수의 경우 상하이와 선전에 있는 지수를 혼합한 결과물입니다. 두 증권거래소를 통틀어 우량한 종목 300개를 추려낸 것이죠.

FTSE 차이나 A50 지수란 것도 있는데요. 이는 상하이증권거래소와 선전증권거래소에 있는 중국 본토 A주식 중 시총 상위 50개를 뽑아서 만든 지수입니다.

중국 ETF의 종류

항셍테크(Hang Seng TECH)를 추종하는 ETF   자, 그렇다면 이런 지수를 추종하는 중국 ETF에는 뭐가 있는지를 살펴보겠습니다. 먼저 '항셍테크(Hang Seng TECH)'를 추종하는 ETF를 살펴봅니다. 앞서 이 지수는 홍콩에 있는 홍콩증권거래소에 상장된 기업을 토대로 만든 거라고 말씀드렸죠. 이

지수는 홍콩증권거래소에 있는 기업 중 섹터 조건(IT·자유소비재·산업재·금융·헬스케어), 테마 조건(클라우드·디지털·E-커머스·핀테크·인터넷·모바일)을 만족하고 매출액에서 연구개발(R&D)이 차지하는 비중이 5%가 넘거나 연간 매출액 증가율이 10% 이상인 조건을 만족하는 시총 상위 30개 종목으로 구성되어 있습니다.

기존에 바구니에 담겨 있던 기업 30개는 분기별로 한 번씩 교체됩니다. 그런데 조건을 만족시키는 기업을 서열화했을 때 30위 안에 들어 있던 종목이 36위 밖으로 밀려가면 최종 제외됩니다. 반면 새롭게 떠오르는 종목은 24위 안에 들어야 추가되는 구조입니다. 텐센트, 알리바바, 샤오미 등 종목이 주로 담겨 있는 것을 확인할 수 있습니다.

이 지수를 추종하는 상품으로는 TIGER 차이나항셍테크 ETF, KODEX 차이나항셍테크 ETF, KBSTAR 차이나항셍테크 ETF, KINDEX 차이나항셍테크 ETF가 있습니다.

TIGER 차이나항셍25 ETF TIGER 차이나항셍25 ETF는 홍콩에 상장된 우량주와 경기민감주 25종목에 분산투자하는 상품입니다. 앞서 거론한 차이나항셍테크 ETF와 비교하면 금융주와 부동산주가 다수 편입되었다는 차이가 있습니다.

TIGER 차이나HSCEI ETF 역시 항셍지수 투자를 기본 원칙으로 합니다. 앞서 설명해드린 홍콩H지수(HSCEI)를 추종합니다. 텐센트, 알리바바, 샤오미, 평안보험, 메이투안, 중국건설은행 등이 담겨 있습니다. KODEX 차이나H ETF 역시 같은 지수를 추종합니다. KBSTAR 차이나HSCEI(H) ETF도 같은 상품이지만 (H) 표시가 붙어 있으니 환율 헷지를 한 상품이라고 이해하면 되겠습니다.

KODEX 차이나H레버리지(H) ETF 그렇다면 KODEX 차이나H레버리지(H) ETF는 어떻게 이해하면 될까요? 네, 맞습니다. HSCEI를 추종하는 상품인데 환율 헷지를 했고 게다가 지수의 2배를 추종하는 레버리지 상품이라고 이해하면 정확합니다.

앞서 선전증권거래소의 차이넥스트지수에 대해 설명해드린 바 있습니다. 선전증권거래소 상장기업 중 IT 중심의 성장성 높은 기업들을 모아 만든 지수이지요.

KINDEX 중국본토CSI300 ETF 이 지수에 투자하고 싶다면 KODEX 차이나심천ChiNext(합성) ETF, ARIRANG 심천차이넥스트(합성) ETF를 고르시면 됩니다.

지수를 설명할 때 상하이와 선전에 있는 지수를 혼합한 CSI 지수를 소개해드린 바 있습니다. KINDEX 중국본토CSI300 ETF는 CSI300 지수에 투자하는 상품입니다. 상하이와 선전 증권거래소 우량주식 300개를 모은 상품이죠. TIGER 차이나CSI300 ETF도 같은 상품이라 볼 수 있습니다.

KBSTAR 중국본토대형주CSI100 ETF KBSTAR 중국본토대형주CSI100 ETF는 두 증권거래소의 우량주 100개를 모은 상품입니다. TIGER 차이나CSI300레버리지(합성) ETF는 짐작하시는 대로 CSI300 지수 변동폭의 2배를 추종하는 상품입니다. TIGER 차이나CSI300인버스(합성) ETF에 투자하시면 CSI300 지수가 떨어질 때 돈을 벌 수 있습니다. 앞서 말씀드린 A50 지수에 투자하는 상품으로는 KODEX 차이나A50 ETF가 있습니다.

인도 증시에 투자하는 ETF

지금의 인도는 10년 전의 중국

2021년 11월 모비우스캐피털파트너스를 창업한 미국의 유명 투자자 마크 모비우스가 블룸버그와 인터뷰를 했습니다. '신흥시장 투자의 귀재'라는 별명을 가지고 있는 그는 당시 인터뷰를 통해 이머징마켓 펀드의 절반을 인도와 대만에 묻었다고 했습니다. 그는 특히 인도 주식시장은 '50년 상승장'이 있을 것으로 내다봤습니다. 때때로 단기 약세장을 보일 수는 있지만 앞으로 50년 장기 관점에서 상승할 것이라는 전망이었습니다. 그는 "지금의 인도는 10년 전 중국 시장과 같다고 이해할 수 있다"라고 설명했습니다.

미국은 중국과 오랜 기간 무역분쟁을 겪고 있습니다. 중국 역시 최근 경제성장을 통해 지역 내 패권국가 노릇을 하겠다는 입장이어서 둘 간 충돌은 피할 도리가 없습니다. 미국은 아마 중국이 지적재산권 시장을 글로벌 스탠더드로 올릴 때까지 공세를 멈추지 않을 것입니다.

그래서 미국은 '차이나플러스원(China+1)' 전략을 펼치고 있다는 분석이 나옵니다. 글로벌 입장에서 중국 리스크를 줄이기 위해 중국 대신 다른 나라 투자를 늘리는 전략입니다. 그리고 인도는 중국을 대체할 수 있는 유력한 대안으로 떠오르는 분위기입니다. 특히 인도는 미국 주도로 중국을 견제할 목적으로 만들어진 안보협의체 '쿼드'에 가입하며 친미 전략을 본격화하고 있습니다. 쿼드는 미국을 축으로 일본, 호주, 인도 등 중국 주변에 있는 국가들이 참여해 미국의 인도·태평양 전략과 맞물려 중국을 견제하려는 목적을 담고 있죠.

2022년 1월 인도는 오랫동안 금지했던 미국산 돼지고기 수입까지 허용하면서 미국과 안보 협력을 넘어 경제 협력으로 발을 넓히려 하고 있습니다. 미국 입장에서 20년간 노력했던 결과입니다. 같은 달 인도산 망고, 석류와 미국산 알팔파건초, 체리를 상대국으로 수출하는 것을 허용하는 협약을 체결하기도 했습니다. 그만큼 미국과 인도가 가까워지고 있다는 얘기인데요, 이렇게 되면 미국은 인도에 대한 투자를 늘리며 인도 경제를 부양하는 마중물을 공급해줄 수 있죠. 실제 구글은 인도 최대 부자 무케시 암바니 릴라이언스 그룹의 디지털 플랫폼 사업 부문 지오플랫폼(Jio Platforms)에 40억 달러를 투자해 지분 6%를 확보한 바 있습니다. 페이스북, 퀄컴, 인텔도 지오플랫폼에 650억 달러를 투자했습니다. 또한 구글의 최고경영자(CEO) 순다르 피차이는 인도 타밀나두주에서 태어난 인도 출신입니다. 그는 나렌드라 모디 인도 총리와 가진 화상회담에서 "구글 모기업 알파벳이 5~7년간 100억 달러를 인도에 투입하겠다"고 약속하기도 했습니다.

인도는 중국과 비교해 해외 자본이 들어가기가 훨씬 자유롭습니다. 중국 정부는 외국 기업을 심하게 규제하고 중국 기업만 밀어주는 속성이 있죠.

중국에서 한국의 카카오톡도 잘 돌아가지 않는 것은 알고 계신가요? 미국의 구글, 페이스북도 중국의 바이두 등에 밀려 제대로 활동하기가 힘듭니다. 하지만 인도 정부는 외국 기업 투자에 인센티브까지 제공하면서 러브콜을 보내고 있습니다.

또한 30%대에 불과한 인터넷 보급률은 중국(65%)과 비교해도 훨씬 낮은 수준이라 시장의 잠재력이 무궁무진합니다. 인구도 14억 명에 육박해 내수시장도 어마어마하죠. 여러모로 까칠한 중국 대비 미국을 비롯한 글로벌 자본이 진출하기에 훨씬 용이한 곳입니다.

KOSEF인도Nifty50(합성) ETF 인도 시장에 투자하는 ETF도 한국 증시에 상장되어 있습니다. KOSEF 인도Nifty50(합성) ETF는 인도증권거래소의 니프티50지수(S&P CNX NIFTY 50 INDEX)를 추종하는 상품입니다. 업종별 50여 개 우량 종목으로 구성된 지수입니다.

TIGER 인도니프티50레버리지(합성) ETF TIGER 인도니프티50레버리지(합성) ETF를 사면 같은 지수 기반으로 지수 등락의 2배의 수익률 그래프에 노출됩니다.

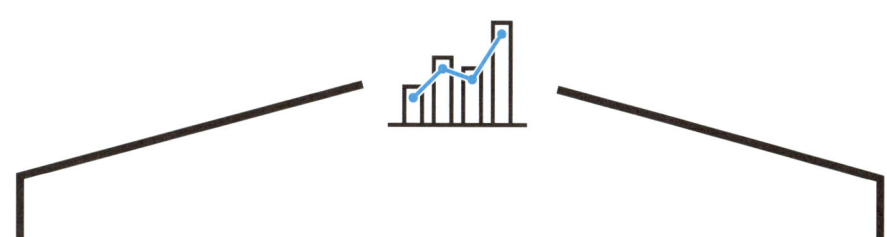

대만 증시에 투자하는 ETF

2021년 전 세계 성장률 1위

앞서 마크 모비우스 모비우스캐피털파트너스 창업자가 이머징마켓 펀드 절반을 인도와 대만에 묻었다고 말씀드린 바 있습니다. 대만과 한국은 여러모로 비슷합니다. 수출주도형 경제구조를 가지고 있고 반도체를 비롯한 IT 산업이 증시에서 차지하는 비중이 높습니다. 한국 시가총액 1위는 삼성전자인데 대만의 시총 1위 업체는 세계 1위 파운드리 업체인 TSMC지요. 삼성전자가 주식시장에서 차지하는 시총 비중이 30% 정도인데 대만에서 TSMC가 차지하는 비중도 35% 정도입니다.

대만은 애플 아이폰 위탁생산업체인 폭스콘 등 세계적인 IT 기업을 여럿 보유하고 있지요. 대만은 최근 눈에 띄는 경제성장을 보여주고 있습니다. 대만이 1인당 GDP에서 한국에 추월당한 것은 지난 2003년이었습니다. 하지만 2010년 후반 들어 국가 체질을 효율적으로 바꾸면서 비약적인 성장을 했습니다. 2015~2020년 연평균 성장률이 4.46%에 달했습니다. 2021년에는 성장률 6%를 넘게 찍어 전 세계에서 1위를 했을 정도입니다.

대만 안에서는 2022년 대만 1인당 GNI(국민총소득)가 한국을 넘어설 수 있다는 전망이 나오는 등 대만과 한국 간 경제 격차는 급격히 좁혀지는 추세입니다.

KODEX한국대만IT프리미어 ETF 아쉽게도 대만 증시에 오롯이 투자하는 ETF는 없습니다만, KODEX 한국대만IT프리미어 ETF가 대안이 될 수 있습니다. TSMC와 삼성전자 등 한국과 대만의 대표 정보기술(IT) 기업을 묶어놓은 상품입니다. 파운드리 1위 업체인 TSMC와 종합반도체 부문 강자 삼성전자를 동시에 투자할 수 있다는 자체가 매력적입니다. 글로벌 1위의 애플리케이션 프로세서 설계업체인 미디어텍과 폭스콘을 보유한 홍하이정밀공업, 글로벌 3위의 파운드리사 UMC 등 대만의 슈퍼스타 IT 업체와 함께 SK하이닉스, 삼성SDI, NAVER 등 한국의 IT 업체가 골고루 담겨 있습니다.

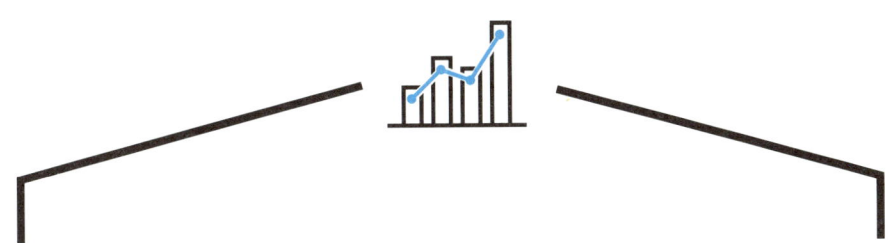

베트남 증시에 투자하는 ETF

무한한 잠재력의 나라

베트남 증시 대표 지수인 VN지수는 2021년 거침없는 상승세로 1500선을 뚫었습니다. 2021년 10월 25일 기준 VN지수는 최초로 1500을 돌파했는데요. 당시 기준 1년 상승률이 49.52%에 달해 같은 기간 코스피(13.8%)는 물론 미국 다우지수(19.16%), 나스닥(31.63%)의 상승률을 가볍게 제압했습니다.

베트남의 2021~2025년 경제성장률은 평균 6.8% 수준으로 전망됩니다. 인구 절반이 30대 이하인 젊은 노동력과, 사회주의 외피를 입고 있지만 한국보다 더 자본주의적인 국민성으로 경제성장 박차를 가하고 있습니다.

'베트남의 삼성'이라 불리는 빈그룹은 부동산을 축으로 의료(빈멕국제병원), 빈홈(부동산), 빈스쿨(학교), 빈펄리조트(레저) 등을 보유한 대기업인데요, 최근에는 전기차 시장(빈패스트)에 진출에 미국 시장 진출 선언을 하는 등 공

• VN 30 주가 추이

격적인 마케팅을 하고 있습니다.

베트남에는 베트남판 동학개미운동이 펼쳐지고 있습니다. 2021년 기준 9월까지 베트남에서 만들어진 신규 개설 주식계좌는 96만여 개로 직전 3년 동안 만들어진 계좌 수보다 더 많은 수준입니다. 신규 계좌 중 개인 투자자 비중은 99% 이상으로, 절대다수를 차지하는 것으로 알려져 있습니다. 베트남은 전통적으로 부동산 투자의 나라입니다. 금융이 발달하지 않는 나라는 대부분 비슷합니다. 내 집 마련 욕구도 강하고 땅에 대한 욕심도 큽니다. 그런데 코로나19 여파로 부동산 시장이 직격탄을 맞자 발 빠른 베트남 MZ세대가 주식이란 세계에 발을 들였습니다. 처음 보는 주식시장에 뛰어들어 부동산 마인드로 투자를 합니다. 한 번 주식을 사서 웬만하면 팔지를 않습니다. 유통 매물은 줄고 신규 계좌는 늘어나니 주식이 오르고 있습니다.

물론 단기 급격히 오른 주가가 잠시 쉬어가는 국면을 연출하겠지만, 베트남 경제성장 잠재력을 내다본 글로벌 투자자금이 몰리면서 베트남 주식 투자를 긍정적 관점으로 보는 견해가 늘고 있습니다.

KINDEX 베트남VN30(합성) ETF KINDEX 베트남VN30(합성) ETF를 비롯한 상품에 투자하면 베트남 증시에 돈을 태울 수 있습니다. 베트남 대표 지수인 VN지수 구성종목 중에 시가총액, 유동성, 거래대금 등 시장 대표성 요건을 충족한 30개 종목으로 이뤄진 VN30 지수를 추종하는 상품입니다. KINDEX 블룸버그베트남VN30선물레버리지(H) ETF를 사면 VN지수 등락의 두 배를 추종해 수익을 낼 수 있습니다. 다만 베트남 증시 규모가 아직 작아 글로벌 자금 유출입에 따라 장이 출렁거리는 빈도가 높다는 점은 감안해야겠습니다.

이 밖의 국가 투자 ETF

TIGER 일본니케이225 ETF 일본에 투자하는 ETF도 한국 증시에 여러 개 상장되어 있습니다. TIGER 일본니케이225 ETF는 미국의 대표 미디어 기업인 《니혼게이자이신문》이 만든 '니케이225 지수'를 추종합니다. 일본 주식시장에 상장되어 거래되는 종목 중 유동성이 높은 225종목으로 구성된 지수입니다. KINDEX 일본Nikkei225(H) ETF도 같은 상품이지만 헷지를 해서 환율변동을 제거했다는 특징이 있겠습니다.

KODEX 일본TOPIX100 ETF KODEX 일본TOPIX100 ETF는 일본 TOPIX 100지수를 추종하는데요. 이 지수는 도쿄증권거래소에 상장된 기업들 중 유동성 및 시가총액을 기준으로 상위 100개 종목을 대상으로 산출한 지수입니다. TIGER 일본TOPIX(합성 H) ETF는 일본 TOPIX 지수에 베팅하는 상품이고, KINDEX 일본TOPIX레버리지(H) ETF, KINDEX 일본

TOPIX인버스(합성 H) ETF 등 상품도 마련되어 있습니다.

KINDEX 인도네시아 MSCI ETF　KINDEX 인도네시아 MSCI ETF를 사면 내 집에서 인도네시아 증시에도 돈을 묻을 수 있습니다. 이 ETF는 MSCI 인도네시아 지수를 추종합니다. 자카르타 증시의 주요 종목에 투자하게 되지요. 거래소 상장종목 중 시가총액, 유동성, 거래대금 등 시장 대표성 요건을 충족한 대형주 31종목으로 구성되어 있습니다. 인도네시아는 대표적인 자원 수출국입니다. 석탄, 니켈, 천연가스, 팜유 등을 주로 팝니다. 이에 따라 원자재 가격이 상승하면 인도네시아 증시 수익률도 올라가는 구조입니다.

그외 국가별 ETF　이 밖에 KOSEF 독일DAX ETF, KINDEX 필리핀MSCI(합성) ETF 등 독일과 필리핀에 투자할 수 있는 상품도 있습니다. TIGER 유로스탁스50(합성 H) ETF는 유로존 12개국(오스트리아, 벨기에, 핀란드, 프랑스, 독일, 그리스, 아일랜드, 이탈리아, 룩셈부르크, 네덜란드, 포르투갈, 스페인)에 상장된 주식 중 시가총액 상위 50종목을 골고루 모아 투자하는 상품입니다.

5장 정리 문제

1. 다음 중 사실과 다른 것은 무엇일까요?
① S&P500이란 국제 신용평가기관인 미국의 스탠더드앤드푸어스(Standard and Poors, S&P)가 만든 주가지수이다.
② KODEX 미국나스닥100선물인버스(H) ETF는 나스닥100 지수를 거꾸로 추종하는 상품이다.
③ TRUE 인버스 2X 나스닥100 ETN은 나스닥100 지수가 1% 떨어지면 수익률이 4%가 나는 상품이다.
④ 중국에는 상하이증권거래소와 선전증권거래소, 홍콩증권거래소, 베이징증권거래소 등 4개의 증권거래소가 있다.

2. 중국의 상하이증권거래소는 한국의 _____, 선전증권거래소는 _____과 유사하다.

3. 다음 중 사실과 다른 것은 무엇일까요?

① 인도의 경우 30%대에 불과한 인터넷 보급률은 중국(65%)과 비교해도 훨씬 낮은 수준이라 시장의 잠재력이 무궁무진하다.

② KINDEX 베트남VN30(합성) ETF는 베트남 대표 지수인 VN지수 구성종목 중 시가총액, 유동성, 거래대금 등 시장 대표성 요건을 충족한 200개 종목으로 이뤄진 VN30 지수를 추종하는 상품이다.

③ 대만의 시총 1위 업체는 세계 1위 파운드리 업체인 TSMC이다.

④ TIGER 유로스탁스50(합성 H) ETF는 유로존 12개국(오스트리아, 벨기에, 핀란드, 프랑스, 독일, 그리스, 아일랜드, 이탈리아, 룩셈부르크, 네덜란드, 포르투갈, 스페인)에 상장된 주식 중 시가총액 상위 50종목을 골고루 모아 투자하는 상품이다.

정답: 1. ③, 2. 코스피, 코스닥, 3. ②

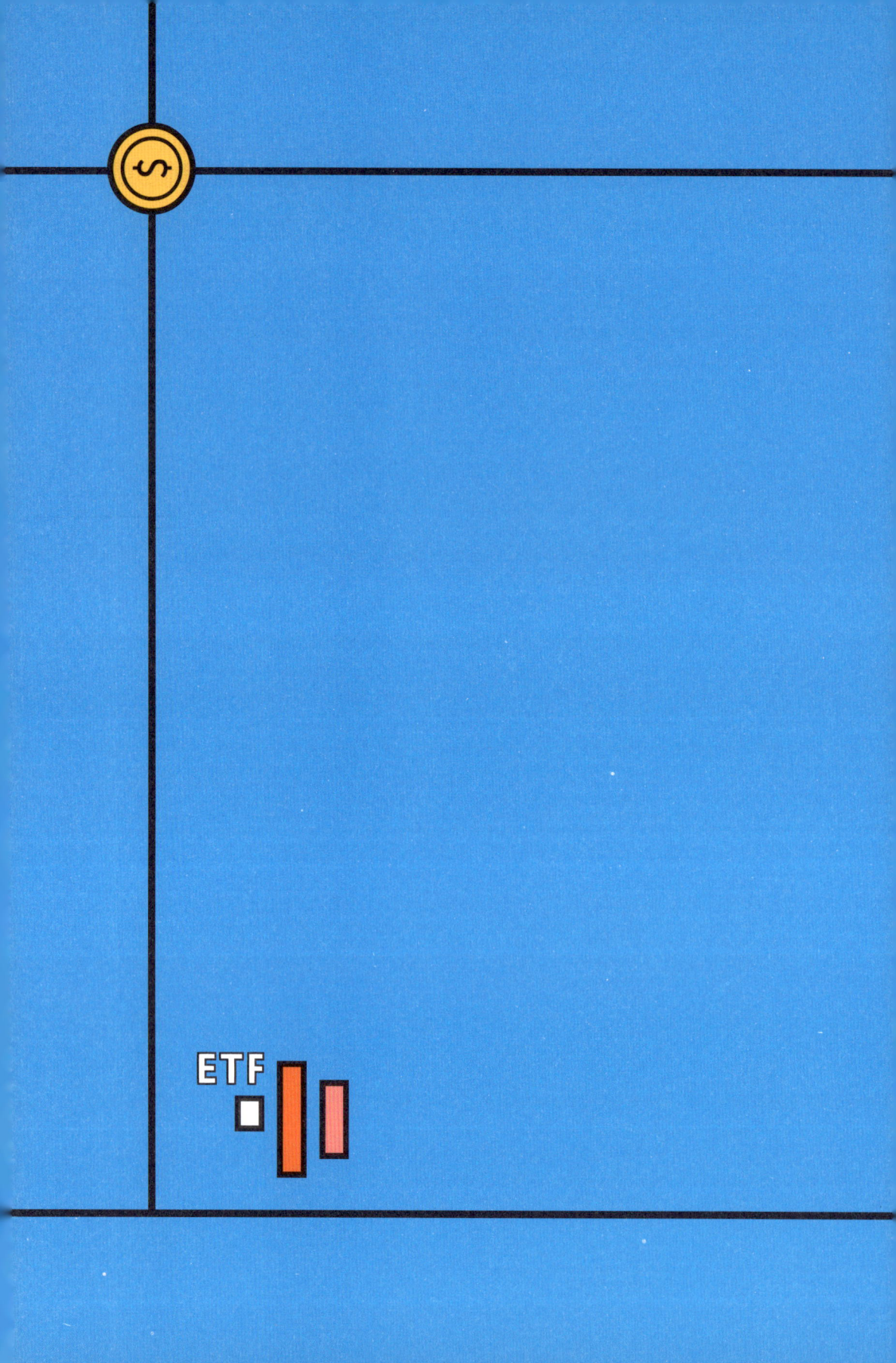

6장

원유, 태양광, 친환경 소재까지 커버하는 원자재 ETF

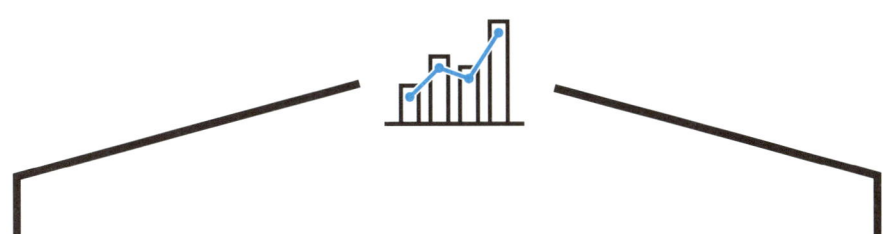

원유 투자로 돈 버는 ETF

코로나19 팬데믹으로 대박을 친 원유 ETF

앞서 잠시 설명해드린 바 있지만 2020년 4월은 전무후무한 이벤트인 '원유선물 마이너스' 사태가 벌어진 바 있죠. 코로나19가 글로벌 경제를 잠식한 그해 초부터 원유 가격은 좀처럼 힘을 받지 못했습니다.

잠시 다음 페이지의 최근 원유 가격 그래프를 함께 보시겠습니다.

2020년 초 원유 가격이 배럴당 20달러대로 떨어진 것을 볼 수 있을 겁니다. 이 당시 원유 가격은 매일 신문의 헤드라인을 장식하며 화제 중심에 올랐습니다. 그해 3월 말에는 국제유가가 18년 만에 최저치라는 뉴스가 떴습니다. 2020년 3월 30일(현지시간) 기준 뉴욕상업거래소(NYMEX)에서 5월 인도분 서부 텍사스산 원유(WTI)는 전 거래일보다 배럴당 6.6%(1.42달러) 급락한 20.09달러에 장을 마쳤죠. 바로 이 가격이 2002년 2월 이후 약 18년 만에 최

• WTI원유선물 가격 추이

저치였습니다.

　같은 날 런던 ICE 선물거래소의 5월물 브렌트유 역시 장중 22달러 초반에 거래돼 18년 만의 최저 수준을 찍었습니다. 당시 유가가 급락한 이유는 복합적이었습니다. 수요 측면에서는 코로나19 여파가 엄청난 영향을 미쳤죠. 앞서 설명해드린 대로 전 세계에서 기름을 쓸 수 있는 동력 자체가 싸늘하게 식어가던 순간이었습니다. 당시만 하더라도 코로나19는 매스컴을 통해 '걸리면 길거리에서 쓰러져 죽을 수 있는 병'으로 인식됐습니다. 다수의 국가에서 전염병 창궐을 막기 위해 국경을 닫아걸고 이동을 최소화했습니다. 이렇게 되니 비행기도 안 뜨고 수출·수입을 위한 배도 안 뜨고, 여행을 안 다니니 자동차도 안 굴러가고, 경기침체 국면이라 공장 가동도 최소화하는 연쇄반응이 퍼져나간 것입니다.

　여기에 하루가 다르게 떨어지는 기름을 먼저 파는 게 이득이라는 투기적 수요까지 더해져 국제유가는 그야말로 바닥이 어딘지 가늠할 수 없는 상황이었죠.

또 공급 측면에서는 사우디아라비아와 러시아가 유가전쟁을 벌이며 끝을 알 수 없는 치킨 게임을 벌이고 있던 시기였습니다. 사우디아라비아는 국가재정에서 석유 수출이 차지하는 비중이 매우 큽니다. 유가가 20여 년 만에 최저치로 하락한 탓에 국가재정 상태가 파국으로 치닫고 있었습니다.

이런 가운데 빠듯한 재정을 늘리기 위해 헐값에라도 석유를 더 캐서 팔면 그나마 도움이 됩니다. 그래서 석유 가격을 지키기 위해 감산을 해도 모자랄 판에 증산 결정을 내리는 국면이었습니다.

특히 러시아가 꽉 잡고 있던 북유럽, 서유럽 국가에 '할인정책'을 내세우며 전쟁을 선포한 상황이라 상황이 더 심각했습니다. 러시아 역시 기름 수출이 국가재정에 큰 영향을 주는 나라인데 사우디아라비아가 자신들의 고객을 뺏어가겠다고 나서니 러시아도 맞불 작전에 나서겠다며 으름장을 놓던 시절이었지요.

상황이 이렇게 흘러가니 당시 도널드 트럼프 미국 대통령은 지지 기반인 미국 셰일 업체들이 무더기로 도산위기에 처한 상황에 직면해야 했습니다. 그래서 블라디미르 푸틴 러시아 대통령과 전화 통화를 통해 국제 원유시장 상황에 대해서도 의견을 교환하는 등 중재에 나선 상황이었죠. 하지만 이런 노력에도 4월 원유선물 가격은 10달러대로 급락하는 등 최악의 상황을 헤쳐나오지 못했습니다.

자, 이런 상황에서 독자 여러분은 어떤 투자 마인드가 떠오르셨을까요? 당시 미국의 트럼프 대통령이 기름값 폭락을 막기 위해 애를 쓴 이유가 있었습니다. 미국 대선을 앞두고지지 기반인 셰일 업체들의 도산은 트럼프에게 악재였죠.

또한 내려가는 길이 가파르면 올라가는 길도 마찬가지로 가파른 법입니다. 18년 만에 최처, 20년 만에 최저라는 얘기가 들릴 때 원유를 저가 매수해놓고 기다리면 언젠가는 오르게 되어 있지요.

하지만 원유를 드럼통에 사놓고 집 안에 쌓아놓을 수는 없는 법입니다. 그래서 투자자들은 원유선물에 투자하는 ETF를 유심히 봤습니다. 그럼 이 시기 원유 ETF를 사놓은 투자자들은 짭짤한 재미를 볼 수 있었을까요? 결론만 놓고 보면 상당한 수익을 올렸을 것입니다.

KODEX WTI원유선물(H) ETF 시중에 나와 있는 다양한 원유 ETF를 소개합니다. 가장 덩치가 큰 원유 ETF는 삼성자산운용이 출시한 KODEX WTI원유선물(H) ETF입니다. 'S&P GSCI Crude Oil Index Excess Return Index'를 기초지수로 해서 수익률을 연동하는 ETF입니다. 쉽게 말해 원유 가격이 오르면 수익률도 오르고, 반대로 내리면 수익률 그래프도 내려갑니다.

유가 하락에 대한 공포가 극심했던 2020년 3월 말 이 ETF에 투자해서 1년 반을 들고 있을 수 있었다면 주당 7215원이었던 ETF 주가가 주당 1만 1415원까지 올라 58.2%에 달하는 수익률을 올렸을 것입니다. 같은 시기 배럴당 20달러 선에 머물던 원유 가격은 배럴당 70달러대로 점프했습니다.

TIGER 원유선물Enhanced(H) ETF 이외에도 다양한 원유 관련 ETF가 있습니다. 미래에셋자산운용이 내놓은 TIGER 원유선물Enhanced(H) ETF도 비슷한 구조의 상품입니다.

미래에셋원유선물혼합 ETN(H) 외 ETN 시장에서도 유사한 상품을 여럿 찾아볼 수 있는데요. 미래에셋 원유선물혼합 ETN(H), 신한 브렌트원유선물

• KODEX WTI원유선물 가격 추이

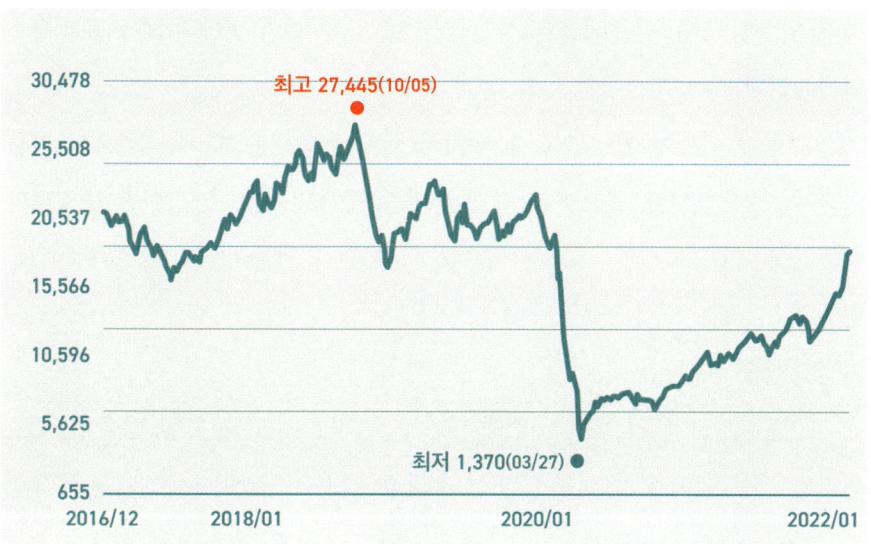

ETN(H), 대신 WTI원유선물 ETN(H) 등이 대표 상품입니다.

원유 ETF의 롤오버 비용

그런데 여기까지 읽은 독자분들은 윗 단락에서 다소 이상한 점을 발견하셨을 것입니다. 20달러대에 머물던 배럴당 원유 가격이 70달러대로 뛰었는데, 1년 반 동안 수익률은 올라 58.2%로 60%에도 미치지 못한 것이지요. 원유 가격에 연동되어 ETF 수익률 그래프가 올라간다면 100%를 훌쩍 넘는 수익률이 나와야 하는데 왜 그렇지 못했을까요?

여기에 원유 ETF의 함정이 숨어 있습니다. 원유 ETF 역시 투자한 자금을 받아 원유현물을 잔뜩 쟁여놓는 식으로 투자를 할 수는 없습니다. 그래서 원유 ETF는 원유선물을 사는 식으로 원유 가격 변동과 ETF 수익률을 연동시킵니다.

그런데 현물이 아닌 선물에 투자하기 때문에 원유 ETF는 '롤오버 비용'이란 게 발생합니다. 롤오버를 쉽게 풀어 설명하면 만기 연장이란 뜻입니다. 예를 들어 2022년 1월 특정 시점 기준으로 원유 현물이 밸러당 70달러라고 칠게요. 그리고 그해 2월물 선물 가격은 80달러, 3월물 가격은 90달러라고 가정하겠습니다.

선물이랑 미래의 특정 시점에 약속된 가격을 주고 현물을 받을 수 있는 권리와 같은 것이죠. 그런데 ETF는 현물을 담을 수 없기 때문에 특정 시점의 선물을 투자 바구니에 담고 그게 만기가 다가오면 그다음 달 선물로 교체하는 작업을 끊임없이 진행하는 것입니다.

2월 만기인 선물 가격보다 3월 만기 선물 가격이 높다면 롤오버를 위해 2월물을 팔고 3월물로 갈아타면 가만히 있어도 손해를 보는 일이 발생합니다. 왜냐하면 같은 돈으로 싼 2월물을 팔고 더 비싼 3월물을 사야 하니까요. 이런 상황을 전문용어로 '콘탱고' 상황이라고 합니다. 용어가 어려우면 이건 무시하셔도 됩니다.

만약 반대로 2월물 선물 가격이 80달러인데 3월물 가격이 70달러이면 갈아탈 때 이익을 보는 일이 발생할 수도 있죠. 이를 전문용어로 '백워데이션'이라고 합니다. 역시 용어는 무시하셔도 됩니다.

그런데 우리가 원유 ETF에 투자했을 때는 원유 가격이 오른다고 생각하니까 투자를 하는 것이겠죠. 그리고 예상대로 원유 가격이 오르는 추세라면 시장 상황은 십중팔구 콘탱고 상황이 됩니다. 왜냐하면 원유 가격이 오르는 추세에서는 미래의 가격이 지금 가격보다 비싸다고 다들 생각할 것이고,

이런 생각이 선물 가격에 반영되어 만기가 먼 원유선물이 만기가 가까운 선물보다 자연스레 비싸지게 되는 것이지요. 그러니 원유 가격이 올라 수익을 보더라도 ETF를 오래 들고 있으면 롤오버 비용이 발생해 계속해서 수익률을 깎아먹는 현상이 발생하는 것입니다.

또한 이 롤오버 비용은 투자기간 내내 일별로 나눠서 ETF 가격에 반영되기 때문에 '롤오버 기간을 피해서 투자해야지' 하는 꼼수는 설 곳이 없게 됩니다.

좀 더 자세한 것을 알고 싶으시다면 원유 ETF 대표 상품인 KODEX WTI원유선물(H) ETF와 TIGER 원유선물Enhanced(H) ETF 간 차이도 알아두시면 좋을 것입니다.

KODEX WTI원유선물(H) ETF KODEX WTI원유선물(H) ETF는 최대한 가까운 선물 상품에 투자하는 특성이 있습니다. 한번 생각을 해보겠습니다. 지금이 1월인데 2월의 선물 가격이 현물 가격과 더 비슷하게 움직일까요, 아니면 만기가 먼 12월물 가격이 현물 가격과 더 비슷하게 움직일까요?

당연히 만기가 가까운 상품의 선물 가격이 현물과 더 비슷하겠지요. 1월 기준으로 2월물 선물 가격은 시간이 조금만 지나면 현물 가격이 될 테니까요. 하지만 만기가 멀면 그 안에 원유 가격에 심대한 영향을 줄 수 있는 이벤트가 발생할지 모르니 이를 반영한 시장가격은 현물과는 조금 차이가 있겠지요. 그만큼 불확실성이 많으니까요.

TIGER 원유선물Enhanced(H) ETF KODEX WTI원유선물(H) ETF가 가까운 선물에 투자하는 상품이라면 TIGER 원유선물Enhanced(H) ETF는 여기에 조금 양념을 쳐서 투자를 하는 상품입니다. 자세하게 말하자면 WTI

원유선물의 최근월 선물과 차근월 선물의 가격차가 0.5% 미만일 경우 차근월 선물(두 번째 근월물)로 롤오버합니다. 어렵게 들리시겠지만 쉽게 설명하면 원유 가격이 크게 변동하지 않아 안정적으로 등락할 때는 가까운 선물에 투자해 최대한 현물의 가격을 그대로 복제하는 데 힘을 쓰겠다는 의미입니다.

그런데 WTI 원유선물의 최근월 선물과 차근월 선물의 가격차가 0.5% 이상인 경우 롤오버 시점에 따라 방법론을 달리합니다. 롤오버 시점이 상반기(1~6월)인 경우 당해년도 12월 선물로 롤오버합니다. 롤오버 시점이 하반기(7~12월)이면 다음해 12월 선물로 롤오버합니다.

이게 무슨 뜻일까요? 한마디로 원유 가격이 너무 다이내믹하게 출렁거릴 때 위험성을 제거하기 위해 먼 시점의 선물에 투자해놓겠다는 뜻입니다. 2020년 4월에 본 것처럼 원유선물 가격이 일시적으로 마이너스가 되는 등 시장이 크게 왜곡될 여지가 있을 때 만기가 먼 시점의 선물로 도망

합성 ETF

여기 붙어 있는 '합성'이 무엇인지 궁금해하는 분도 있을 텐데요. 일반인 투자자 관점에서 크게 주요하진 않지만 짧게 설명해드리겠습니다.

합성 ETF란 채권이나 주식 등으로 기초자산을 구성하는 전통 방식과 달리 장외 스왑(Swap) 거래를 활용해 지수를 복제·추종하는 것을 말합니다. 원자재나 부동산 같은 상품이 기초자산일 경우 한국에 있는 운용사들이 이를 직접 운용하면 추적오차가 커지는 등 한계가 있습니다. 그래서 지수 구성종목을 실제로 편입하는 방식을 택하지 않고 해외에 나와 있는 지수를 그대로 복제할 수 있게 증권사와 계약을 맺고 ETF 형태로 출시하는 것이지요.

을 가서 위험을 대폭 줄이겠다는 전략입니다. 이런 이유로 TIGER 원유선물 Enhanced(H) ETF는 KODEX WTI원유선물(H) ETF보다 원유 가격이 가파르게 오르는 시점에 수익률이 좀 덜 오를 수 있는 가능성은 있습니다.

그래서 원유 가격이 오르는데 베팅할 때 원유 ETF 외에 다른 상품도 함께 알아두면 투자에 도움이 됩니다. 원유 가격 움직임에 직접 투자하지 말고 원유 가격이 오르면 수혜를 볼 수 있는 ETF에 간접적으로 투자하는 방식입니다.

KBSTAR 미국S&P원유생산기업(합성 H) ETF 대표적인 상품으로 KB자산운용이 출시한 KBSTAR 미국S&P원유생산기업(합성 H) ETF를 들 수 있습니다. 이 상품은 미국에 있는 기업 중 원유를 생산하는 기업에 골고루 투자하는 상품입니다. 원유 가격이 오르면 이것을 캐서 내다 파는 기업 이익도 늘어나겠죠. 그러면 자연스레 기업 주가도 오릅니다. 그러면 그런 기업들에 투자하는 ETF의 수익률도 자연스럽게 오릅니다.

좀 더 전문적으로 말하면 이 ETF는 순자산가치의 변동률을 기초지수인 'S&P Oil & Gas Exploration & Production Select Industry Index'의 변동률과 유사하도록 운용하는 게 목표입니다.

원유 관련 수혜 국가에 투자하는 것도 방법

원유 가격이 오르면 수혜를 보는 나라에 투자하는 것도 대안이 될 수 있습니다. 대표적인 나라는 러시아입니다. 다만 2022년 러시아의 우크라이나 침공으로 러시아에 투자하는 시나리오는 2022년 현재 모두 무너진 상황이니 장기를 내다보고 투자에 참고하면 됩니다. 러시아는 세계 최대 천연가스 수출국이자 세계 3위 원유 수출국입니다. 지난 2020년 기준으로 러시아의 원유 및 가스 수출이 전체에서 차지하는 비중이 무려 49.7%에 달합니다. 석유·가스 산업이 러시아 국내총생산(GDP)에서 차지하는 비중이 9.4%에 달하죠.

전 세계에서 원유를 생산하는 나라는 많습니다. 2020년 기준으로 1위 국가는 어디일까요? 놀랍게도 미국입니다. 미국은 셰일오일 기반의 풍부한

● 2020년 10대 석유 생산국 및 세계 총 석유 생산량의 점유율   단위: 백만 배럴

국가	일평균 원유 생산량	세계 시장 점유율
미국	18.61	20%
사우디아라비아	10.81	12%
러시아	10.50	11%
캐나다	5.23	6%
중국	4.86	5%
이라크	4.16	4%
아랍에미리트	3.78	4%
브라질	3.77	4%
이란	3.01	3%
쿠웨이트	2.75	3%
Total top 10	67.49	72%
World total	93.86	

자료: https://www.eia.gov/tools/faqs/faq.php?id=709&t=6

매장량이 기술 발전으로 잠재력을 폭발하며 2020년 기준 일일 석유 1861만 배럴로 1위를 차지하고 있습니다. 2위가 사우디아라비아로 1081만 배럴, 3위가 바로 러시아로 1050만 배럴입니다. 4위는 캐나다로 523만 배럴, 5위는 중국(486만 배럴)입니다.

그렇다면 왜 원유 생산국가 1위 미국도, 2위 사우디아라비아도 아닌 3위 러시아일까요? 이를 위해선 석유 생산 말고 소비 데이터도 함께 봐야 합니다. 2019년 기준으로 석유 소비 1위 국가는 역시 미국입니다. 일일 기준

● 2019년 10대 석유 소비자 및 총 세계 석유 소비 비중 단위: 백만 배럴

국가	일평균 원유 생산량	세계 시장 점유율
미국	20.54	20%
중국	14.01	14%
인도	4.92	5%
일본	3.74	4%
러시아	3.70	4%
사우디아라비아	3.18	3%
브라질	3.14	3%
한국	2.60	3%
캐나다	2.51	3%
독일	2.35	2%
Total top 10	60.69	60%
World total	100.23	

자료: https://www.eia.gov/tools/faqs/faq.php?id=709&t=6

2054만 배럴을 소비하는군요. 2위는 중국으로 1401만 배럴, 3위는 인도로 492만 배럴입니다. 4위는 일본으로 374만 배럴, 5위는 러시아로 370만 배럴입니다. 참고로 6위는 사우디아라비아인데 318만 배럴이고 7위는 브라질로 314만 배럴, 8위는 대한민국인데 260만 배럴이군요.

자, 이 데이터를 보면 의문이 풀립니다. EIA가 제공하는 데이터 시차가 있어 하나는 2020년, 다른 하나는 2019년 데이터이지만 단순 비교를 해볼 때 미국은 세계 제1의 원유 생산국이지만 소비하는 양이 더 많은 원유 순수 입국입니다. 자국에서 생산하는 석유를 자체 소비하고도 오히려 양이 모자라 더 사와야 한다는 뜻입니다. 그러다 보니 원유 가격이 오르면 수혜를 보는 산업군도 있겠지만 경제 전체 생태계를 놓고 보면 피해를 보는 업종도 다수 존재한다고 볼 수 있지요.

게다가 미국이란 나라는 글로벌 제1의 경제대국으로 원유 가격이란 변

● **엑손모빌 주가 추이**

수 하나로 주식시장이 한 방향으로 움직이기 불가능한 나라입니다. 미국 주식시장을 이끄는 기업 중에 어떤 이름이 떠오르세요? 구글(알파벳), 애플, 마이크로소프트, 테슬라, 메타(페이스북), 아마존 같은 첨단기술 기업들이 먼저 떠오릅니다. 그렇습니다. 인재와 자본 그리고 기술이 집약된 미국은 전체 산업에서 원유 산업이 차지하는 비중이 높지 않죠.

2020년에는 이를 대변하는 상징적인 사건이 있었습니다. 2020년 9월 다우지수의 종목 편입 여부를 결정하는 S&P 다우존스 인디시즈(S&P Dow Jones Indices)는 미 최대 석유회사 엑손모빌(Exxonmobil)을 미국 다우존스30 산업평균 지수(다우지수)에서 빼기로 결정했습니다. '블루칩 클럽'으로 불리는 다우지수는 기업의 규모와 신용도, 성장 지속성과 산업 내 대표성 등을 고려해 딱 30개 기업만으로 이뤄진 지수입니다. 여기 들어간 미국 전체에서 30개에 불과해 그야말로 글로벌 초우량 기업이라 불러도 손색이 없습니다.

엑손모빌은 1928년 '뉴저지 스탠더드 오일(Standard Oil of New Jersey)'로 불리던 시절 다우지수에 편입돼 무려 90년 넘게 다우지수에서 살아남은 최장수 멤버였습니다. 한때 엑손모빌은 미국에서 시가총액이 가장 높은 회사였죠. 이 회사의 시가총액은 2007년 5250억 달러(623조 원)까지 올라간 바 있습니다. 퇴출이 결정된 2020년 가을에는 3분의 1로 줄어들었습니다.

한때 글로벌 오일·가스 산업을 리딩했던 엑손모빌의 다우지수 퇴출은 미국 경제를 이끌었던 축이 테크 기반으로 완전히 이동했다는 것을 상징했습니다.

원유 가격이 올라가거나 내려갈 때 돈을 버는 ETF   원유가 올라갈 때 돈을 버는 상품이 있다면 원유가 내려갈 때 돈을 버는 인버스 상품도 있겠지요. 우리 증시에는 KODEX WTI원유선물인버스(H) ETF와 TIGER 원유선물인버스(H) ETF가 그런 상품입니다. 하락에 베팅하는 상품 역시 롤오버 비용이 있다는 점을 아셔야 합니다. 원유 가격이 하락한 만큼이 그대로 수익률에 연결되지는 않는다는 얘기입니다.

ETN 시장으로 가면 원유 하락 움직임 2배에 연동되어 수익률이 올라가는 상품도 있습니다. 삼성 인버스 2X WTI원유선물 ETN, 신한 인버스 2X WTI원유선물 ETN(H) 등 상품이 대표적입니다.

원유 가격이 내리는 움직임을 2배로 추종하는 상품이 있다면 반대로 원유가 올라가는 흐름의 2배를 추종하는 상품도 있겠지요. 삼성 레버리지 WTI원유선물 ETN과 신한 레버리지 WTI원유선물 ETN(H), QV 레버리지 WTI원유선물 ETN(H), 미래에셋 레버리지 원유선물혼합 ETN(H) 등에 투자하시면 그런 효과를 낼 수 있습니다.

한 꼭지 더!

예기치 못한 러시아 리스크

☑ **우크라이나 침공으로 국제사회가 러시아 금융시장 제재에 나서**

원래 본 책의 원고 초안에는 이 장에서 러시아 관련 ETF 내용을 쓸 계획이었습니다. 하지만 블라디미르 푸틴(Vladimir Putin) 러시아 대통령이 2022년 2월 우크라이나 침공 결정을 내리면서 애써 써놓은 원고 일부를 폐기 처분해야 하는 일이 발생했습니다. 왜냐하면 전쟁을 시작한 러시아의 전횡을 막기 위해 국제사회가 연대를 했고, 러시아 금융시장 목줄을 바짝 죄기 시작했거든요. 그 결과 러시아 시장에 투자하는 ETF가 상장폐지 위험에 내몰리게 됐습니다.

● 러시아 익스포저(위험 노출도) 높은 미국·국내 ETF

설정지역	ETF명	주식 익스포저
한국	KINDEX MSCI Russia(합성)	96.87%
미국	Franklin FTSE Russia ETF	96.63%
미국	iShares MSCI Russia ETF	64.95%
미국	VanEck Russia ETF	94.66%
미국	Direxion Daily Russia Bull 2X ETF	89.16%
미국	VanEck Russia Small-Cap ETF	86.56%
미국	iSHARES Emerging Markets Dividend ETF	13.81%
미국	PIMCO RAFI Dyn Mlt-Fctr EM Equity ETF	8.76%
미국	Schwab Fundamental EM Lg Co ETF	7.89%
미국	VictoryShares Em Mkt Hi Div Vol Wtd ETF	7.89%

자료: 모닝스타, 키움증권

☑ ETF를 통해 경제 위기 국면에도 수익 실현 가능

원고를 마지막으로 수정한 2022년 3월 현재 기준 러시아 전쟁은 여전히 진행 중입니다. 한 국가의 잘못된 판단이 시장에 얼마나 큰 파장을 미치는지 전 세계가 다시 한번 깨달은 계기가 되었습니다. 하지만 놀라운 것은 그 와중에도 돈을 번 사람들이 있다는 것입니다. 러시아 전쟁으로 급등한 원유 ETF에 투자해 돈을 번 사람, 단기 급등한 금속 등 광물 ETF에 투자한 사람이 있었고 농산물 ETF에 투자해 돈을 번 사람의 이야기도 들을 수 있었습니다. 이렇게 ETF를 통하면 경제위기 국면에도 얼마든지 수익을 낼 수 있습니다. 따라서 우리는 반드시 ETF 세계에 발을 걸쳐놓아야 합니다.

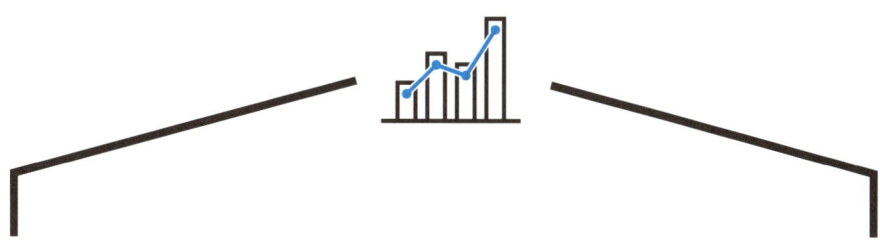

그린 ETF의 마법

그린플레이션이 투자 지도를 바꾼다

녹색 산업과 물가상승, 그린플레이션이란 단어를 들어보셨나요? 2021년 처음 나온 개념이지만 향후 미래를 예측하려면 잊어서는 안 되는 개념입니다. 앞으로 이 개념에 따라 투자 지도가 바뀔 것이고 이전으로는 쉽게 돌아갈 수 없을 테니까요.

그린플레이션이란 녹색 산업을 의미하는 '그린'과 물가상승을 뜻하는 '인플레이션'을 합성한 말입니다. '탄소경제'에서 '탄소제로경제'로 이동하면서 세상은 많은 게 달라지게 되었어요. 그래서 우리가 투자해야 할 ETF의 종류도 많아지게 되었지요.

먼저 천연가스를 예로 들어볼게요. 2021년은 천연가스 가격이 역대급으로 오른 한 해로 기억될 것 같습니다.

● 천연가스 선물 가격 추이

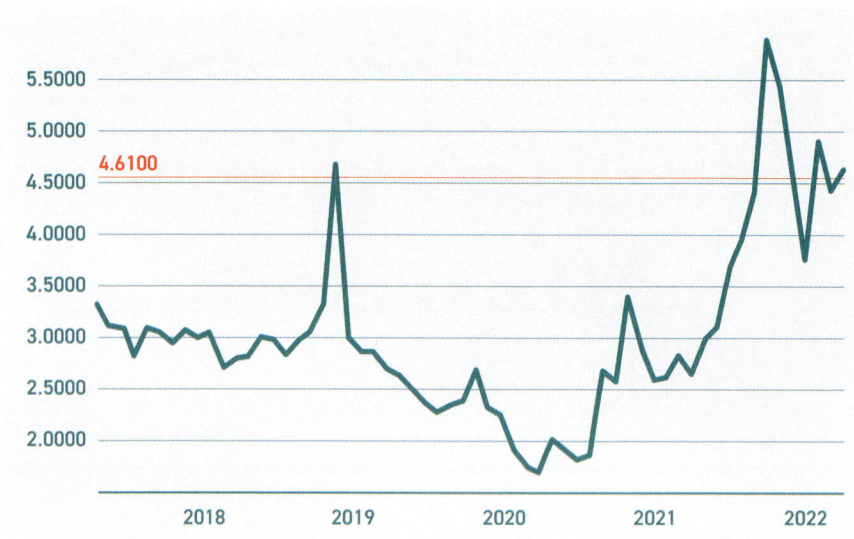

위 그래프에서 보는 것처럼 유럽, 일본, 미국, 한국 등 전 세계에서 천연가스 가격이 한참을 달렸거든요. 그해 10월 유럽의 경우에는 연초 대비 가격이 400%나 폭등하기도 했습니다.

왜 천연가스 가격이 이렇게 올랐을까요? 첫 번째는 천연가스가 화석연료 중에서는 그나마 친환경 연료로 꼽히고 있기 때문입니다. 물론 연소 과정에서 다량의 이산화탄소를 배출하지만 분자량이 적기 때문에 물과 이산화탄소 외에 다른 불순물을 거의 발생시키지 않습니다. 신재생에너지만큼의 청정함을 가지고 있지는 못하지만 화석연료에서 재생에너지로 넘어가는 글로벌 트렌드에서 천연가스는 전 세계적으로 각광받고 있습니다.

쉽게 설명해 태양광, 풍력, 지열 등 친환경에너지를 통해 에너지를 수급하다가 이것이 원활하지 못해 화석연료 사용을 일시적으로 늘려야 한다면 천연가스는 선진국의 선택을 가장 먼저 받을 에너지원이라 볼 수 있습니다. 유럽 같은 경우 발전량의 상당수를 풍력발전을 통해 하고 있는데, 바람이 부족해 발전량이 부족해지면 천연가스 발전을 늘려 전력량 수급을 맞춥니다. 지난 2021년의 경우 이런 문제가 천연가스 가격을 끌어올렸습니다.

관심을 두어야 할 부분은 천연가스 인플레이션이 2021년 한해 끝나지 않을 것이란 논리입니다. 앞으로도 친환경발전에 대한 글로벌 관심은 커질 수밖에 없고 그렇다면 천연가스는 언제든 단기 가격 급등세를 펼칠 수 있습니다.

천연가스에 투자하는 ETN 국내 증시에는 천연가스에 투자하는 ETN이 있습니다. KB 천연가스 선물 ETN(H), 대신 천연가스 선물 ETN(H) 등 상품을 통해 천연가스에 투자할 수 있습니다. ETN 시장에서는 천연가스 등락을 2배로 추종하는 상품도 여럿 나와 있는데요. 예를 들어 레버리지 상품인 삼성 레버리지 천연가스 선물 ETN은 천연가스 등락폭의 2배만큼 수익률이 나도록 설계되어 있습니다.

천연가스 시장이 중장기 각광받는 상품이라고 말씀드렸지만, 세상에 영원히 오르는 것은 없습니다. 투기 수요가 몰려 단기 가격이 급등하면 중간중간 급락하는 장도 펼쳐집니다. 이럴 때는 천연가스 가격이 하락하는 상품에 베팅해 돈을 벌 수 있습니다. 예를 들어 KB 인버스 천연가스 선물 ETN에 투자하면 천연가스 가격이 하락한 만큼 돈을 버는 구조입니다. 신한 인버스 2X 천연가스 선물 ETN(H)은 천연가스 가격이 떨어진 만큼의 두 배를 수익으로 돌려줍니다.

앞서 원유편에서 설명해드렸지만 원자재에 투자하는 ETF와 ETN의 경우 본질적으로 선물투자이기 때문에 롤오버 비용을 고려해야 한다고 다시 한번 말씀드립니다. 따라서 주식형 ETF처럼 길게 투자하기보다는 시장이 급등, 급락하는 시기에 짧게 먹고 나오는 투자 방법을 추천해드립니다.

전기차 시장과 관련된 ETF 그린플레이션을 일으키는 주범이 되는 원자재로는 또 뭐가 있을까요? 앞으로 내연기관을 장착한 차는 점점 없어진다고 하죠. 현대자동차 고급 브랜드인 '제네시스'는 2025년부터 내연기관 신차를 더 이상 출시하지 않고 2030년부터는 전기차와 수소차만 생산하기로 결정했습니다.

제네시스의 결정은 매우 도발적이고 선제적인 것인데요. 유수의 카메이커들은 시기에 차이가 있을 뿐 모두 내연기관차를 더 이상 만들지 않겠다는 선언에 동참하고 있는 상황입니다. 메르세데스-벤츠는 2030년부터 모든 신차를 전기차로 내놓기로 했고, 아우디는 2034년부터 판매하는 전 차종을 전기차로 전환하기로 결정했습니다.

미국의 GM도 2035년 이후 내연기관차 생산을 중단할 방침입니다. 영국의 재규어랜드로버는 2025년부터 전기차만 만들 계획이고 볼보 역시 2030년 내연기관으로 달리는 차를 더 이상 만들지 않겠다고 선언했습니다.

국가 차원에서의 대응도 빨라지고 있는데요. 2021년 유럽연합(EU) 집행위원회에서는 "27개 회원국이 2035년까지 자동차 산업 분야 탄소배출을 100% 감축해나간다"는 내용이 담긴 '핏 포 55' 패키지를 발표했습니다.

노르웨이는 한발 앞서 2025년부터 내연기관 자동차 판매를 금지할 계획이고, 영국도 2030년부터 내연기관 신차 판매를 중단하기로 했습니다. 경유와 휘발유로 달리는 차는 점점 사라지고 미래에는 전기차와 수소차만 거리에 남게 되는 것입니다.

그런데 전기차를 생산하려면 막대한 양의 금속이 추가로 필요하게 됩니

● 전기차는 기존 내연차 대비 광물 투입량 6배 가량 높아

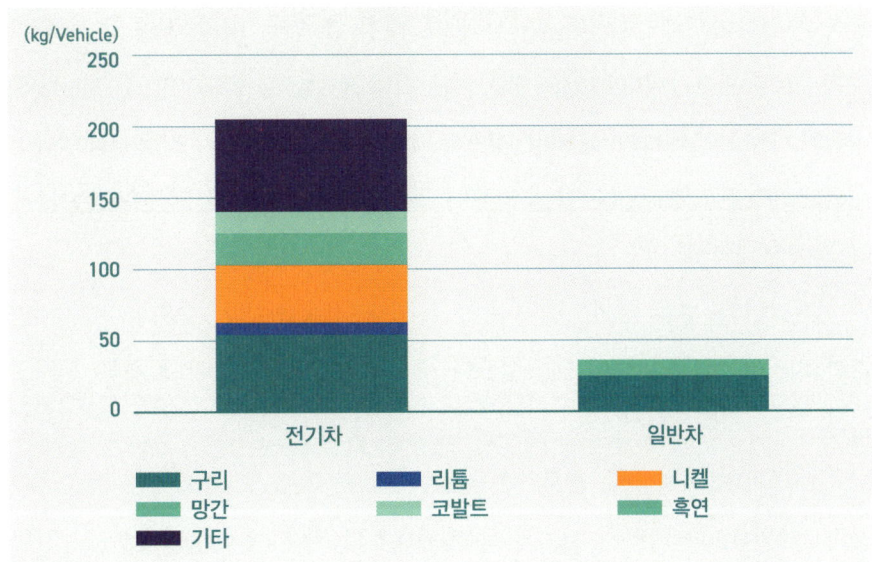

자료: IEA, 하나금융투자

● 빠른 속도로 늘어나고 있는 전기차 판매량

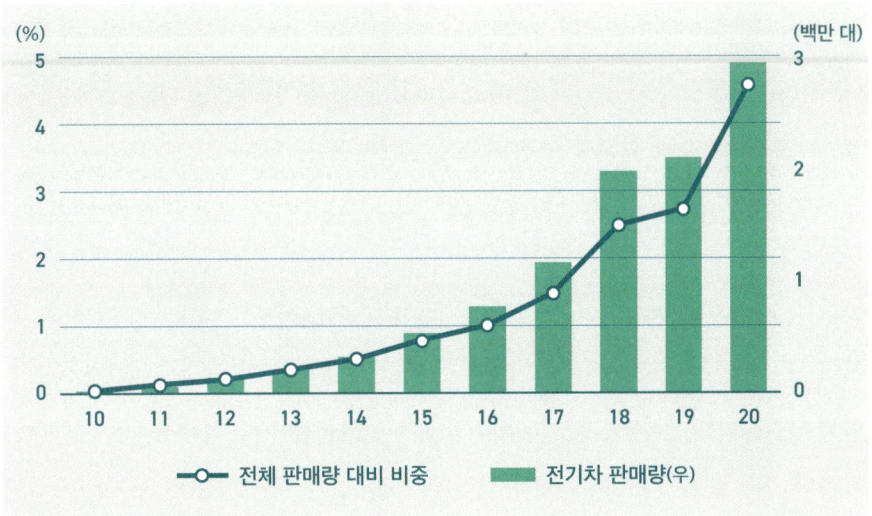

자료: IEA, World Bank, 하나금융투자

다. 하나금융투자 보고서에 따르면 일반적으로 전기차는 기존 내연차 대비 광물 투입량이 6배가량 많습니다. 구리, 니켈, 코발트, 리튬 등의 금속 의존도가 크게 올라갑니다. 2050 탄소중립 시나리오를 달성하려면 구리는 2배, 니켈의 수요는 4배가량 늘어날 것으로 추정됩니다. 테슬라 모델S 1대엔 1만 대의 스마트폰을 만들 수 있는 리튬이 들어갑니다. 리튬에 대한 수요는 42배나 높아질 전망입니다.

나라마다 경쟁적으로 전기차 보급 확대 정책을 펼치고 있습니다. 내연기관 차가 단종되면서 이제는 싫으나 좋으나 전기차를 타야만 하는 시대입니다.

미국과 유럽연합은 물론 중국까지 전기차 보급에 앞장서고 있습니다. 중국 정부는 2025년까지 전기차 등 차세대 자동차 판매 비중을 25%까지 확대하겠다는 청사진을 밝힌 바 있습니다. 비야디(BYD), 상하이자동차(SAIC) 등 선전이 이어지면서 목표치가 상향되는 움직임도 보이고 있습니다.

그렇다면 자연스레 니켈이나 구리, 리튬 등의 금속 수요는 앞으로 올라갈 수밖에 없는 구조입니다. 이런 금속을 ETF나 ETN으로 투자할 수 있습니다. 미래에셋자산운용이 운용하는 TIGER 금속선물(H) ETF는 구리와 니켈, 리튬 등 금속에 골고루 투자하는 상품입니다.

금속 중에 구리에만 투자하고 싶다면 TIGER 구리실물 ETF와 KODEX 구리선물(H) ETF에 관심을 두면 됩니다. 두 상품의 차이는 구리 실물에 투자하느냐, 선물에 투자하느냐입니다. TIGER 구리실물 ETF의 경우 실제 구리가 들어 있는 구리창고를 기초자산으로 하는 창고증권을 투자자산으로 만들어졌습니다. S&P GSCI Cash Copper Index를 기초지수로 삼아 순자산 가치의 변동률을 기초지수(원화 환산)의 변동률과 유사하도록 투자신탁재산을 운용하는 게 목표입니다. KODEX 구리선물(H) ETF는 원유선물 ETF에서 설명해드린 것처럼 구리선물에 투자하는 상품입니다. 구리 실물 ETF는 매월 구리를 보관하는 창고에 주는 비용이 차감되고 구리선물 ETF는 롤오버 비용을 반영해야 합니다.

단기 구리 가격이 급등한 상황이라면 구리 가격이 떨어지는 데 베팅할 수도 있겠지요. 그런 상품은 ETN 시장에 있습니다. 메리츠 인버스 구리선물 ETN(H)은 구리 가격이 내리면 내린 만큼 투자자에게 돈을 돌려주는 상품입니다.

니켈에 투자하는 상품도 ETN 시장에서 찾을 수 있습니다. 대신 니켈선물 ETN(H)을 비롯해 레버리지 상품, 인버스 상품이 골고루 있으니 시장 상황에 맞게 투자하면 됩니다.

대신 알루미늄 선물 ETN(H) 그린경제를 구축하기 위해 또 하나 빼놓을 수 없는 금속은 알루미늄입니다. 알루미늄은 전기차가 돌아가게 만드는 배터리와 태양광발전 패널, 풍력발전용 타워에 골고루 들어가는 금속입니다. ETN을 통해 알루미늄도 손쉽게 투자할 수 있습니다. 대신 알루미늄 선물 ETN(H)가 대표 상품입니다.

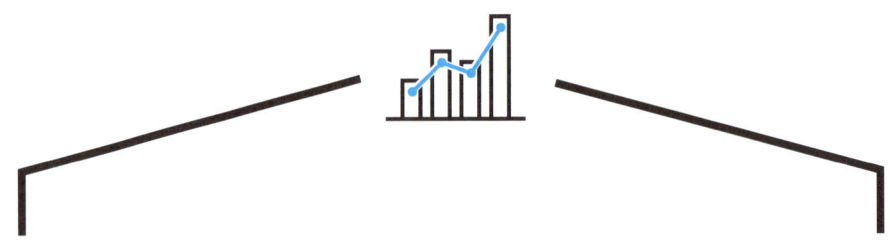

태양광발전에 필요한 은

태양광발전에 막대하게 소요되는 은

신재생에너지 시대가 본격 열리면서 태양광발전에 대한 관심도 커지고 있습니다. 지금까지 상업운전을 하는 태양광발전소 중 단일 면적 기준으로 가장 넓은 것은 아랍에미리트 사막에 만들어진 '누르 아부다비' 태양광발전소입니다. 2019년 가동을 시작한 이 발전소 발전량은 1177㎿ 규모로 웬만한 대형 원전과 맞먹는 수준입니다. 면적만 8㎢ 규모로 축구장 1100여 개를 합쳐놓은 크기입니다. 여기에 태양광발전 패널 320만 개가 들어갔죠. 건설비용만 한화 기준으로 1조 원 넘게 투자됐습니다.

그런데 1㎢ 태양광발전소를 만드는 데 무려 11t의 은이 들어가는 것은 잘 알려져 있지 않습니다. 8㎢ 태양광발전소를 만드는 데 필요한 은만 88t 규모라는 얘기지요. 게다가 중국, 호주, 미국 등에서 누르 아부다비 발전소를

• KODEX 은선물(H) ETF 주가 추이   기준: 2022.01.14

능가할 만한 신규 태양광 프로젝트를 계속 발주하고 있습니다. 은 수요가 끊이지 않을 거란 얘기입니다.

은은 금과 같이 귀금속으로 분류되지만 산업재로서의 성격도 강합니다. 전체 은 수요 중 산업재 수요가 절반 정도인데, 그중 19%는 태양광 패널에 들어가는 것으로 추산됩니다. 앞으로 이 비중은 계속 올라갈 것입니다. 은은 구리와 함께 전기 전도성이 뛰어나 태양광 패널은 물론 친환경 전자제품을 만들 때 핵심 소재로 쓰이죠.

KODEX 은선물(H) ETF ETF와 ETN을 통해 쉽게 은에 투자할 수 있습니다. 삼성자산운용이 내놓은 KODEX 은선물(H) ETF가 대표적입니다.

ETN 시장으로 넘어가면 은 역시 다양한 방식의 투자가 가능합니다. TRUE 인버스 은 선물 ETN에 투자하면 은 가격이 움직이는 반대 방향으로 투자할 수 있고, 신한 인버스 2X 은선물 ETN(H)에 돈을 묻으면 은 가격이 떨어지면 떨어진 만큼의 2배만큼 돈을 벌게 됩니다. 삼성 인버스 2X 은 선물 ETN(H)도 같은 구조지요. 신한 레버리지 은선물 ETN(H)은 은 가격이 오르면 그 2배만큼 돈을 벌어주는 구조입니다.

자동차 배기가스 줄이는데 백금이?

자동차 배기가스를 줄이는 촉매 변환기에 쓰이는 금속 중에 팔라듐이라는 게 있습니다. 팔라듐은 금과 함께 귀금속으로 분류되는데요, 실제로도 백금의 하나로 분류됩니다. 팔라듐 수요의 약 80% 이상이 자동차 매연 저감 촉매 변환기에 사용되고 있습니다. 러시아와 함께 남아프리카공화국이 팔라듐 양대 생산국인데요, 공급이 많지 않고 그마저도 불안정한 경우가 많아 한 때 금보다 팔라듐 가격이 비싸진 적도 있습니다. 그만큼 귀한 금속이라는 얘기입니다.

KBSTAR 팔라듐선물(H) ETF 이같이 희귀한 팔라듐 역시 ETF로 투자할 수 있습니다. KB자산운용이 내놓은 KBSTAR 팔라듐선물(H) ETF는 팔라듐 가격이 오르면 오를수록 돈을 버는 상품입니다. 반대로 KBSTAR 팔라듐선물인버스(H) ETF에 투자하면 팔라듐 가격이 떨어진 만큼 수익을 낼 수 있습니다.

이외에도 ETN 시장을 통해 다양한 금속 가격 변동에 베팅할 수 있습니다.

대신 아연선물 ETN(H) 대신 아연선물 ETN(H)은 아연이란 금속에 베팅하는 상품이며 대신 철광석선물 ETN(H)는 철의 원료가 되는 철광석 가격에 연동되는 상품이지요.

미래에셋 원자재 선물 ETN(H) 이 밖에 미래에셋 원자재 선물 ETN(H)은 구리와 납, 니켈, 금, 알루미늄은 물론 코코아, 커피, 천연가스, 밀, 원유 등에 분산투자를 해놓은 상품이니 원자재 한두 개를 특정해 투자하기 힘들 때 적격인 상품입니다. 통상 원자재 사이클이 오면 대다수 원자재 가격이 한꺼번에 오르는 경향이 있습니다. 그럴 때 돈을 묻어놓으면 쏠쏠한 수익을 낼 수 있습니다.

농업에 미래의 부가 모인다

워런 버핏, 조지 소로스 등과 함께 흔히 '세계 3대 투자자'로 알려진 짐 로저스 회장이 있습니다. 로저스 회장은 최근 늘 "농업에 기회가 있다"고 강조합니다. 농산물 수요가 생산을 초과하면서 중장기 농산물 가격 상승이 기대된다는 게 그의 논리입니다. 언론 인터뷰를 통해 "주식중개인은 택시를 몰고, 현명한 농민은 람보르기니를 타게 될 것"이라고 강조하기도 하지요. 두 딸에게 편지 형식으로 쓴 책 《내 아이들에게 주는 선물(A Gift to My Children)》이란 책을 통해서도 "농업에 투자할 것"을 권유합니다.

테슬라의 창업주 일론 머스크 동생이자 페이팔 공동창업자였던 킴벌 머스크는 "음식으로 세상을 구하겠다"며 농부를 키우는 데 집중하고 있습니다. 스퀘어루츠라는 액셀러레이터를 통해 미래의 농업 기업인을 육성하는 것에 주력하고 있죠.

국제식량정책연구소 분석에 따르면 오는 2050년에는 글로벌 인구가 2010년 대비 약 1.3배 증가하지만 곡물 수요는 약 1.5배, 과일과 채소 등은 1.9배나 수요가 증가할 것으로 전망됩니다.

또 코로나19 사태로 전 세계 무역이 '일시 정지'되었을 때 국지적으로 곡물 수출입이 묶이는 바람에 식량 부족 위기감을 글로벌 전체가 공유하기도 했죠. 특히 한국은 2019년 기준 식량 자급률은 45.8%로 매우 낮은 상황입니다. 쌀(92.1%)을 빼면 밀 0.7%, 옥수수 3.5%, 대두 26.7% 등 주요 곡물의 자급률이 턱없이 부족한 상황이죠.

기상 악화로 인해 수요와 공급의 미스매치가 발생해 특정 연도에 농산

● **밀, 옥수수, 콩 선물 가격 추이**

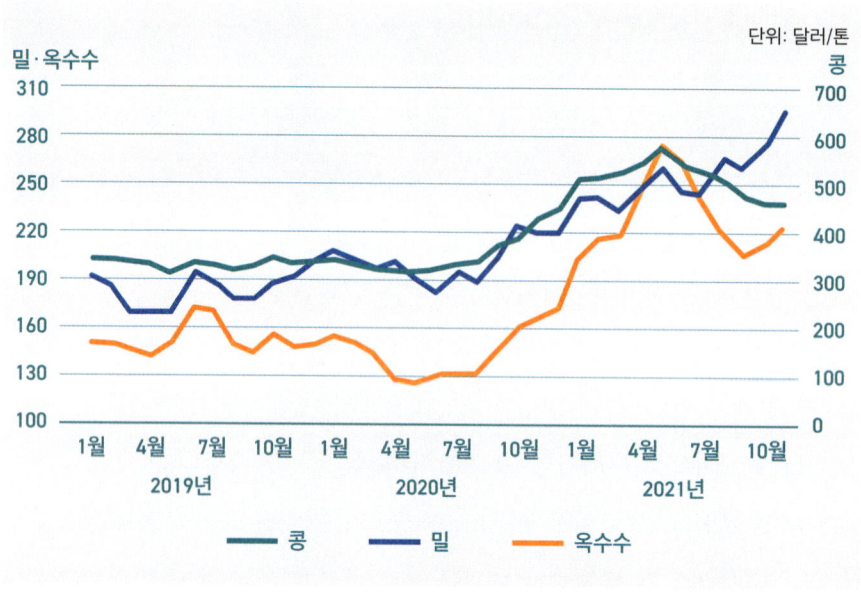

주: 11월 밀, 옥수수, 콩 선물 가격은 1~26일 평균
자료: 시카고상품거래소(CBOT)

물 시장 전체가 요동치는 현상을 쉽게 관측할 수 있습니다. 대신증권 분석에 따르면 1990년 이후 곡물 가격이 급등한 해는 무려 8개년에 달합니다. 1993년, 1995년, 2002년, 2003년, 2007년 그리고 2010년, 2012년, 2014년에 걸쳐 곡물 가격이 급등하는 광경이 연출됐습니다. 이 중 7번이 기상 악화가 주요인이었죠. 지구온난화로 기상이변이 일상화되고 있어 언제든 농산물 가격은 일시적인 급등랠리를 펼칠 수 있습니다.

KODEX 3대농산물선물(H) ETF ETF와 ETN 시장을 통하면 이런 상황에서도 돈을 벌 수 있습니다. 삼성자산운용이 내놓은 KODEX 3대농산물선물(H) ETF는 옥수수와 콩, 밀 가격에 연동되어 수익률이 움직입니다. 정확하게 말하자면 'S&P GSCI Grains Select Index Excess Return'을 기초지수로, 시카고상품거래소(CBOT)에 상장된 옥수수선물, 콩선물, 밀선물 가격에 수익률이 연동되는 상품입니다.

TIGER 농산물선물Enhanced(H) ETF 미래에셋자산운용의 TIGER 농산물선물Enhanced(H) ETF는 'S&P GSCI Agriculture Enhanced Select Index Excess Return 지수'를 추종합니다. 이 지수는 밀, 옥수수, 대두, 설탕 4종목의 농산물 가격 움직임과 함께 변동하도록 설계되어 있습니다. 같은 농산물 ETF이지만 어떤 농산물을 담았는지가 조금씩 다른 상품이라는 얘기입니다.

ETN 시장으로 넘어가면 좀 더 세분화된 투자상품을 만날수 있습니다. 예를 들어 대신 밀선물 ETN(H)에 투자하면 오롯이 밀 가격 움직임과 연동된 투자수익률을 낼 수 있습니다. 몇 번에 걸쳐 강조하지만 '선물'이란 이름이 들어간 상품은 앞서 원유편에서 설명해드린것 처럼 '롤오버' 비용은 피할 수 없으니 유의하셔야 합니다.

신한 옥수수선물 ETN(H)과 신한 콩선물 ETN(H) 신한 옥수수선물 ETN(H)은 옥수수 가격에 연동되어 움직이고, 신한 콩선물 ETN(H)은 콩 가격과 함께 움직입니다.

옥수수선물 ETN(H)과 신한 인버스 콩선물 ETN(H) 신한 인버스 옥수수선물 ETN(H)이나 신한 인버스 콩선물 ETN(H)처럼 곡물 가격이 떨어지면 수익을 낼 수 있는 상품도 있습니다. 기상이변 등으로 곡물 가격이 급등세를 보여 사상 최고치를 뚫었을 때 이런 상품을 사놓고 곡물 가격이 안정되기를 기다리면 돈을 벌 수 있는 구조입니다.

6장 정리 문제

1. 원유 투자로 돈 버는 ETF에 대한 다음 설명 중 사실과 다른 것은 무엇일까요?

① 중국은 원유 가격이 오르면 수혜를 보는 대표적인 나라이다.

② 원유 ETF는 현물이 아닌 선물에 투자하기 때문에 '롤오버 비용'이 발생한다.

③ 가장 규모가 큰 원유 ETF는 삼성자산운용의 KODEX WTI원유선물(H) ETF로 'S&P GSCI Crude Oil Index Excess Return Index'를 기초지수로 해서 수익률을 연동하는 ETF이다.

④ 합성 ETF란 채권이나 주식 등으로 기초자산을 구성하는 전통 방식과 달리 장외 스왑(Swap) 거래를 활용해 지수를 복제·추종하는 것을 말한다.

2. 다음 설명 중 사실과 다른 것은 무엇일까요?

① 그린플레이션이란 녹색 산업을 의미하는 '그린'과 물가상승을 뜻하는 '인플레이션'을 합성한 말이다.

② 레버리지 상품인 삼성 레버리지 천연가스 선물 ETN은 천연가스 등락폭의 2배만큼 수익률이 나도록 설계되어 있다.

③ 미국과 유럽연합은 물론 중국까지 전기차 보급에 앞장서고 있어 앞으로 니켈이나 구리, 리튬 등의 금속 수요는 향후 지속적으로 상승할 것이다.

④ 희토류는 전기차가 돌아가게 만드는 배터리와 태양광발전 패널, 풍력발전용 타워에 필수적으로 들어간다.

3. 자동차 배기가스를 줄이는 촉매 변환기에 쓰이는 금속 중 _____은 금과 함께 귀금속으로 분류되며 ETF로 투자할 수 있다.

4. 다음 설명 중 사실과 다른 것은 무엇일까요?
① 미래에셋 원자재 선물 ETN(H)은 구리와 납, 니켈, 금, 알루미늄과 코코아, 커피, 천연가스, 밀, 원유 등에 분산투자한 상품이다.
② 워런 버핏은 "주식중개인은 택시를 몰고, 현명한 농민은 람보르기니를 타게 될 것"이라며 농업의 중요성을 강조했다.
③ 테슬라의 창업주 일론 머스크 동생이자 페이팔 공동창업자였던 킴벌 머스크는 스퀘어루츠라는 액셀러레이터를 통해 미래의 농업 기업인을 육성하고 있다.
④ 국제식량정책연구소는 2050년 글로벌 인구가 2010년 대비 약 1.3배 증가하지만 곡물 수요는 약 1.5배, 과일과 채소 등은 1.9배나 수요가 증가할 것으로 전망했다.

정답: 1. ① 2. ④ 3. 팔라듐 4. ②

에필로그

ETF로 만드는
여러분만의 성공 투자 포트폴리오

지금까지 다양한 ETF에 대해 자세하게 알아보았습니다. 옛말에 "구슬도 꿰어야 보배"라는 말이 있지요. 이제 여러분은 ETF라는 좋은 구슬을 얻으셨으니 이를 어떻게 잘 굴릴지는 여러분의 몫입니다.

한국 증시만 해도 수백 개의 다양한 ETF가 있습니다. 지금 여러분이 책을 읽는 이 순간에도 새로운 ETF가 태동하고 있습니다. 증시를 바라보는 관점이 달라지면서, 새로운 테마가 불면서 또 다른 ETF에 대한 수요는 늘어나고 있습니다. 고도로 훈련받은 전문 펀드매니저들이 각자의 철학을 담아 ETF를 만들어내고 있습니다.

하지만 여러분도 할 수 있습니다. 다양한 ETF를 섞어서 나만의 포트폴리오를 구축하는 방식으로 펀드매니저 못지않은 좋은 성과를 낼 수 있습니다.

이 책에서 모든 걸 다 소개할 수는 없지만 그중 몇 가지만 골라 소개해 드리려고 합니다. 꼭 이렇게 해야 하는 것은 아니지만, 여기서 아이디어를 착

안해 발전시키면 좀 더 나은 포트폴리오를 만들 수 있을 겁니다.

ETF로 나만의 포트폴리오를 구축하는 법

위험자산과 안전자산을 황금비율로 섞는 방법이 있습니다. 얼마나 많은 위험자산을 담고 얼마나 많은 안전자산을 담을지는 개개인의 판단에 따라 달라질 것입니다. 위험자산인 주식 비중이 90%일 수 있고 절반 정도인 50%일 수 있습니다.

예를 들어 안전자산과 위험자산 비중을 반반으로 정했다고 한다면 위험자산의 절반(25%)은 TIGER 미국나스닥100 ETF, KINDEX 미국S&P500 ETF를 비롯한 미국 증시에 투자하고 남은 절반(25%)은 KODEX 200 ETF나 KBSTAR 코스닥150 ETF 같은 한국 주식에 투자하는 방법이 있을 수 있습니다.

50%의 비중을 실어놓은 안전자산에는 KODEX 골드선물(H) ETF로 금에 20%, KODEX 미국달러선물 ETF로 달러에 15%, KODEX 미국채10년선물 ETF로 미국 국채에 15%를 분산시켜 놓으면 어떨까요.

위험자산 비중이 80%, 안전자산 비중이 20%라고 가정해보겠습니다. 위험자산 포트폴리오의 범위를 넓혀서 미국 증시 ETF에 30%, 한국 증시 ETF에 30%에 넣어놓고 TIGER 인도니프티50레버리지(합성) ETF에 10%, KINDEX 베트남VN30(합성) ETF에 10%를 넣는 식으로 구성을 짤 수도 있을 것입니다.

안전자산으로 금이나 달러, 미국 국채 대신에 리츠를 편입하는 것도 대안이 될 수 있을 것입니다. 리츠는 안전자산만큼 변동성이 작진 않지만 심각한 금융위기가 닥치지 않는 한 꼬박꼬박 배당을 주며 주가도 우상향하는 특징이 있습니다.

사모펀드나 할 수 있는 롱숏 플레이를 ETF를 통해 할 수 있습니다. 롱숏이란 주가가 오를 것 같은 주식은 사고(롱) 빠질 것 같은 종목은 공매도를 쳐서(숏) 수익을 극대화하는 기술이죠.

개인 투자자가 주식 공매도를 치기는 어렵지만 증시를 놓고는 공매도를 친 것과 같은 투자를 할 수 있습니다. 지수 인버스 ETF를 사면 되기 때문입니다.

단기적으로 미국 증시의 랠리는 지속되지만 한국 증시의 하락이 예상

된다면 TIGER 미국나스닥100 ETF와 KODEX 인버스 ETF를 사는 식으로 효과적으로 대응할 수 있습니다. 이런 방식으로 미국 증시 상승에 베팅하고 중국 주식은 하락에 걸거나(TIGER 차이나CSI300인버스(합성) ETF), 코스피와 코스닥 상승에 베팅하며 미국 주식 하락에 투자(TIGER 미국S&P500선물인버스(H) ETF)할 수 있습니다.

증시로 롱숏 투자를 하지 않고 종목에도 업종에도 기법을 도입할 수 있습니다. 예를 들어 글로벌 반도체 경기가 심각한 침체가 예측되는데 특정 이슈로 바이오 종목으로 투심이 몰리고 있다고 하겠습니다.

한국 증시 시가총액 투톱은 삼성전자와 SK하이닉스입니다. SK하이닉스는 반도체 기업이고 삼성전자는 반도체 비중이 매우 높은 회사지요. 반도체 경기가 꺾이면 한국 코스피는 올라가기 힘든 구조입니다. 이럴 때 코스피 인버스 ETF를 사면서 TIGER KRX바이오K-뉴딜 ETF를 비롯한 상품을 사면 수익을 극대화할 수 있겠지요.

혹은 코스피는 횡보장세에 놓일 것 같은데 건설이나 철강 등 시클리컬 종목 일부에 탄력이 예상된다면 앞서 말씀드린 커버드콜 ETF를 매수하고 건설 ETF, 철강 ETF에 투자하는 방식으로 수익을 낼 수 있습니다. 코스피가 횡보하는 가운데 커버드콜 ETF로 안정적인 수익을 내고 건설, 철강주 랠리에 수익을 한층 더하는 것이지요.

앞서 말씀드린 것은 전부 예시에 불과합니다. 투자자 여러분이 어떤 큰 그림에 입각해 투자 포트폴리오를 구성할 것인지는 수많은 경우의 수가 열려 있습니다. ETF로 여러분만의 포트폴리오를 만들어보시길 추천합니다. 선택은 여러분의 몫입니다.

이렇게 쉬운데 왜 ETF 투자를 하지 않았을까

1판 1쇄 인쇄 | 2022년 4월 8일
1판 1쇄 발행 | 2022년 4월 15일

지은이 홍장원
펴낸이 김기옥

경제경영팀장 모민원
기획 편집 변호이, 박지선
커뮤니케이션 플래너 박진모
경영지원 고광현, 임민진
제작 김형식

디자인 최우영
인쇄 · 제본 민언프린텍

펴낸곳 한스미디어(한즈미디어(주))
주소 04037 서울특별시 마포구 양화로11길 13 (서교동, 강원빌딩 5층)
전화 02-707-0337 | 팩스 02-707-0198 | 홈페이지 www.hansmedia.com
출판신고번호 제 313-2003-227호 | 신고일자 2003년 6월 25일

ISBN 979-11-6007-786-5 (13320)

책값은 뒤표지에 있습니다.
잘못 만들어진 책은 구입하신 서점에서 교환해 드립니다.